金融科技

结合的路径创新

刘变叶 | 张雪莲 | 郑颖 | 李艳锦 ◎ 著

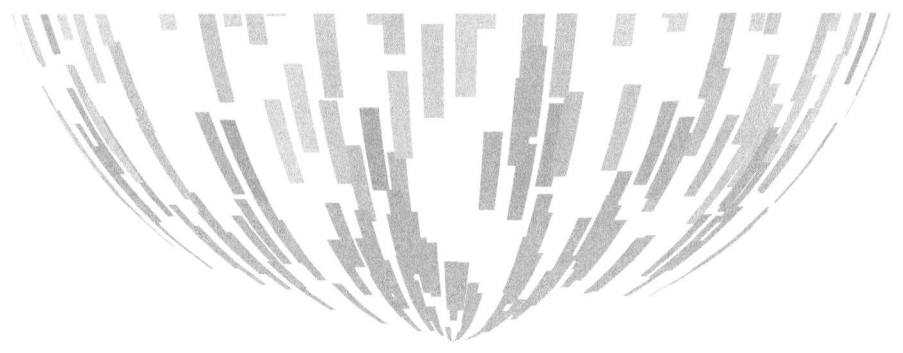

中国经济出版社
CHINA ECONOMIC PUBLISHING HOUSE

·北京·

图书在版编目（CIP）数据

金融科技结合的路径创新 / 刘变叶等著. -- 北京：中国经济出版社，2021.10
ISBN 978-7-5136-6632-9

Ⅰ.①金… Ⅱ.①刘… Ⅲ.①金融-科技发展-研究 Ⅳ.①F830

中国版本图书馆 CIP 数据核字（2021）第 186892 号

责任编辑　杨元丽
责任印制　巢新强
封面设计　任燕飞设计

出版发行	中国经济出版社
印 刷 者	北京九州迅驰传媒文化有限公司
经 销 者	各地新华书店
开　　本	710mm×1000mm　1/16
印　　张	22.25
字　　数	376 千字
版　　次	2021 年 10 月第 1 版
印　　次	2021 年 10 月第 1 次
定　　价	88.00 元

广告经营许可证　京西工商广字第 8179 号

中国经济出版社　网址 www.economyph.com　社址 北京市东城区安定门外大街 58 号　邮编 100011
本版图书如存在印装质量问题，请与本社销售中心联系调换（联系电话：010-57512564）

版权所有　盗版必究（举报电话：010-57512600）
国家版权局反盗版举报中心（举报电话：12390）　　服务热线：010-57512564

Preface 前　言

金融和科技是一个国家经济腾飞的两个重要抓手。美国首任财政部部长亚历山大·汉密尔顿设计的财政金融制度，为美国经济的长期良好发展奠定了基础。二战后，布雷顿森林体系确定了美元的国际货币地位，为美国赢得了金融霸权地位。美国长期稳坐世界科技第一大国的宝座，长期占据世界经济的霸主地位，也得益于对科技创新的高度重视。究其实质，金融能够改善资源配置效率，科技能够使"蛋糕"做大，金融与科技结合对经济的发展有着无可比拟的推动作用。

"变革—创新—突破"是新时代的发展主题。变，是永恒的旋律；不变，亦是永恒的主题。变的是金融业态、金融模式、金融环境；不变的是金融服务经济社会的本质。新冠肺炎疫情的倒逼使得新一轮技术与产业更迭加快：2020年4月14日，中国人民银行确定数字货币的内测与试点推进数字化进程；2020年4月21日，无人出租车在长沙免费运行；2020年4月27日，国务院发布"数据"作为第五生产要素；2020年5月17日，全球首条开放道路上的5G无人驾驶公交车在郑州市试运行……技术变革以及技术变革带来的"变革"都在冲击着人们的生活。我们说"技术颠覆生活"，一点也不为过。

无金融，不生活。未来的金融是一种生活方式。未来，处处是金融而不见金融。未来的金融不再是一家商业银行、一家金融机构或某一个金融大亨的单打独斗，而是生态链上各主体对资源的共享。如何让处在金融生态链上的各参与主体各司其职并从中获得应有的利益，由此带动经济社会的良性发展，将是金融革命进程中理论与实践的关键。

以金融科技为核心的新一轮信息技术革命浪潮已来临，这是一场席卷全球的浪潮，是一场信息技术创新和金融制度创新的盛宴。谁能在这次浪潮中扎稳根基，谁就能在浪潮过后岿然屹立。当前经济处于下行的"新常态"时期，负利率时代悄然来临。经济周期是社会经济活动的周期性波动，是商品经济固有的一种现象，它通常被认为是影响经济环境、推动经济变革的主要因素。其实不然，经济周期的长短取决于经济结构与经济发展阶段是否匹配：当经济结构能够推动生产力快速增长时，经济发展迅速，整个社会呈现出欣欣向荣的景象；当经济结构不适合经济发展阶段的客观要求时，产品产能过剩、有效产能不足等现象出现，经济进入衰退期和萧条期。发达国家通常试图通过量化宽松政策来延迟或提前结束经济萧条期和衰退期，但这治标不治本，反而会引发更严重的经济社会问题。只有通过技术创新和制度创新引导经济结构性改革，才能在周期的轮回中成为赢家，这也是我们进行金融供给侧结构性改革、提升金融资源配置效率的原因之一。

新时代金融科技的使命是提高金融科技服务实体经济的能力，为解决不平衡不充分的发展与人民美好生活向往之间的矛盾提供支持。科技改变金融业态，科技发展程度决定金融制度安排。所有这些形式的存在都源于金融的本质。那么，金融的本质是什么？是中介、信用及为实体经济服务。无论是起源于远古时代某个集市上的物物交换，还是不同国家的货币兑换，抑或是未来可能的全球通用的数字货币，都起着交换媒介的作用。信用通过货币载体实现，且随着科技的发展而发展。从早期的贝壳信用，到数字经济时代的区块链信用，无不贯穿着科技的发展。金融的产生源自真实的贸易往来，其职责就是服务实体经济、服务大众需求，其本质内涵随着经济社会的发展而扩展，随着科学技术的进步而延伸。

从远古农耕文明时代的物物交换，到文艺复兴时期科学与信息的萌芽带来的各种"一般等价物"形成的金融雏形，再到近现代历次工业革命所带来的金融体系的形成和蜕变，每一次进阶的完成方式和过程都让人叹为观止，每一次金融变革也都嵌入了科技变革的元素。金融发展史同时也是一部科技发展史，每一次科技和信息技术的创新都会带来金融的变革。这一次变革，我们走到了一个面临前所未有的机遇和挑战的岔路口，怎么把握好这瞬息万变的科技创新所带来的福利？怎么在新形势下重新架构金融体系以更好地服务经济社会？怎么利用科技的力量来强大金融业？金融科技未来的发展通向哪里？这都是我们关心的问题。

信息技术革命带来的未来金融新业态将呈现出一种全新的状态：智慧化、数字化和普惠化。在这种状态下，金融资源配置将更加高效，以商业银行为金融主体的金融体系将更加健康，以中小微企业、净值低的个人客户为主的长尾金融需求将得到满足，金融服务体验将更加美好，民间资本有了更好的交易平台而不再险象丛生……

这一轮信息技术革命源自20世纪80年代金融工具的不断创新和互联网金融的快速发展，并引发新一轮的工业革命与产业革命。大数据、物联网、人工智能等在金融领域中的应用实践不断丰富并上升到国家战略层面，从顶层设计到微观运用都在不断深入，关于金融科技的成果也颇为丰硕。但金融科技内涵甚广，纵然已经有很多的真知灼见，本书还是试图从众多的研究中寻找灵感，拓宽思路，期望从金融科技结合的路径中探寻一二。

研究金融科技结合的路径创新对我国金融业乃至整个国民经济的发展都具有重要意义。本书以金融科技发展史上不同阶段金融与科技相结合的路径及新一轮工业革命与产业革命浪潮下的路径创新为研究对象。金融科技结合的路径是开放的，是在一定的历史条件下形成的，其形成并没有确定的方向或范式。理论联系实际是马克思主义认识论的基本原则，在对理论演进与现实发展分别讨论的基础上，使理论分析更加符合客观实际，是本书最基本的研究方法。本书试图通过对不同阶段金融科技结合的路径梳理，厘清金融科技结合的经济学逻辑。在金融科技结合的生态环境、效率分析的基础上，结合历史经验教训，展开对金融科技发展的技术应用基础、金融基础设施及应用的变革创新等不同路径的创新探索。

一是通过金融科技结合史的梳理，了解金融与科技结合的运行轨迹，洞察金融科技发展的走向。金融科技并非新生事物。农业革命，是始于新石器时代的第一次重大革命，改变了人类的生产生活方式，也促使了数字、计数、符号等的发明，这些科技的萌芽成为金融业的雏形。经历了几次科技革命洗礼后的金融业随着日新月异的创新技术而不断进行着革新，也在以独特的内在轨迹指引着金融科技未来的发展走向。

二是通过金融科技结合的经济学逻辑和生态环境分析，窥探金融与科技融合的深层逻辑，从宏观上政府与市场的关系、中观上金融科技对产业的冲击等层面探寻金融与科技的本质及运行规律；从成本、效率、风险控制等方面分析了解金融科技的运行效率。

三是通过金融科技结合的效率验证与国际国内的经验研究，发现金融科技发展的掣肘与现实困难。以实为基，找准金融科技发展的发力点；以史为鉴，分析国际国内先进经验与教训，为我国金融科技发展提供经验借鉴。

四是通过金融科技结合的应用变革创新与金融基础设施创新重构分析，明晰金融科技服务实体经济的路径与方式。无论是以分布式账本为基础重构信任机制的区块链技术，还是有着追根溯源特性的物联网技术，都会促使传统金融体系进行颠覆式的革新。传统金融机构积极拥抱新兴技术，进行自我革新后，依然会是数字金融体系框架构建的主体，而非金融机构、新兴主体也将会因为走在科技应用的前列而成为普惠金融实现的主战场。

五是通过金融科技结合的机制保障分析梳理金融科技健康发展的机制路径。大数据、区块链、物联网等技术是底层技术，需要从国家战略层面进行布局以引导相关行业的发展。金融业本身就是风险性很高的行业，而金融科技在提升金融服务效率的同时，又可能会引起系统性风险，因此需要我们审慎监管。

本书由刘变叶、张雪莲、郑颖、李艳锦共同撰写。刘变叶负责制定大纲，撰写第一章、第二章、第十章并统筹通稿，张雪莲负责撰写第三章、第四章、第五章，郑颖负责撰写第六章、第七章，李艳锦负责撰写第八章、第九章。虽然本书的几位作者在前期都对金融科技有所关注与研究，但是在写作本书时仍然倍感压力，唯恐不能解其言、知其意、明其理。凡事总有遗憾，况且金融科技的发展一直处于变化之中，金融科技的相关研究还在不断推进和发展，因而本书难免有疏漏、错误之处，恳请读者批评指正。

期望本书能为后续研究提供经验与动力。

Contents 目 录

第一章　金融科技的时代使命

第一节　金融演变与科技发展 / 3

第二节　金融科技结合的历史 / 12

第三节　金融科技结合的未来 / 17

第二章　金融科技与金融供给侧结构性改革的深化

第一节　金融供给侧结构性改革提出的背景 / 27

第二节　金融供给侧结构性改革的成效 / 31

第三节　金融供给侧结构性改革中存在的难点 / 35

第四节　金融科技深化金融供给侧结构性改革的机理分析 / 37

第三章　金融科技结合的经济学逻辑

第一节　金融结构演变中的科技因素嵌入 / 51

第二节　宏观上协调政府与市场的关系 / 60

第三节　中观上推动产业变革 / 68

第四章 金融科技结合的生态环境分析

第一节 政策环境 / 81

第二节 基础设施 / 87

第三节 经济环境 / 95

第四节 信用环境 / 109

第五章 金融科技结合的效率分析

第一节 提高投融资效率 / 117

第二节 优化风控体系 / 121

第三节 降低交易成本 / 126

第六章 国内外金融科技发展的历史经验、教训与启示

第一节 英国金融科技发展的历史经验与教训 / 135

第二节 美国金融科技发展的历史经验与教训 / 146

第三节 新加坡金融科技发展的历史经验与教训 / 154

第四节 我国金融科技发展的历史经验与教训 / 160

第五节 国内外金融科技发展的启示 / 167

第七章 金融科技结合的技术应用基础

第一节 大数据技术 / 175

第二节 人工智能 / 186

第三节 云计算技术 / 195

第四节 区块链技术 / 206

第五节 物联网技术 / 214

第六节 安全技术 / 224

第八章 金融基础设施的变革创新

第一节 信息基础设施的变革创新 / 235
第二节 支付清算的变革创新 / 241
第三节 征信科技的变革创新 / 250
第四节 监管科技的变革创新 / 257

第九章 金融科技结合的应用变革创新

第一节 新兴金融科技公司 / 265
第二节 传统金融机构的科技变革 / 269
第三节 金融新业态——"网链"银行 / 287

第十章 金融科技发展的机制保障

第一节 金融科技发展的政府引导与支持机制 / 305
第二节 金融科技的监管机制 / 323

参考文献 / 331
后　记 / 343

第一章 金融科技的时代使命

不同的时代赋予了金融科技不同的时代使命。新时代是高质量发展的时代,是解决各种业态发展不平衡的时代,是经济社会快速高效发展的时代,是解决不平衡不充分的发展与人民美好生活需要之间矛盾的时代,是实现共同富裕的时代。金融科技的健康、快速、持续发展是新时代的使命使然。

第一节 金融演变与科技发展

人类的生产、生活离不开金融。金融，是现代经济的核心，是一国经济社会发展的血脉。商业银行、农村合作信用社及政策性银行等传统的金融机构，各类贷款公司、担保机构、保险公司、信托公司等非银行金融机构，股票市场、债券市场、货币市场等各类金融市场，随着互联网的兴起而建立的各种新兴的网络借贷机构和平台，组成了我们通常意义上的金融。但是，现如今，金融的存在形式发生了巨大的变化。其可以是有形的、无形的、线上的、线下的，除了存在于银行类金融机构、非银行类金融机构，还会存在于金融机构以外的企业、机构和个人，存在于所有可能是附属产权物的物体和个人、产品，等等。例如，当你在一个商店进行消费累积了积分，这些积分可以换礼品，这意味着消费记录可以产生信用；当你在某一个网站浏览新闻并进行转发产生了积分，由此获得使用某些资源的权利，这意味着个人的行为也可以产生信用……而这些金融形式变化的背后是现代科技的支撑。

一、金融发展与科技进步

我国金融的发展与科技发展一脉相承。纵观历史发展的长河，科学技术的进步总是会推动金融形态不断演进，如从远古的原始实物货币及信用，到现代数字货币与信用。

（一）古代金融与科技

我国的金融发展历史悠久，而且与我国的历史发展一脉相承。货币的发展经历了实物货币、铸币、纸币几个阶段。货币是交换的产物。为适应交换的需要，就需要个别的商品作为等价物充当交易媒介，当某一种商品被固定为特殊等价物后，该商品就具有了货币的属性。

商代、西周时期的货币以贝玉为主，但西周时期除了使用贝壳作为主要货币外，粮食、布帛也都有一定的货币性，也充当交易媒介。商代晚期出现了青铜铸贝，被认为是中国最早的金融铸币，标志着我国金属铸币的开始。①

春秋战国时期，称量货币、实物货币、贝币仍然大量使用。但这段时期的社会生产力随着铁器的出现而得到了快速的发展，专业化协作产生、地域分工加强，商业成为社会经济结构中的重要组成部分。铁制工具的广泛应用使得铜币开始大量铸造，不同区域也出现了不同形制和币制的单位，包括由铲形农具演变而来的布币、起源于渔猎地区的刀币、战国时期的圜钱，以及俗称"鬼脸钱"或"蚁鼻钱"的楚铜币。这段时期的货币单位因为铸造技术的发展而有了等级之分，且货币制造具有很强的地方区域性，因不同区域或城市的发达程度不同而有不同的形制。这种多元化的货币共存现象直到秦始皇统一中国后才得以改变。

公元前221年，秦王嬴政统一中国后，实行了包括统一币制在内的一系列措施以巩固中央集权，确定了古代铸币外圆内方的形制。币制能统一的原因在于当时的灌注技术。圆形铸币易于携带，方孔是我国古代铸币的特点。我国古代铸币的灌注技术是金属冶铸工艺在铸币中的应用，是一个不断改进、完善的过程，工艺的改进使得铸币更加易于携带、便于清算，最终应用于流通领域，为交易双方提供信用。

外圆内方的币制体系持续了很长一段时期，直至宋真宗年间（998—1022年），才因为"铁钱重，不便贸易"而创设了被称为交子的信用货币，此后出现了铁钱、纸币等货币共存的局面。南宋时期，纸币大范围流通。宋代纸币的产生除了经济社会发展的需要之外，最重要的原因就是当时造纸业、印刷业的快速发展，印刷技术水平达到了纸币印刷的基本要求，从而推动了纸币革命。元代的纸币制度可谓世界货币制度史上的一个里程碑，元代末期，因通货膨胀，纸币制度崩溃。随着铸造技术的进一步深化，明洪武元年（1368年）鼓铸"洪武通宝"，并分为五个等级，即小平、折二、折三、折五、当十。清代前期，白银代替制钱成为主要的商品交易媒介，银两统称"元宝银"，但各地

---

① 朱活. 古币新探[M]. 济南:齐鲁出版社,1984:14-19.

铸造的银两在重量、成色上都不一样。①

在这样的货币制度下，古代金融的信用也是多元化的。清代前期，虽然仍以消费性信贷为主，但是信用关系也有了一定程度的发展。社会生产力有了空前的提高，但也因为金属资源缺乏和政府不能很好地管制而出现过"钱荒"。

（二）近代金融与科技

我国近代金融的发展自鸦片战争开始至国民党政府成立初期，经过了西方金融势力的入侵、传统金融的整合，金融逐渐制度化、规模化。②

鸦片战争打开了西方列强侵略中国的大门，同时也摧残了中国的传统金融体系。晚清时期的货币种类繁多，币制紊乱。银两与银元"两元"并用的状态持续到了北洋政府时期。清政府开始铸造铜元，而此时的铜元已经采用机器铸造，工艺精湛、做工精细，铸造技术已达到了铸币历史上的技术顶峰，且各省可以自由铸造。随着数量迅速增加，铜元也急剧贬值，币值不稳定。

晚清时期，在洋务运动的社会背景下，西方机械动力的应用和西器东传带来了印刷术的剧变，使得纸币自晚清开始大规模地使用。晚清时期的纸币名目繁多，清政府发行的大清宝钞，民间流行的由钱庄、票号等传统金融机构发行的银钱票等加速了商品流通，钱庄因为形成了自己的金融流通网络而在对外贸易中发挥着重要的作用，在很长一段时间内占据着主要信用工具的地位。中国通商银行发行的银元票和银两票开创了中国银行自行发行纸币的先河。光绪三十四年（1908年），户部银行改为大清银行，并发行钞票，光绪三十三年（1897年）设立的交通银行以及一些民族资本银行也都先后发行了自己的纸币。虽然这些中国本土的金融机构和金融工具缺乏规范的市场制度及法律法规的约束及引导，数经金融风潮，却也在西方金融势力的强势入侵与操控下萌生了新式金融机构，"颤颤巍巍"地形成了中国的金融市场。

西方在华金融势力一方面侵蚀和控制着中国的金融市场，另一方面也把西方的金融思想、先进的技术及管理方法带到了中国，影响了中国金融市场的形成与发展。除了形成一批地方性金融机构、民族资本银行之外，还形成了以短期资金融通为主的拆借市场、证券市场、贴现市场、黄金市场、白银市场和保险市场。但名目繁多的铜钱铸造，持续的银两、银元并用以及外国在华金融机

---

① 姚遂. 中国金融史[M]. 北京:高等教育出版社,2007:207-215.
② 参考严中平、汪敬虞、刘克祥主持编撰的《中国近代经济史》系列丛书。

构和中国金融机构发行的纸币共同存在的局面持续了很长时期，也造成了北洋政府时期混乱的金融市场。为挽救紊乱的金融秩序，孙中山、朱执信、廖仲恺、章太炎等有识之士纷纷直抒己见，形成了较为丰富的金融思想与学说。随着南京政府的成立与发展，逐步建立了官僚资本的金融垄断体系，推动了近代中国金融制度的发展。

（三）现代金融与科技

新中国成立后，逐步形成了中国特有的多元化的现代金融体系。1949年10月1日中华人民共和国成立之时，面临的是长期遭受西方列强侵略和内战破坏后的千疮百孔的局面。国民经济的快速恢复需要新的金融体系的建立和独立统一的货币制度与信用体系。在新中国成立初期，接收"四行两局一库"为主体的旧中国官僚资本金融机构，没收官僚资本归国家所有，取消外国在华银行的特权，分步、分期整顿和改造民族资本的金融机构，建立了独立、统一的人民币制度，逐步形成了以中国人民银行为主体的"单一制"金融体系。此后，通过调整信贷政策和利率，灵活运用信用、利率杠杆，发行新人民币来健全币制等手段建立了高度集中的金融机构体系，使得国民经济在新中国成立之后到"一五"计划时期得到了快速的恢复和建设。

新中国金融体系的完善经历了一波三折。"大跃进"时期，在"鼓足干劲，力争上游，多快好省地建设社会主义"的党的建设社会主义总路线指引下①，实行了以地方分权为重点的经济管理体制改革与信贷管理体制改革，"大一统"的金融体系信用集中、政企不分、利率政策扭曲僵化、信贷失控，国民经济重要比例关系严重失调，整体处于混乱和无政府状态，盲目发展的金融带来了严重的后果。虽然从1961年开始中央对金融领域进行了有力的治理，金融秩序得到了一定的恢复，但在"文化大革命"时期"以阶级斗争为纲，实现无产阶级对资产阶级全面专政"的口号下，否定商品货币作用的思想造成了资金管理、组织机构等金融工作局面的混乱。尽管中共中央、国务院采取了一系列措施进行整治，国民经济生活仍然跌宕起伏、惨遭重创，金融业也又一次遭到破坏。直到1976年"四人帮"被粉碎，中共中央、国务院开始了整顿金融机构、完善金融制度的金融业拨乱反正，纠正了"左"的失误对金融

---

① 高放.中国共产党领导人民实现当代中国社会的三次巨变——纪念中国共产党成立90周年[J].中共宁波市委党校学报,2011,33(3):5-12.

业"货币发行过多过快""银行贷款规模失控"① 的影响。

1984年10月20日中共十二届三中全会通过的《中共中央关于经济体制改革的决定》提出"在价格改革的同时，还要进一步完善税收制度，改革财政体制和金融体制"。②邓小平同志在这一时期提出了"科学技术是生产力""金融改革的步子要迈大一些""要把银行真正办成银行"等论断。人们的思想逐渐解放、金融实践不断丰富。1993年12月25日，国务院做出《关于金融体制改革的决定》，明确了中国金融体制改革的总目标，指导银行信贷管理体制和外汇管理体制改革。③ 1995年3月18日，标志着中国金融事业进入法制化、规范化轨道的新中国第一部金融大法《中华人民共和国中国人民银行法》颁布并实施，确立了中国金融宏观调控机构，制定了金融宏观调控政策，逐渐形成了以中国人民银行为核心机构，包含政策性银行、各级商业银行和城商行等的金融机构体系。完善了同业拆借市场、商业票据市场、国债市场和外汇市场为主体的货币市场体系以及以企业债券市场、股票市场、投资基金市场为主体的资本市场体系。逐步改革发展商业银行信用业务，增加信贷资金来源，扩大信贷资金运用范围，改革和完善支付结算制度，促使保险业快速发展，健全了保险市场监管体系，进一步扩大了金融对外开放，由此形成了一个多层次、多种类的现代金融体系。

二、金融业态与科技革命

金融的发展是与经济社会的发展分不开的。金融业态与产业形态更迭与演变的本质是"变"，变是永恒的主题，二者更迭与演变的推动力又是经济社会发展的需要。在历史发展进化的长河中，金融以各种业态存在着。从"一只羊＝两只鸡"的交换，到金银的一般等价物，再到纸币、卡、债、权、数字货币等各种货币形态；从一个村庄，到一个区域；从跨越不同区域到整个国家；从一个国家再到全球的币种兑换、融合，金融业经历了金融雏形、传统金融、互联网金融、共享金融、数字金融等概念的演变，而这些演变又与科技革命之间有着千丝万缕的联系。

---

① 姚遂. 中国金融史[M]. 北京：高等教育出版社, 2007：501.
② 资料来源：https://baike.so.com/doc/3206883-3379663.html。
③ 坦言. 国务院发出《关于金融体制改革的决定》[J]. 经济改革与发展, 1994(3):60-62.

（一）金融体系的雏形与农耕时代

人类对自然界的认识催生了科学的萌芽。石器的使用是人类创造力的产物。早在远古时代，人类发现可以用石头砸出锋利的刀，或者做成尖状石器剥下兽皮制成衣服、砍树搭建房屋，以及用来耕种，这些今天看来简单而粗糙的石器在很长时期内是人类仅有的工具，也使得人类长期处于旧石器时代。

经过长期实践，人类摸索出了小麦、水稻等农作物的栽培技术，并发明了陶器用以储存粮食、水和食物，从此人类开始在适合居住的地方定居下来。至此，人类开启了历史上第一次重大的科技革命：农业革命。农业革命带领人类进入了新石器时代，使得人类的生产生活方式发生了巨大的变化，由依靠自然到利用自然，从迁徙到定居，也为人类从事除农业和狩猎之外的活动创造了条件，为水利工程、天文学、数学等学科的发现与创造提供了前提。

数字、图画、文字的发明使记录成为可能。对自然界的早期认知奠定了人类农耕文明的基础，人类在长期认知自然、利用自然的过程中发明了计数，并由此发明了数字和进制。有了数字和进制，就可以用符号来代替大量的计数，这为算术乃至后来整个数学的发展打下了基础。在用图画方式记录信息的时候，其逐渐地简化为象形的符号，便成为文字的雏形。

青铜器与铁器的出现为铸币的产生提供了条件。一般认为，人类在公元前3300年左右正式进入青铜器时代，因为在世界很多早期文明地区大量出土了那个时期的青铜器，但还只是处于青铜器的萌芽期。[①] 中国虽然在马家窑文化遗址发现了公元前2900年左右的铜刀，但是专家们普遍认为那是由天然铜制作而成的，而非冶炼铜。直到商朝才出现了青铜器制作技术的第一个高峰期，但是因为青铜非常珍贵，到周朝才开始普遍用于兵器。根据记载，青铜器在当时还用于交换奴隶、发放俸禄和奖励，以至于一些经济学家认为中国是最早采用金属货币的国家。青铜器的制作技术到了春秋战国时期达到顶峰，大规模地冶炼青铜进一步提升了铸造技术，由此为更高强度的铁的冶炼打下了基础。铁的冶炼对炉温的要求较高，而且铁也比较容易氧化，因此需要更高的冶炼技术。当人类能够从矿石中炼出铁并广泛使用时，人类的工具制造就进入了一个全新的阶段。金属工具的使用使得生产力得到了极大的提高。

造纸术和印刷术的发明使得信息的记录和传播在科技发展中起到了重要作

---

① 吴军. 全球科技通史[M]. 北京：中信出版集团，2019：61-62.

用。造纸术使得人类记录信息的载体从远古时代的石头、龟壳兽骨、岩画，美索不达米亚时期的泥板，古埃及的莎草纸，小亚细亚的羊皮纸和春秋战国时期中国的竹简等转移到了真正的纸张，并通过手工"复制"的方式进行信息传播。最早发明印刷术的国家是中国，始于中国唐代的雕版印刷术历经数百年，逐渐因模板不耐用、雕版的刻制比较困难而被活字印刷术替代。北宋时期的工匠毕昇最早发明了活字印刷术，虽然没有在中国普及使用，但也推动中国在宋代便开始了使用纸币的历史。

农耕时代简单的生产生活方式可以通过贝、铸币、纸币及其之间的简单直接交易来完成，逐渐形成了以此为交易媒介并传递信用的金融雏形。

（二）金融体系的完善与工业革命

1776 年，经过瓦特改造的第一批新型蒸汽机制造成功并投入工业生产，发起了以蒸汽为动力的技术革命，英国成为第一次工业革命的发源地。第一次工业革命使得人类从依靠人力和畜力的生产转向依靠机械作为动力的生产，劳动生产率大大提高，人类从落后的农耕时代转向工厂、机器生产的工业时代，制造业开始发展。

带来第二次工业革命的技术是电。人类对电的认识首先来自对大自然的认识，通过对大自然的雷电与观察到的静电进行比较，科学家们发明了电。1866 年，德国发明家维尔纳·冯·西门子发明了直流发电机，电能开始被人类利用。电的使用直接导致了以美国和德国为中心的第二次工业革命，自此人类进入了电力时代。电不仅改变了人类的生产生活方式，为人类提供了更多的动力，还改造了几乎所有的产业。比如电能高效转化为动能从而提高了制造业的生产率，通过承载信息改变了信息的传递方式，并由此引发了后来的通信革命。编码与电报的发明改变了通信方式与效率，将信息进行编码，再通过与编码相匹配的通信设施将编码信息传递出去，带领人类进入了即时通信时代。由于电报具有即时通信的特点，新闻记者可以运用其及时发布新闻，促进了新闻传播事业的发展。但是将电报通信应用于金融信息传递的是保罗·朱利叶斯·路透（Paul Julius Reuter），他将原来的信鸽通信改成了电报通信以传递股票信息。电报在军事领域的应用帮助德国称霸欧洲，并促进了信息加密技术的发展，而后期发明的无线电技术，为金融这一特殊领域的信息传递奠定了技术基础。

18 世纪 80 年代至 19 世纪末，人类所经历的两次工业革命改变了产业形态及信息传递交流的方式。电用于通信后，不仅使信息传递的承载介质发生了质的变化，还使信息传递的速度得到了惊人的提升，极大地提高了社会生产力水平，促进了经济社会的发展。作为经济体系中最为重要的金融机构，商业银行在这一时期得到了快速的发展。与此同时，自由贸易的发展使得各国的金融系统彼此连接形成了一个整体，数据的长距离快速传输成为贸易结算时面临的一个大问题。通信业使得数据的传输速度加快而且更加准确，完善了银行的支付结算体系。另外，通信业的发展使得信用的传递方式发生了变化，并逐渐形成了提供直接融资服务的金融市场和提供间接融资服务的金融机构，搭建了金融体系的基本框架，形成了较为完备的金融系统。

（三）金融体系的变革与信息革命

以电为核心的第二次工业革命改变了产业形态存在形式和发展方式，也催生了新的产业形态，金融业也不例外。通信业的发展是一个由简单到复杂的过程，而其高阶形态"双向多对多的通信"成就了互联网。[1] 互联网解决了信息传输问题，引致了以信息技术为主导的第三次工业革命，人类进入了信息时代。

信息革命的爆发至少有两种基础研究工具的支撑：数学和方法论。早在远古时代，人类通过计数的方式发明了数学学科。经过漫长的实践应用，概率论、统计学、微积分、离散数学等学科在科学家们不断探索、推理、论证的过程中逐渐系统化。被称为开创科学时代的祖师爷的法国数学家、哲学家勒内·笛卡尔提出了科学方法论，认为科学研究应该是从感知到新知所应该遵循的过程，揭示了科学研究和发明创造的普适方法，极大地影响了自然科学的发展。科学技术的工具方法还有很多，如系统论、控制论、密码学和大数据的理论基础信息论等。这些基础学科的长期演变与现代学科的快速发展，引发了原子能、电子计算机、生物工程的发明和应用，带动了新能源技术、生物技术、空间技术、通信技术等众多领域的信息控制技术的变革，影响了经济社会的各行各业，也使得人类社会的生产生活方式、经济发展模式、思维方式都发生了翻天覆地的变化。

中国对传统金融体制的改革得益于科技创新。互联网的模式虽然仍是以银行主导的间接融资模式为主的金融媒介和信用的传递与创造，但利用互联网信

---

[1] 吴军. 全球科技通史[M]. 北京：中信出版集团，2019：61-62.

息技术，尤其是移动支付、云计算等搭建的平台、数据、模式服务经济社会，改变了金融行业的运作逻辑和传统的金融服务模式。表外业务的迅速发展，金融工具和方法的创新，货币市场、资本市场的完善，监管体系的健全，全面风险管理理念的深入实施，使得金融体系也随着信息革命发生了重大变革。

（四）未来金融与智能时代

以数字化、网络化、智能化为基本特征的第四次工业革命正在兴起。物联网、区块链、人工智能、5G等科学技术引起的信息技术革命和产业革命正在改变人类的生产生活方式，人类的生产生活方式反过来也会加速改变信息产业形态。经济社会的发展体现在产业形态的更替变化上。新技术条件下的人的行为模式与经济运行规律也会随之发生变化。

信息革命带动产业革命，工业经济正在向信息经济转变。

第一次重大革命始于农业，而人类赖以生存的基础也是农业。习近平总书记在2020年中央一号文件中指出"要加快区块链、人工智能等技术在农业方面的应用"，脱贫攻坚、普惠金融等政策会普及中国大地的每一寸土地、惠及中国的每一位公民。未来的农业将是人类向往的农业，大数据、云计算、物联网等技术将彻底改变长期以来农民"面朝黄土背朝天"的生产生活方式，让农产品实现产销一体化，并随着乡村振兴和城乡融合的发展而使人类随时获得"从地头到餐桌"的新鲜优质农产品。"一带一路"等国际战略会让地球真正变成一个地球村。

新时代第二产业的变革关键词是"工业互联网"。工业互联网是新一代信息技术与工业经济深度融合的全新经济生态、关键基础设施和新型应用模式，是新一代信息技术与制造业深度融合的产物。通过人、机、物的全面互联，构建工业经济的全要素、全价值链、全产业链，将推动形成全新的生产制造和服务体系。工业互联网将加快推进传统产业转型升级，提升中国制造全要素生产率，是制造业数字化转型升级的重要渠道。通过工业互联网平台与新技术的融合应用，"平台+区块链""平台+5G"等场景将实现数据的共享利用、降本增效。

新时代第三产业的变革则以信息传输业、计算机服务业、金融业等的变革创新为主导，科教文卫等也在科技创新的推动下发生了翻天覆地的变化。更好地推进第三产业的供给侧改革，进一步释放第三产业的潜力，则可以完善社会主义市场经济体制，加快经济发展，促进社会稳定。

三产融合将是未来的发展方向。价值既存在于传统的土地、资本、劳动力等生产要素中，也存在于数据、技术等各种新型生产要素中。新业态、新模式需要新金融，科技支撑下的金融创新必将给人类带来全新的体验。

未来，可以没有银行，但不能没有银行业务；未来，可以没有金融机构，但是金融却以各种业态、各种模式存在着。我们的金融体系不再是以传统的商业银行为主导的间接融资模式，而是用各种新型金融基础设施搭建的"非中心化+中心化"的金融体系。

未来，资金融通可以通过信用来获得，新金融存在于人类日常，与实体经济相互融合渗透。不管是人类赖以生存的农业，还是制造业、服务业，都可以在新型金融平台上随时获得需要的信用并将多余的信用拆借出去，实现金融资源的合理高效流动和利用，创造更多的财富，为人类幸福感的获得提供随时随地的金融支持。

未来，辛苦劳顿、简单重复、环境恶劣等不适宜人类操作的工种将由智能机器替代，深度学习也将使得智能机器致力于推进科学的发展，金融智能化将提供个性化的定制服务。人民日益增长的对美好生活的需求与不平衡、不充分发展之间的矛盾将随着产业革命的推进而得到大大的缓解。

第二节　金融科技结合的历史

"金融科技"是近些年的热词，研究者众多，表述方式不一，阶段划分不一。纵观人类发展史，从农耕时代到工业革命，从信息革命到智能时代，无一不渗透着金融与科技的结合。

一、金融科技概念辨析

单从"金融科技"这个词的本身或英文名字"FinTech"的字面上可以看出，金融科技是由金融和科技结合而成的。科技又是科学和技术的结合体，科学是对自然规律的认识，而技术则是为了改造世界而进行的发明创造。金融稳定理事会（Financial Stability Board，FSB）将金融科技定义为技术带来的金融创新，通过创造新的业务模式、应用、流程或产品来对金融市场、金融机构或金融服务的提供方式造成重大的影响。① 维基百科将金融科技定义为由一群通过科技让金融服务更高效的企业构成的一个经济产业。中国人民银行发布的《金融科技（FinTech）发展规划（2019—2021年）》（以下简称《规划》）中指出，金融科技是技术驱动的金融创新，旨在运用现代科技成果发行或创新金融产品、经营模式、业务流程等，推动金融发展提质增效。② 金融科技通过深化金融供给侧结构性改革推动金融转型升级，增强了金融服务实体经济的能力，成为防范化解金融风险的新利器。

由以上定义可以看出，虽然目前对金融科技的定义并没有一个固定表述，但是这些定义都表达了一个观点，那就是金融科技都重点强调科技对金融的影响，是运用科技手段来创新金融，推动金融业的发展，进而通过金融创新来提升金融服务实体经济的能力，防范化解金融风险。

这要与另一个相似的词语"科技金融"相区分。目前对科技金融的定义也没有统一。科技金融的提出目的在于对高科技产业和企业的扶持。国务院印发的《"十三五"国家科技创新规划》中指出要健全支持科技创新创业的金融体系，"鼓励和引导金融机构参与产学研合作创新"，"加大对企业创新活动的金融支持力度"。③ 由此可以看出，科技金融突出的是金融对科技产业和企业的支持，而金融科技则强调金融与科技的深度融合。因此，需要将这两个概念区分开来。

二、金融科技结合阶段的争论

对金融科技发展阶段的划分有多种说法，具有代表性的是两阶段论和三阶段论。周伟等（2017）认为，金融科技可划分为两个阶段：2013年是中国互联网金融元年，金融科技1.0是以互联网和移动互联网技术为驱动的，而金融科技2.0更聚焦于以云计算、大数据、区块链和人工智能等为代表的新一轮IT的应用与普及以及对提升金融效率和优化金融服务的重要作用。④ 三阶段论在两阶段论的基础上，认为随着技术的发展、融合，全新的金融将逐步形成，即

---

① 资料来源：https://www.fsb.org/work-of-the-fsb/financial-innovation-and-structural-change/fintech/。
② 资料来源：http://www.pbc.gov.cn/goutongjiaoliu/113456/113469/3878634/index.html。
③ 资料来源：http://www.gov.cn/zhengce/content/2016-08/08/content_5098072.htm。
④ 周伟，等.金融科技[M].北京：中信出版集团,2017:16.

金融科技3.0阶段。① 余丰慧从政策、产业、企业三个维度进行分析，认为2016年是中国金融科技元年。② 而根据吴军对全球科技通史的梳理，人类的科技发展分为远古科技、古代科技、近代科技和现代科技四个阶段。③ 因为金融发展与科技发展密不可分，所以金融发展也相应地分为远古金融、古代金融、近代金融和现代金融。

（一）金融科技与互联网金融的互生共荣

有学者认为，中国的金融科技，其实叫作互联网金融更为贴切，所以金融科技发展阶段划分与互联网金融的发展阶段有关。互联网金融，即互联网在金融方面的应用。④ 互联网的前身是"阿帕网"，是1967年由美国高等研究计划署（Advanced Research Projects Agency，ARPA）的劳伦斯·罗伯茨（Lawrence Roberts，1937—2018）负责建立的可以让大家远程登录使用大型计算机以共享信息的一个网络。1981年，美国国家科学基金会在阿帕网的基础上进行了大规模的扩充，形成了早期的互联网，由此开启了人类互联网发展的历史。20世纪90年代，美国政府、美国高等研究计划署、美国国家科学基金会先后退出了对互联网的管理，大量资金涌入，整个互联网迅速商业化，互联网开始爆发式增长。中国的互联网起步比较晚。1994年初，中国科学院高能物理研究所的计算机网络正式加入国际互联网，并建成我国第一个www网站。得益于多种技术的支撑，以解决信息传输问题为根本的互联网在我国快速发展，同时也催生出很多新的技术和产业，互联网金融异军突起。但从多年实践可以看出，互联网金融乱象丛生，风险集聚，互联网与金融只是概念的相结合，并没有真正地相互融入。金融科技需要克服这种供求双方的简单相接而实现真正融合，用新技术来改变金融的供给侧，切实为实体经济服务。

（二）金融科技与数字经济相依相伴，中国数字化时代真正到来

2019年12月31日，武汉市卫生健康委员会第一次发布了新冠肺炎情况通报。之后，新冠肺炎疫情开始在全国肆虐，后在全球蔓延，给人类的生产生活带来了严重的影响，也倒逼着数字经济快速发展。传统金融机构开展数字金

---

① 陈辉. 金融科技框架与实践[M]. 北京:中国经济出版社,2018:190-221.
② 余丰慧. 金融科技[M]. 杭州:浙江大学出版社,2018:48-50.
③ 吴军. 全球科技通史[M]. 北京:中信出版集团,2019:61-62.
④ 余丰慧. 金融科技[M]. 杭州:浙江大学出版社,2018:37.

融，通过无接触金融服务、降低交易手续费等措施为更多的中小微企业提供融资服务，更多数字金融项目在疫情中发挥了重要作用。利用金融科技构建的基于区块链开发的供应链金融平台"蚂蚁双链通"，支持中小企业供应商利用来自大企业的应收账款向银行申请贷款，缓解了中小企业在疫情期间的融资压力，保障了这一主体对经济社会的稳定作用。数字金融的发展离不开数字经济。以大数据、云支付、区块链为代表的科技开启了无感金融、无接触金融的时代。

2020年4月12日，是中国经济发展史上一个具有里程碑意义的日子。《中共中央 国务院关于构建更加完善的要素市场化配置体制机制的意见》公开发布，将数据作为第五生产要素首次写入正式中央文件，其发展与建设被纳入国家战略发展层面，这说明以区块链等为主体的金融科技对我国市场经济体制的完善和发展起到了推动作用。

2020年4月15日，中国央行数字货币（Digital Currency Electronic Payment，DCEP）在中国农业银行内测，标志着中国数字化时代真正来临。数字经济时代需要金融科技的底层基础技术支撑，可以利用区块链与物联网进行数据确权并将抵押品物权数字化，为数字化交易奠定基础。

（三）金融科技结合阶段划分

金融科技不是简单的"金融+科技"，而是金融与科技的深度融合，是双向的相互作用与推进。历次工业革命都是"金融+科技"变革的结果。每一次科技拐点都有金融的支持。虽然众说纷纭，但依据金融科技发展的实质，关于金融科技阶段的划分大体上是不变的。虽然金融科技只是近些年才提出来的一个概念，但从金融科技的本质来看，金融与科技的结合却不仅仅是从近些年才开始。对金融科技阶段的划分标准不仅要考虑科技与金融结合的相关度，还要考虑时代、经济环境、政策支持、落地应用等因素。据此，金融科技的结合可划分为以下四个阶段。

1. 金融科技萌芽期

科技在金融领域的尝试应用酝酿于以欧洲国家为主导的第一次工业革命和第二次工业革命，只是发展程度比较低，且经历了一个漫长的发展过程。

2. 金融科技概念结合期

2013年被称为互联网金融元年。以美国为主导的第三次工业革命催生了互联网，而互联网金融提供了一个互联网平台，将人类从传统意义上的线下模式引领到了线上模式，改变了C端用户的投资和理财习惯，这是互联网金融对金融业的最大改变，也让大众对由此产生的金融科技有了初步认识。这一时期，普遍认为金融科技就是互联网金融，互联网金融就是金融科技，从而将这两个概念混为一谈。但金融科技与互联网金融并非一个概念。金融科技以金融为主体，是"金融"与"科技"的深度融合，是科技对金融领域的颠覆式变革；而互联网金融只是一种"互联网+"模式，是以互联网为主体的，是"互联网"与"金融"两种元素的简单相加，以互联网金融为主体的金融科技只是表面概念，而非真正融合。因此，在"互联网+"浪潮下的金融科技更多地承载了人类赋予这一新概念的高度希望，并没有将新技术用于提升金融服务能力，优化金融体系，反而引致了很多风险。

3. 金融科技融合发展期

2016年被称为金融科技元年。[①] 以美、中为主导的大数据、物联网、人工智能、区块链、云计算等新兴技术快速兴起，引致了第四次工业革命。无论是传统金融机构还是金融科技公司，都在积极探索科学技术在金融领域的落地应用，开创了很多新模式，如"区块链+供应链金融""区块链+期货"，也带来了一二三产业、大中小企业融合发展的工业互联网，基于互联网平台的价值互联网等新兴业态。

中国现代化的进程离不开创新，而创新离不开科技。在新一轮科技革命与产业革命的背景下，金融科技蓬勃发展，新业态、新模式、新产品不断涌现，为金融业的创新变革发展提供了源源不断的活力，为金融服务国民经济的发展提供了强有力的支持。尤其是在2019年中国人民银行《规划》的引领下，各金融机构、金融科技公司加速统筹布局金融科技，金融科技产业形态不断完善，惠民利企效果比较显著，中国金融科技发展水平上了一个新台阶。但是此阶段金融科技的发展仍存在一些问题，如没有摆脱互联网金融乱象丛生的现状、信息系统多头连接、资金流与信息流割裂、融合度有待进一步深入、支持与引导政策有待校正、风险监控有待加强等。大多数金融科技仍停留在模式结合的概念上，为实体经济重点领域提供服务的能力有待提升，金融资源的配置效率有待提高。

---

① 周伟,等.金融科技重构未来金融生态[M].北京:中信出版集团,2018:14.

4. 金融科技深度融合期

新冠肺炎疫情在中国的蔓延使得中国率先加速了金融科技的深度融合,科技开始全方位赋能金融并引领金融业的深度变革。"颠覆"是这一时期的代名词。数据作为第五生产要素,将成为经济社会发展的重要推动力。中国人民银行率先推出数字货币,数字信用凭证支付方式将彻底颠覆现有支付体系。以工业互联网为核心的"数字新基建"将成为未来加速产业发展的新引擎,以"5G"信息网络新基建为主旋律的共建共享将催生新模式与新产业生态,数字货币、无感金融、无接触金融、智慧金融等金融科技深度融合模式将加速发展与落地。这一阶段的金融科技不再是金融与科技的简单相加,也不再是金融在科技领域单纯的资金提供或科技在金融业的简单应用,而是金融与科技的深度融合。金融科技融合的效果体现在金融服务实体经济的能力上。

第三节 金融科技结合的未来

金融科技将从数据、风险防控、支付等多个方面改变人们的生产生活方式和行为模式,嵌入经济社会发展的各个环节,完成基于信息与价值的现代金融体系的整体重构,帮助形成一个科学防控、便捷安全支付、充分体现数据价值、信息共享的金融体系,更好地服务实体经济。

一、数据是数字经济时代的重要基础性战略资源

未来,每个人、每家企业、每家金融机构都将既是数据的生产者,又是数据的消费者。金融科技可以充分挖掘数据价值,提高数据互通能力,促进数据的融合应用及数据价值的充分发挥。数字经济是供给侧结构性改革的一项重要内容,数据作为一种全新的生产要素被放到了重要的战略位置,推动着数字经济的深入发展,引领实体经济数字化转型。要实现数据要素的市场化,就需要与劳动、土地等生产要素一样,实现经济效益。对数据而言,就是要进行生产要素的确权、定价、流通、商业化和隐私保护,这都需要金融科技的进一步融合深化。能够实现数据要素市场化的两个关键技术支撑是区块链技术和物联网技术,而核心在于这两种技术与金融的深度融合。

（一）区块链金融与数据

区块链技术利用其智能合约、点对点传输、分布式数据存储、共享机制等核心特性，在金融领域的创新应用不断升级，带来供应链金融、产业链金融、贸易金融、资产证券化、跨境支付等落地场景的多元化发展。

数据在存储、流通过程中容易被篡改、伪造。区块链网络内各节点存储的是数据，链上交易的也是数据。区块链的不可篡改性，使得数据一旦上链，"链上"信息就变得"透明"且不可篡改。可将其与物联网技术结合，实现出入库记录和质押记录的安全存储、质押物的实地实时监控，将可信信用转化为数据上链进行存证和溯源，数据通过上链进行了确权。

在虚拟的数据资源中，各种虚拟交易信息集合在机构数据库中；银行等金融机构数据库保存了很多的客户信息，这种信息往往是机构的资源甚至是财富，可以利用数据资源实现机构的财富最大化的目标，这种通过网络储存起来的无形资产，同样也面临着安全问题。近年来，网络犯罪的数目增加，保证数据的安全是防范风险的重点。

一方面，金融机构可以利用大数据轻松获得个人信息，帮助金融机构了解消费者的需求，识别风险，为个人提供个性化、定制化的金融服务和产品，但却忽视了因数据泄露而产生的个人隐私问题。另一方面，提高资源配置效率，降低信息不对称，就要信息共享。交易产生数据，消费者的活动轨迹也会产生数据。我们都有这样的经历：如果我们在某一平台上进行了某一交易，马上就会看到与交易有关的链接出现；或者我们浏览了某一网站上的某条信息，就会有相应的广告推送。这是因为我们的数据被自动"交易"了，信息被共享了。

数据的泄露主要有两类：一是机构或企业内部人员受利益的驱使，将机构或企业内部数据泄露，由此导致的恶性竞争和报复性行为；二是机构本身的数据安全系统存在问题，外来侵入者很容易盗取数据，从而引发财产损失。数据隐私无法保障，就会产生隐私保护与数据共享的矛盾。"上链"之后，交易信息在公链上是公开的，活动轨迹在公链上也是公开的，但是账户身份信息如果在私链上没有经过信息所有人的允许并公开的话，任何平台或机构都是看不到的。因此，数据隐私保护与数据共享的矛盾可以通过区块链技术来解决。

区块链可以重塑信任机制，降低运营成本，提高服务效率，已成为银行业未来金融科技布局的重点之一。在区块链技术背景下，金融服务更加贴合实体经济，传统金融机构、产业链之间的边界将逐渐模糊。数据拥有价值，将成为产业之间、企业之间的纽带。

（二）物联网金融与数据

物联网这一概念，最早是由美国麻省理工学院的 Kevin Ash‐ton 教授于 1991 年提出来的。物联网是指能够把物—网—物、人—网—物之间连接起来，利用射频识别（RFID）等感应器、互联网络等传感器和设备映射终端平台，进行相互通信和信息交换，以实现智能化应用的新技术。物联网可以实现无处不在的物物相连，[①] 主要有以下几个特点：一是实时监控。随时掌握目标物的状态、位置、环境等信息，并依此做出反应，这是物联网的一项主要特征。二是定位追踪。依靠 GPS 等定位系统及无线通信设备，可以对物体进行动态追踪。三是决策计量。通过网络对数据信息进行搜集、整合、处理和分析，将结果传递到物联网终端，能及时做出有效决策。四是远程指挥。各领域无须派遣专业人员实地考察，借助物联网技术传感设备就可以进行远程操控，办理业务。万物互联的时代慢慢到来，物联网技术的普及将更多新设备接入网络，形成海量数据。物联网应用也将呈现出迅速发展的趋势，促进生产生活和社会管理向智能化、网络化、高效化方向转变。

在物联网技术的支撑下，金融机构将与通信商、设备供应商等各类商家合作，供应商们为金融机构提供射频识别、定位系统、感知设备等传感器芯片，把传感器安置在各个目标上。当目标物发生变化时（比如，受监管汽车所处的位置、状态、司机的驾驶能力，产品的温度、体积变化、所处环境等），应用这些传感器设备能及时进行动态感知，搜集相关信息。在网络传输系统下，目标物的数据和状态会迅速传到商家后台，利用计算机的精准计算能力，进行数据分析和处理，然后再将有用信息通过后台告知商业银行、证券公司、保险公司、租赁公司等金融机构。金融人员可以随时根据反映的信息，在互联网络上对目标物进行远程操作。

物联网与金融的融合将资金流、信息流与实物流连在一起，利用新技术推动金融工具和金融产品的创新，深刻变革着金融领域的商业模式，在支付技术、资产管理等众多金融服务中创新业态，促进金融体系的完善。推动物联网与金融的深度融合，加快业务创新是金融业转型突破的重要战略选择。两者的

---

① ZHANG PENG, SHIXIANG & KHANSAMEE. Can quantitative finance benefit from IoT [N]. Proceedings of the Workshop on Smart Internet of Things, 2017 - 10 - 14(12).

融合起点为金融服务,落脚点仍是金融服务,在金融监管、动产抵押融资、智能支付和金融保险等方面,物联网技术的应用贯穿到整个金融服务流程,实现线上和线下互联互通,金融服务效率更高,金融机构资产评估更加完善。

  物联网与金融体系的融合会通过一种全新的智能化架构体系实现实体经济中的物物相连。物联网技术在汽车监控、动产融资、人工智能和保险管理等方面的应用,会推动传统金融模式的一场新革命,这是当前社会发展的必然趋势和潮流。首先,在动产融资中,物联网与金融的融合发展保障了企业动产抵押的可信度,提高了银行放贷金额;在银行领域中,物联网金融使支付方式更便捷安全,信用体系更客观,大大降低信用风险;在银行移动支付中,利用物联网的感知技术进行扫描,再将数据信息整合后通过互联网络传输后台,交易双方可以及时实现资金转换,支付服务流程加快。其次,物联网与金融的融合能帮助银行对企业的融资动产进行选择和监控。提供贷款业务和租赁业务是银行主要的资金来源,物联网金融的网络化、数据化和信息化发展,可以精准确定融资产品的应用价值,如产品的盈利前景、体验价值等,使产品的物品属性与价值属性有机融合,利用传感等设备监测动产,掌握产品动态,有利于实现企业动产抵质押融资。再次,在保险业中,应用物联网感知技术掌握投保品的位置、状态等信息,通过计算机数据分析和网络层传输,保险机构进行后台管理,控制风险,实时监控投保品状态,无须人员实地考察,服务更智能、更高效。最后,物联网与金融的融合也可以有效预测金融市场趋势,加强与实体经济的联系,使得证券投资策略更加完善合理。

  通过物联网络,金融机构可以随时掌握市场信息流动情况,严格把握企业的生产经营情况,全面记录客户信贷偿还历史,并将这些记录形成可靠数据登记在征信体系中,完善信用体系结构及内容,使征信系统更全面、客观、可信。进一步从不同角度对金融客户信息进行搜集和整理,对交易对象的资产状况、投资偏好和工作情况进行评估和预测,建立更加完善的风险控制体系。在未来,物联网金融融合技术会更加完善,为各个环节提供可靠的数据体系。

二、监控是金融科技健康发展的坚实盔甲

  监控,即监管与风险防控,是信息科技时代风险防范的内生存在机制。一方面,科学技术的深度应用,可以完善风险防控和监管体系,使得风险管理手

段和工具科技化；另一方面，金融科技的"脆弱性"和"破坏式创新"使得金融发展暴露在复杂的风险环境中，监管科技成为风险防控和化解的重要手段。

（一）完善监管体系，科学监管金融科技

金融科技监管体系顶层设计和审慎监管是规范金融科技发展的关键。随着人工智能、大数据、物联网等技术重塑金融业态，各类金融业务之间深度交叉融合，现行的以中央全面掌控金融监管权力、各金融主管机构承担相关监管职责的"一行一委两会"的分业金融监管体系将面临巨大挑战。第四次工业革命背景下金融科技迅速发展，传统金融业在金融科技的推动下日趋数字化、智能化。而大型科技公司也日渐深入金融领域，成为金融科技发展的生力军。无论是传统金融业的科技化，还是科技公司的金融化，都面临着前所未有的挑战，需要完善的监控体系和监控手段来保障金融科技的健康发展。

金融科技监控的技术落脚点在数据基础管理平台的建设、大数据补充监管信息缺失、利用分类或预测模型提升对风险的预警和感知能力上。[1]数据权益归属问题是金融科技发展中面临的新型挑战，因此要建设数据基础管理平台，保护好各交易主体的利益，充分、公平、合理地利用数据价值，避免大型科技公司的数据垄断，促进公平竞争。在金融科技不断发展的背景下，金融监管的方式和理念也应该革新。需秉承"适应性、功能性、包容性、实验性、协调性"的监管理念，以实现监管机构之间的信息共享和交流沟通，构建监管机构与被监管机构及其利益相关方之间的平等对话、沟通交流机制。[2]

（二）创新监管科技手段，有效防控金融科技风险

传统金融监管模式已不能适应金融科技背景下传统金融风险的新的表现形式及新型技术风险。一是信贷风险、流动性风险、操作风险等传统金融风险虽然本质上并未改变，但在金融科技背景下有了新的表现形式和延伸，更加难以准确识别和防范；二是区块链、物联网等底层信息技术因为认知或研发不到位，或应用场景不配套等产生技术漏洞。一方面，这些技术漏洞会导致数据侵权、隐私泄露等风险的产生，另一方面，技术本身的特性会加大风险的传递，引致系统性风险。

---

[1] 资料来源：https://www.iyiou.com/analysis/2018072577626。
[2] 张永亮. 中国金融科技监管之法制体系构建[J]. 江海学刊, 2019(3):150-156.

金融科技推动了金融创新，而金融创新必须要"容忍"一定程度的风险。如何在不引致系统性风险的情况下推动金融创新，完善金融风险的监测、评估、预警和处置机制是关键。2015年英国创新"监管沙盒"，提供了一个可由监管机构相机抉择监管松紧度的"安全空间"，给市场一定的时限，提升了审核标准上的容错能力，体现了监管理念上的主动性。① 要提升金融科技的风险防控能力，避免金融创新抑制，我们需要将"监管沙盒"本土化，完善具体化项目准入和退出机制，消费者保护机制、统筹协调机制，优化"监管沙盒"内各主体功能，提升金融科技监管能力。

三、支付是金融数字化转型的重要扶手

便捷、安全的支付清算体系是现代化金融体系的重要组成部分，是金融数字化转型的重要扶手，金融数字化是推动经济高质量发展的基础支撑。资产数字化、数字产业化、数字科技等模式和业态将在金融科技深度融合的过程中扮演越来越重要的角色，由此带来的便捷的支付清算体系将是实现智慧金融的重要途径。

移动支付大大减少了纸币的市场流通量，为货币的数字化打下了基础。随着互联网技术的发展，以互联网技术为支撑的第三方支付平台在国家宏观监控下应运而生，支付宝、微信支付等更是改变了传统的方式。区块链作为新型金融基础设施的核心技术，加快了交易以及信息传递的速度，不仅银行之间可以直接进行交易支付，银行还可以通过区块链直接向客户发出支付命令，客户无须等待银行的交易进展信息，可以直接在区块链上查询到。中国人民银行也可以随时进入链上系统实施监管，同时可以通过程序设置信息推送，使信息能够被及时传递，从而避免信息传递滞后带来不必要的损失和风险。

金融科技支撑下的金融基础设施可以降低交易成本。传统的支付清算体系手续比较烦琐，需要经过层层审核才能对接交易。在此期间，每个环节都需要支付一定的审理或手续费，这样计算下来，与中国人民银行对接业务的银行所需花费会较多。而新型金融基础设施在区块链系统进行支付清算，每个需要支付业务的主体作为一个独立的节点，都能够直接进行交易，无须通过中国人民

---

① 应尚军,张静.新形势下的金融科技监管思路——以"监管沙盒"制度框架为视角[J].西南金融,2021(2):25-37.

银行来实现间接交易，减少了很多不必要的开支；中国人民银行也无须作为最终清算机构来管理各个银行的业务，减少了中国人民银行清算管理费用。

随着金融科技的深度融合，可以利用区块链、物联网等技术逐步建立起新一代支付生态体系。通过物联网与大数据等科技手段了解客户的需求，根据支付需求提供适宜的支付方式，如刷脸、条码、指纹等，采取合适的交易验证手段，如密码、标记、手势、验证码、指纹等。一些边远地区、中老年人、长尾居民客户因为文化程度、基础设施等因素而不能使用现代化的金融科技手段，如何让这些群体也能快速、安全地支付是重点。因此，不需要懂科技的"傻瓜"式智能化支付手段是实现普惠金融的关键，需要研发"看懂图像、听懂语言、读懂文字"的智慧金融产品，服务线上金融服务盲区。已经进入试点的中国央行数字货币（DCEP），是基于区块链技术的加密电子货币体系，可以实现这种"傻瓜"式的智能化支付。与微信、支付宝等第三方支付平台需要线上支付、人脸识别、身份验证不同，央行数字货币不需要信号，不需要在线，甚至不需要开立银行账户或支付账户，只要手机上装有数字货币钱包，就可以使用央行数字货币进行支付，非常便捷。央行数字货币是传统货币的数字化形式，也就是人民币的数字化，与纸币可以等价交换，等同于基础货币，不会增加货币的流通量，因此也不用担心货币超发引发的通货膨胀问题。数字货币的重要性日益显现，央行数字货币电子支付将大幅推进人民币数字化进程，并有可能会挑战美元的霸权地位，从而拥有全球支付和货币体系的影响力。

央行数字货币并不会在短时间内取代传统的纸币。纸币、央行数字货币、支付宝、微信等线上第三方支付平台等多种形式会在一定时期内并存。但是长远来看，随着以区块链为主体的金融基础设施的完善，数字货币会逐步取代现在占主流的支付宝、微信等线上第三方支付平台方式。纸币也将因为发行、储存、运输、安保成本高，货币超发引发通货膨胀等缺点而退出历史舞台。"支付为民"，无现金社会，不远了。

第二章 金融科技与金融供给侧结构性改革的深化

新时代是高质量发展的时代，高质量发展需要驱动力，提升创新驱动力就要大力发展金融科技。金融科技是各领域高质量发展的动力引擎，也是新一轮金融变革、金融业态提升的"新引擎"。中国人民银行发布的《规划》中明确指出，金融科技是技术驱动的金融创新，旨在运用现代科技成果改造或创新金融产品、经营模式、业务流程等，推动金融发展质增效[①]。这里的关键在于金融科技发展要提质增效，也就是金融服务实体经济能力的质量和效率要提高。金融科技发展的重心是金融，是以科技手段赋予金融业高质量发展的内涵，而金融业高质量发展就要克服当前金融发展的不平衡、不充分问题。金融科技创新的驱动力是需求的变化。当前我国金融供给还不能很好地匹配需求侧，金融服务质量和结构都需要通过科技手段来提升和调整，以服务于小微企业、民营企业等经济社会发展的关键领域和薄弱环节。金融科技本质还是金融，金融科技可以优化金融结构，促进传统金融机构的数字化转型，促进金融供给侧结构性改革的深化。

---

① 资料来源：http://www.pbc.gov.cn/goutongjiaoliu/113456/113469/3878634/index.html。

第一节　金融供给侧结构性改革提出的背景

供给侧结构性改革作为"十三五"规划的重点内容，旨在调整结构以促进经济社会健康持续发展，且仍是"十四五"规划的改革重点。金融业具有金融资源集聚、引导资金流向的作用，进行金融供给侧结构性改革更是意义深远。金融供给侧结构性改革的提出突破了原有的强调供给上的总量均衡理念，更加强调市场结构的动态均衡。金融供给侧结构性改革的提出意味着我们充分认识到了金融业发展中存在的问题，抓住了金融业发展的主要矛盾。

一、金融服务实体经济的效率低下

经济的发展离不开金融，同样，金融的发展也离不开经济。实体经济作为我国经济发展的根基，更是与金融的支持分不开。改革开放40多年来，在国内经济增长取得举世瞩目的成就的同时，金融领域的活跃度也开始逐渐上升。资本套利行为因为可在短时间内获取大量财富而具有超强的吸引力，大量资金注入金融业。巨额资金沉淀在金融领域，会产生一系列不良后果：一是金融体系内部呈现资金"无效率"使用，或者是大量资金进行投资套利活动；二是造成资金链条拉长，融资成本提高，导致实体企业无法获得合理的贷款建设投资实体经济；三是有可能造成资金流向实体经济的"错位"问题，资金分配比例不合理，如大量资金流向房地产行业等，资金得不到有效利用，极易产生泡沫。

金融发展的本质就是为实体经济提供优质资源的配置，但却因为资本逐利的本性导致"资金空转"而背离了发展的初衷。例如，2015年的股市在经历过一次千股跌停后，许多金融投资被腰斩，大量资金流出我国，一些进行金融套利的机构和企业资金短缺，甚至是资产缩水，实体经济低迷不振，就是金融脱离实体经济的典型现象。金融服务实体经济的效率低下已经成为制约我国经济增长的关键因素，特别是对于能够创造大量就业、带来经济新活力的双创小微民营企业，强国立家之本的"三农"等资金支持的不足，将是我国经济高质量发展的掣肘。

二、金融供需结构不合理

从国家用"一只有形的手"来约束金融市场以对金融供给进行统筹调配，到适应市场经济的政府引导与市场配置资源共存，我国的金融体系逐步建立并完善。以间接融资为主的银行中介支付体系为我国的经济发展提供了强有力的金融支持，但是发展中存在的问题也逐渐显露，尤其是金融供需不平衡问题。主要表现在金融供给结构、金融需求结构和金融供需失衡三个方面。

首先是金融供给结构。以间接融资为主的金融体系导致资源配置结构的扭曲，而资源配置结构扭曲是造成金融供给效率低下的关键。间接融资问题的主要表现之一是贷款期限结构不合理，主要表现在两个方面：一是贷款期限结构错配。我国商业银行发放的贷款从期限上主要分为中长期贷款和短期贷款，贷款期限结构不同。从理论上说，不同企业在贷款种类相同的情况下，也应该有不同的期限，但银行对企业的盈利能力、偿债能力等方面的分析还不足，造成银行无法合理地分配自身拥有的资金，达到存款资金与企业贷款需求的完美配合，产生期限敞口，从而引起银行资金缺口增大，给银行带来巨大的风险。二是商业银行非理性偏好于中长期贷款。为了刺激需求而增加固定资产的投资，就需要大量的中长期贷款进行支持。商业银行出于贷款能够带来利润的考虑偏好中长期贷款，因其能够使银行获利较多，并且中长期贷款违约率要低于短期借款违约率，大大地降低商业银行收账可能遭受的违约风险。商业银行在利润和市场供求的双重驱动下，中长期贷款增加和短期贷款减少的现象越来越严重。这不仅会造成"短存长贷"的现象，还会导致资金滥用和消费结构失衡，给我国经济带来负面的影响。

其次是金融需求结构。金融需求结构具体表现为消费金融结构的失衡。我国传统的消费观念是"先储蓄后消费"，但随着时间的推移，该观念已经发生了根本性的变化，贷款消费慢慢地被年轻群体接受，对消费者个人在医疗、房地产等方面的消费都起到了积极的作用，消费金融悄然兴起。但消费金融向各级消费者提供金融服务的同时，可能会出现借款消费者没有考虑自身的经济实力，无力偿还大额贷款、小额贷款无法满足自身需求的现象，无法达到有效刺激消费、扩大内需的目的。需求结构不合理的现象，无论对国家金融业的发展还是经济增长无疑都是个障碍。因此，刺激有效的金融需求是改善金融需求结构、提升金融质量的关键。

最后也即最重要的一点是金融供需之间的失衡。无论是金融供给大于需求，还是金融需求大于供给，都会降低金融资源配置的效率，侵蚀金融服务实体经济的能力。主要表现在资金充裕的行业、企业仍有源源不断的资金来源，而资金短缺的行业、企业的融资顽疾一直得不到解决。比如，不管需不需要资金、贷出去的资金能不能获得高的收益、有没有风险，"大字号""国字头"的企业总会有商业银行、地方政府主动找上门来放贷或寻求合作；而"小字号""民标签"的中小微企业、民营企业在向银行贷款时遇到"惜贷"是常有的事，又因其达不到相关要求，从直接融资市场上获得融资更是难上加难。高科技产业、轻资产产业因为前期投资回报率较低而难以满足合理的资金需求。代表国民经济发展的中小微企业、民营企业、高科技产业的发展受阻，就会影响到高质量发展的步伐。

三、金融风险突出

改革开放40多年来，我国经济快速增长。但由于"只追求速度，不重视质量"，在经济发展过程中也积累了一系列的问题。其中金融风险问题较为突出，主要体现在企业债务风险、地方政府债务风险、影子银行业务风险和资产泡沫化四个方面。

（一）企业债务风险

企业，尤其是形成国民经济发展主体的中小微民营企业，为了生存和发展，都需要投入大量的资金。但其获得资金的途径比较单一，以银行借款为主，因此会形成一个高的负债率，加之实体经济需要投入的资金多，产生利润需要的时间比较长，收益相对于金融业来说也会比较低，这些因素不仅会使企业无法按时偿还到期债务，而且有可能会出现"借新债还旧债"等问题，同时，有些企业的高级管理者缺乏企业内部风险的防控意识，企业内部没有展开风险防控培训，再加上企业防御风险的能力比较低，都会增加企业破产倒闭的风险。

（二）地方政府债务风险

2008年，美国次贷危机引发了全球性的金融危机，我国经济也受到了一定程度的影响。国家为了应对金融危机，出台了4万亿元的刺激方案，以帮助国内经济稳定发展。而在这4万亿元的投资计划中，地方政府承担了28200亿元的投资额，从而引起地方政府大量发债和向商业银行贷款，致使地方债务呈现出爆炸式增长。具体影响如下：

一是债务的偿债风险加大。在我国，大多数地方政府主要是通过商业银行贷款来获取资金，贷款期限一般为3~5年。但是政府用于投资建设项目的回收期大多时间较长，这就会造成贷款期限到期，而投资的款项未能及时收回，只能延长还款期限，从而加大了地方政府的偿债风险和偿债压力。

二是地方政府债务责任不明确。随着债务量的增大，偿还的难度也开始加大，地方政府开始不断拖延偿还期限。同时地方债务融资主体没有明确偿还责任，长期以来还有"地方政府即使还不上还有中央政府还"的错觉。商业银行作为地方政府最大的债权人，很可能会遭遇贷款无法收回的风险，从而影响整个金融体系的稳定。

三是隐蔽性债务风险增多。为了推进城镇化建设，地方政府需要加大对基础设施建设等的投入。地方政府要弥补资金缺口，在依靠发债和商业银行贷款的同时，也会通过其他的一些融资公司和平台筹措资金，而这一部分属于隐性债务，游离于管理范围之外，隐藏的风险同样不可小觑。

（三）影子银行业务风险

20世纪80年代以来，随着金融监管的加强，银行的利润降低，成本增加，影子银行得以快速发展。我国影子银行出现较晚，但发展速度较快。随着互联网技术的发展，商业银行以贷款为主来获取利润的传统获利渠道已经发生变化，贷款已经不能给商业银行带来充足的利润以维持经营，商业银行开始在表外业务寻求利润增长点，以获得巨额利润。

影子银行业务在带来巨大利润的同时，也带来了风险，具体表现为：一是交易信息的不透明。由于影子银行的资产并不对客户公开，资产的相关报告完全出自自己的营业平台，这种没有经过专业机构鉴定的资产对客户存在误导性；另外，影子银行业务一般是场外交易，不会将交易状况上报汇总，这导致政府和公众无法清楚地了解商业银行的实际情况。二是影子银行的发展速度过快。近年来，影子银行规模开始逐渐扩大，更加关注自身的"副业"，而且影子银行的资产配置问题凸显，由于游离于监管之外，无须顾及资产负债是否平衡，出现了大量资产和负债的期限结构错配等问题。但是在很长一段时间内，影子银行所带来的危害并没有得到相关部门的重视，而且由于监管手段和方法都比较落后，直到 2011 年，金融稳定理事会认为影子银行游离于监管之外，容易引发系统性风险，才出台相关的监管政策以防范风险。

（四）资产泡沫化

2008 年后，股市进入了严冬，大量的资金从股市中撤出转向债市，股市在很长一段时间处于熊市阶段。直到 2014 年底，我国股市才又重新进入牛市，股票价格迅速上涨。2015 年 6 月，证监会开始对市场进行整顿，导致大量资金外逃，股市泡沫开始破裂，再次造成股市低迷。

与此同时，为了营造良好的生产和投资氛围，我国在宏观层面采取积极的财政政策和宽松的货币政策，投入大量的基础货币，但主要流向了房地产市场，主要表现在楼市价格大涨，楼市在某种程度上出现了泡沫化现象。大量开发商投资于房地产建设，大部分地区房产库存销售比偏高，房地产开发商没有办法通过"产、销、存"的路径来收回已经建成的房产，给房地产开发商提供贷款的商业银行无法及时收回资金，这不仅会导致房地产行业的不景气，还会导致大量资金沉淀在楼市中无法流回市场并配置于实体经济。

以上四大类金融风险正是我国面临的最主要的风险，如果不及时解决或者处理不当，就会进一步酿成系统性金融风险，最终引发经济危机。

第二节　金融供给侧结构性改革的成效

金融供给侧结构性改革取得了初步成效，具体表现在金融服务实体经济的效率得到提升、金融供需结构不平衡得到缓解、金融风险的防范化解取得积极进展等方面。

一、金融服务实体经济的效率得到提升

从我国开始实行供给侧结构性改革以来,金融供给侧结构性改革就成为改革的重点。与此同时,国家提出"三去一降一补"政策,振兴实体经济成为推进供给侧结构性改革的重要内容。在金融层面就是通过金融机构来振兴实体经济,引导资金"脱虚向实"。我国金融市场的核心机构仍是商业银行,商业银行作为实体经济发展资金的主要提供者,起到了聚集闲散资金的作用,以疏通和传导资金流向实体经济,减少资金的快速逐利行为,降低了金融风险,金融服务实体经济效率得到提升。国家统计局公布的数据显示,金融机构金融交易规模从2016年起大幅度下降,从73万亿元下降到2017年的63万亿元,而且非金融机构在金融交易部分也呈现较小回落。这显示实行金融供给侧结构性改革以来,社会上的资金从金融领域被引导到了实体经济。

同时,国家还向社会投入大量资金,继续深入推行降低法定存款准备金和降低利息的相关政策。M1作为货币供应量指标,可用于衡量市场上资金活跃度,是一种现实购买力的代表;M2同时反映潜在和现实购买力。从国家统计局公布的数据来看,2012年至2014年M1增速不容乐观,在2014年达到一个低点,同比增长率只有3.2%,而同期的M2变化较为平缓,始终保持在较高水平,在2012—2014年一直保持在13%左右。直到2015年国家开始实施金融供给侧结构性改革,M1和M2的"剪刀差"迅速收窄,且由负转正,说明人们的消费水平得到提升,对经济形势预期向好,实体经济发展水平得到提升。

二、金融供需结构不平衡得到缓解

在金融供给侧结构性改革中,国家设计相应的退出机制以便"僵尸企业"退出,同时加大对中小微企业、民营企业以及"三农"融资需求的满足。

重视贷款结构的调整。我国商业银行等金融机构开始在增加贷款资金量的同时,重视平衡中长期贷款的放贷量。主要表现在以下三个方面:一是商业银行采取积极的营销策略销售产品,吸收社会闲散资金扩大资金来源,以获得稳定的长期资金用于中长期贷款;二是加强商业银行内部控制,严格审查贷款项

目，减少违约风险发生；三是贷款银行根据企业的实际生产能力和企业的生产周期，实现与商业银行贷款的精确匹配，合理统筹安排资金流向。

监管机构对银行贷款期限结构审慎监管。在 2018 年以前我国的监管体制仍属于"一行三会"的模式，其中银监会负责监管银行体系。在"一委一行两会"的新格局下，银保监会对每个监管范围内的金融机构都进行考核，对不同的期限贷款给予不同的权重，从而能够检测商业银行的贷款期限结构比，使其不会偏离合理的水平。

国家支持消费金融发展。2018 年 4 月 23 日，中央政治局会议表明"要坚持积极的财政政策取向不变，保持货币政策稳健中性，注重引导预期，把加快调整结构与持续扩大内需结合起来"。其中消费需求弹性较大，有充分的发挥空间。特别是国家致力于调整消费金融结构，各金融机构也在不断推出各种消费金融工具，不仅向消费者提供金融服务，而且对消费者进行个人信用评级，比如支付宝中的芝麻信用根据消费者个人消费习惯和信用等级，安排消费者需要提前消费的授信额度。

三、金融风险的防范化解取得积极进展

中共中央政治局第十三次集体会议强调，金融供给侧结构性改革的重点是防范化解系统性金融风险，要从根源上减少系统性金融风险发生的可能性。目前，我们在以下四个方面取得了显著的成效。

（一）企业债务风险得到了控制

企业的融资结构是否合理，决定了企业风险暴露程度的强弱。从理论上说，企业的债务越多，所面临的财务风险也就越大。国家出台了上市企业减税等一系列政策，吸引中小微企业进行上市融资，减少企业融资成本，目的是引导其利用股权筹资来代替债务融资，同时支持市场法制化债转股，加大股权融资力度。这样做的优点在于股权资本作为直接融资方式之一，可以降低企业风险，同时能够提高企业的声誉，为以后提供更多的发展机会。从表 2-1 中可以看出，我国上市公司数量呈现出平稳增长的态势，企业的融资来源重心逐渐由间接融资向直接融资转移，降低了企业的债务风险。

表2-1 2012—2018年境内上市公司数目

年份	2012	2013	2014	2015	2016	2017	2018
境内上市公司数（A、B股）/家	2494	2489	2613	2827	3052	3485	3584

资料来源：根据国家统计局网站资料整理。

我国还积极实施市场化债转股以稳妥处置并化解企业债务风险。截至2019年底，实现了债转股14000亿元，这不仅减少了金融机构的不良贷款，而且还降低了企业债务风险，调整了企业产权结构，实现了社会资源的优化配置。

（二）地方债务风险减缓

从2015年起，我国实行了新预算法案，将地方政府与融资平台严格区分，国家明确表态各级地方政府债务应该由地方政府承担，国家原则上不为其担保。由于地方发债数量过大，没有对其进行限制，容易造成债务风险，所以预算法案明确规定地方政府债券要执行严格的审批流程，必须提前一年申报。经过层层审核最终确定发债额度，有利于控制债务量，使得债务透明度不断上升，发债体制逐渐规范化，地方债务风险得以缓解。

（三）影子银行发展得到抑制

近年来，为抑制影子银行规模的不断扩张，政府采取了一系列措施予以应对。从2016年下半年开始，金融监管的重心落在了"去杠杆，控风险"上，监管部门响应政府要求，出台的政策对影子银行的约束成效明显。从影子银行的资金量变化上来看，业务规模得以控制。2018年，穆迪发布的《中国影子银行季度监测报告》显示，自2016年末监管部门开始对影子银行进行整改，信贷与GDP增速差异大幅度收窄。到2017年底，我国影子银行规模达到656000亿元，与2016年对比，增幅仅为1.7%，该年GDP增速自2012年以来首次超过影子银行增速。在不断推进金融供给侧结构性改革进程中，我国仍在继续拆解高风险影子银行，影子银行和交叉金融风险也在持续收敛。

（四）资产泡沫减少

2015年房地产利好政策频频出台，土地政策实行"有供有限"，在一年内中国人民银行进行了5次降息1次降准，房产首付降低40%。2016年2月，中国人民银行与银监会发布房贷新政，在不实施"限购"措施的城市，居民家庭首次购买普通住房的商业性个人住房贷款,原则上最低首付款比例为25%,各地可向下浮动5个百分点,而且买两套房契税从3%降至1%。① 房地产政策的不断出台,显示了我国政府对楼市调控由严格限购到政策支持的转变。这些政策的支持都会给我国楼市带来一定的积极影响,加速减少房地产库存,降低资金压力,缓释金融风险。②

经过2015年股灾,政府开始出台政策对股市进行解救,市场得到了整顿,开始逐渐恢复,在接下来的时间我国股市也一直比较稳定。直到2018年中美贸易战的出现,导致我国深陷熊市,在此期间中央四次降低准备金来重振人们对股市的信心,释放长期有效的资金,缓解股市下行压力。

第三节 金融供给侧结构性改革中存在的难点

金融供给侧结构性改革既取得了显著的成效,也在进一步深化过程中面临着一系列的障碍与难点。

一、金融机构服务对象与自身条件不匹配

中小微企业能够给我国经济发展注入新鲜的血液、带来活力。随着我国供给侧结构性改革的推进,国家不仅提供政策上的支持,同时要求各金融机构配合政策的实施,对中小微企业提供信贷上的支持。但目前来看,大型国有商业银行的服务对象主要还是那些信用良好、融资渠道多的大型企业;而中小微企业多数情况下还是依靠中小商业银行来提供借款,这会导致金融资源无法有效利用,资源分配不均匀。这种不匹配主要体现在以下两个方面。

(一) 经营范围不匹配

中小微企业遍地开花,遍及全国各地的每个角落。尤其是一些农村新兴行业,多数位于比较偏远的地区,需要小额、快速、便捷的金融服务。国有商业银行在规模上具有显著的优势,营业网点广泛分布于各地,而且国有商业银行

---

① 重庆市人民政府办公厅. 重庆市人民政府办公厅关于进一步促进房地产市场平稳发展的通知[J]. 重庆市人民政府公报,2015(20):27+30.

② 杨宝明. 上半年行业政策与资讯风向[J]. 施工企业管理,2015(9):56-58.

受当地政府的干预比较少，能够根据自己的经营原则对资源进行配置，发挥资源的最大效用。与此相反，中小商业银行的经营范围较为集中，主要是受到自身资源和地方政府的限制，不能扩大自己的经营规模，服务范围无法延伸到中小微企业所在地区。这就造成了中小商业银行想提供服务，但因为自身条件限制而无法实现，国有大型商业银行却因为投资回报率低、风险大而不愿意给中小微企业提供贷款等金融服务，因此这些中小微企业获得资金的成本比较高，而机会却比较少。

（二）风险防范条件不匹配

中小商业银行由于业务范围比较小，通常比较重视存贷款这种基本业务，金融产品单一，没有形成自己的服务特色。大型企业倾向于选择大型国有商业银行的金融服务，因此中小微企业是中小商业银行主要的服务对象。中小商业银行往往追求高风险项目来获得利息收入，从而对那些不符合贷款条件的企业降低门槛。中小商业银行没有完善的风险防控机制，会给自身带来不可估量的风险。相反，国有商业银行风险防范机制健全，通常对于中小微企业贷款采取审慎的态度，但是过高的贷款担保物要求以及企业评级会将大多数的中小微企业拒之门外，使其无法获取满足需求的贷款。

二、融资风险较大

在金融供给侧结构性改革进程中，国家促进企业实现债转股，在一定程度上降低了中小微企业的杠杆率，提高了中小微企业的经营效率，同时吸引更多机构参与债转股，优化市场结构。但是整体来看，还面临着不可忽视的风险。

（一）股票和债券融资风险

对中小微企业来说，贷款门槛高、资料审核时间长，不能及时获取所需要的资金，通过发行股票和债券获得直接融资更是难上加难。即使是已经上市交易，与大型企业相比较，中小微企业在竞争力方面也比较弱，股市和债券的轻微波动都会给中小微企业带来较大的风险。

（二）民间借贷风险

民间借贷办理流程相对简单，抵押要求较低甚至无抵押要求，而且资金的灵活性大，这些条件都是符合中小微企业资金需求特点的。但是，民间借贷的利息高，企业在经营过程中稍有不慎就会造成资金链断裂，借贷资金无法偿还，最终会导致企业破产。如果资金流向风险较高的企业，那么一旦企业经营出现问题，风险传导到金融市场则可能会引起市场动荡。

（三）商业信用风险

商业信用作为融资的一种手段，通常会出现在联系较为频繁的企业之间，或供应链金融中。这种信用形式完全依赖双方之间的相互信任，并能够将多个债权债务主体联系在一起，极大地方便了企业之间的交易，但如果中小微企业之间仅仅凭借相互信任产生赊销行为，没有中间机构对其进行评级，那么一旦某一方出现经营风险就会导致无法偿付款项或者交付货物，严重时往往造成双方破产，从而影响链条上各主体的信用。

三、金融产品缺乏创新，经营模式趋同

随着人们生活水平的不断提高、企业经营环境的日益复杂对金融支持的要求的增加，对金融服务的需求也在不断变化，金融产品的创新迫在眉睫。需要金融机构提高研发能力，提供更多的产品选择，满足对金融服务的需求，提升金融服务实体经济的能力。另外，西方发达国家的金融机构依托其经验及技术上的优势，将一些金融衍生品带入我国市场，给我国的金融机构带来了压力和挑战。我们需要积极参与国际金融事务和活动，打开国际金融市场，吸引外资和外企进入国内，推动国内金融机构"走出去"，推进我国人民币国际化进程。但就目前情况来看，金融机构在创新金融产品时面临的最大问题就是金融产品趋同化，经营模式单一。相较于国际上一些金融衍生品来说，国内银行业金融产品涉及的范围主要有理财产品和外汇产品等，金融创新大都限于形式上的创新，真正具有创新意义的优质金融产品数量较少。

第四节　金融科技深化金融供给侧结构性改革的机理分析

近年来，区块链、大数据、云计算、人工智能等金融科技大力发展，并不断应用于金融基础设施的关键领域。要解决金融供给侧结构性改革中的难点与问题，需要新型金融基础设施的助力。

一、金融科技重构金融基础设施的机理

（一）金融科技推动支付清算行业升级

我国支付清算行业发展迅速，金融科技在其中发挥了重大作用。区块链、人工智能、云计算、大数据等科技手段可以助推支付清算行业高效发展。支付清算行业抓住机遇，深化供给侧结构性改革，在支付清算领域的各个方面进行积极创新，满足消费者对便捷的金融工具的使用需求。支付方式的转变也会给人们的日常生活带来极大的便利，支付行业的快速发展有利于民生，能更好助力实体经济的发展。

1. 金融科技提高了支付清算服务的普惠程度

目前，我国支付方式和手段正经历着前所未有的变革。支付方式的变化，优化了用户的体验，用户能够突破时间和空间的界限，享受到较之以前更加方便快捷高效的服务。各金融机构和支付平台利用移动互联网和智能终端等，优化了支付清算服务。金融科技的运用，能使支付清算业务服务于更多的主体，让更多人享受到支付清算业态升级带来的便捷性服务，提高了金融基础设施服务的普惠程度。金融基础设施是为提供一系列的金融服务而存在的，可运用互联网覆盖传统金融基础设施的服务盲区。传统的金融基础设施主要是用于金融机构之间的支付清算、监管等方面，在新型金融基础设施建设中，可以进一步延伸到银行与客户之间、客户与客户之间的日常结算。银行之间可以突破时间和地域的约束实现支付清算。监管数据库中存在大量的信息，中国人民银行可以将一些可公开的、有利于促进银行寻找交易对手的信息发布到网上，实现银行业务的对接。

电子支付方式已为千家万户知晓并刺激了大众消费。我国非现金业务规模和数量扩张迅速，尤其是电子支付规模在逐年快速扩张，极大地促进了我国经济的发展。电子支付中，大数据、云计算、人工智能等金融科技手段都发挥着至关重要的作用，这些数据也从侧面表明了金融科技对我国支付行业影响的广泛和深远。

2. 金融科技提高了支付清算业务的处理效率

传统的金融基础设施中支付清算体系无法做到资源共享，在不同的地区甚至是金融机构拥有不同的用户信息，若客户跨地区，在不同机构办理业务，则

无法进行信息互通，客户信息需要重新收集，效率低下。而且在支付账号上的相关信息存量很多，支付系统在传播过程中面临着信息泄露等一系列风险。另外，中央支付清算系统每天都会处理来自国内外的各种交易信息，而在经济贸易全球化趋势发展迅猛、传统的支付清算体系数据处理任务加重的情况下，效率将大大降低。

金融科技在支付清算领域中的使用可以有效满足不同群体的新需求，并适应互联网渠道的拓展给交易带来的变化。第一，互联网和物联网的结合应用，能够连接相关产业链，充分整合其优势，直接促进供需双方的联系，可以创建平台经济模型，提高资金方面的沟通效率，方便各项业务的对接；第二，运用云计算、大数据收集并整合跨级别、跨区域的数据，建立分布式支付系统，利用"按需分配"提高支付的速度和效率；第三，利用分布式账本技术（Distributed Ledger Techology，DLT）处理支付清算系统中的各种数据信息，减少了人工对账操作，避免了一定的失误，在一定程度上能提升支付清算的效率。

3. 金融科技提高了支付清算的风险控制水平

随着互联网技术的发展，互联网金融犯罪事件逐渐增多，带来的潜在风险也越来越多。新型金融基础设施在交易过程中存在网络安全问题，可能会导致数据泄露和网络瘫痪。如果黑客持续性地对某银行机构节点甚至是中国人民银行节点发起攻击，极有可能造成信息或财产方面的巨大损失。支付业务的边界随着金融科技的应用而进一步被模糊，传统的风险控制方法难以应对如今虚拟化的服务方式，个人的信息和资金安全面临潜在的风险和挑战。以"监管沙盒"为代表的监管科技手段可以在支付清算业务运行的过程中有效地感知并识别风险，以制定防控风险的对策。

（二）监管科技促进金融基础设施有效监管

监管科技有利于更好地满足监管要求、实施金融监管，在很多方面能促进金融基础设施的监管，如监管科技能在风险防范、降低成本方面增强监管的合规性，提高跨境监管的效率，优化监管方式。

1. 监管科技增强监管的合规性

监管科技的运用不仅能够提质增效，而且能够引导监管朝着更加规范的方向前进。科技与监管的结合在合规方面的应用有助于对金融基础设施的有效监管。监管科技有利于防范化解金融基础设施在运行过程中可能发生的诸多风险。比如，通过深度学习和人工智能（AI）可以实时洞察金融市场的运行情况，持续监控的前景非常广阔。监管部门在此过程中也可以提前发现问题，以避免时效性不足导致的事后监管不足的问题。此外，监管科技在对相关财务监管的过程中能有效降低合规成本。科技与监管的结合也将为金融领域活动节省大量资金，并为金融公司提供更多机会。

2. 监管科技提高跨境监管效率

跨境资本业务的有序进行，需要以完善跨境监管为支撑。区块链、物联网等技术广泛运用于跨境业务中，交易信息容易遭到所处平台载体的泄露，有必要对其进行有序的监管。监管科技中各种核心技术的运用能有效完善监管基础设施，在跨境监管中发挥作用，从而有利于金融基础设施更好地为跨境业务服务。监管科技可以在跨境业务的交易过程中自动建立监管大数据库，将业务场景立体地结合起来，从而极大地提高跨境监管效率，有效识别并预警跨境交易中的风险。跨境监管需要依靠极高的数据处理能力，而云计算的多种算法功能可以快速收集并储存跨境交易中的有用数据，为跨境监管奠定安全可靠的信息基础。人工智能可以实时跟踪并有效预防跨境金融风险，为跨境交易的正常进行提供技术支持。机器学习和深度学习还能对跨境案例的各种特征进行全面的分析，从而建立跨境业务中的风险监测模型，快速识别风险并自动选择适用对策。运用大数据可以监测国际收支、外汇等的变化状况，跨境资金流向特征可以及时被掌握，为跨境监管决策提供有效指引。

3. 监管科技优化金融监管方式

监管科技能够打破传统金融监管方式风险监管不全面、监管方式过于单一的弊端，优化对金融基础设施的监管。金融科技为金融基础设施的发展提供了动力支持，同时，金融监管也应与时俱进，以达到一种平衡。"监管沙盒"既弥补了金融监管中存在的不足，又有力地防范了金融风险，维护了金融主体的利益。英国鼓励监管科技的创新型应用，近年来大力将"监管沙盒"投入实践。新加坡已正式成立创新加速器，加强金融科技企业与其他部门的合作交流，共同制订合理方案并有效进行金融监管。2019年12月，中国人民银行为寻求符合我国实际情况、与金融科技密切联系的监管方式，在北京市进行了监管科技的试点。监管科技以其独有的特点和优势优化了金融监管方式，相信在今后对金融基础设施的监管中将会发挥越来越重要的作用。

(三) 金融科技优化证券交易所各项业务

金融科技可以优化证券交易所各项业务。以区块链技术为例，区块链使金融市场各方主体受益，其透明、公开的优势为参与者提供了平等的数据源，可以形成一个网络交易模式，有助于发行流程的电子化，减少人工误差并提高办事效率，股票交易者可以灵活便捷且全面地获取所需要的信息，从而降低逆向选择发生的可能性。而且，区块链能帮助股票发行公司有效地管理数据，资产转移也能随时随地进行。

在证券交易方面，区块链能有效减少金融中介和人为介入的影响，有效实现交易方之间直接的价值转移。区块链应用于证券交易时，交易过程和结果涉及的相关数据都以电子化的形式保留，用户可以实时查看已更新数据。与传统交易形式不同，区块链具有高度的自动化，在达到约定条件时能实现自动支付。

在证券清算和交收方面，传统的需要人工干预的证券清算与交收有很大的弊端，甚至还会出现操作失误的情况。区块链的运行过程无须人工干预，分布式账本保证了极大的安全，电子化、自动化的过程具有省时、高效、安全的优势。

在客户征信与反欺诈方面，区块链的应用能有效降低道德风险。区块链以不可篡改的方式在全网公布相关数据和结果等重要信息，所有的交易都固定地被记录下来，交易者无法赖账，减少了道德风险发生的可能性。证券交易所也能利用区块链，实时监测交易过程中可能或者已经发生的异常现象，从源头上减少欺诈等金融犯罪行为的发生。

(四) 金融科技优化商业银行的公司治理

金融科技能优化商业银行公司治理，弥补公司治理的各种不足。决策主体在对公司各种事项进行决策时，分析的角度不同，决策意见也会有很大的差别，决策渠道和方法不统一，就会影响公司发展。在商业银行的公司治理中，可以利用大数据、人工智能等创建一个智能化决策辅助系统，评估各方损益。再结合机器学习和深度学习，根据一定的算法，基于客观事实和数据做出不被人的主观意识干预的决策。这种智能化决策充分利用大数据、人工智能等金融科技手段，在公司治理每一个环节辅以多项技术支持，以提升决策效率和灵活性。首先，对海量相关数据进行收集和筛选，并对其进行加工、标签化。其次，对所要决策的事项进行分类，将不同的决策思路和方法以客观事实为基础，按照不同的权重建立决策模型。再次，利用机器学习和深度学习，根据事实选出最优思路，并对决策模型进行适时跟踪，以评估决策是否准确并根据算法优化决策。最后，决策者可以根据智能辅助决策系统的评估选择可用决策。在这一整套流程中，利用金融科技进行智能化决策，并根据不同的算法不断优化，有助于决策的正确实施以及对决策效果的适时把握，优化了商业银行的公司治理。

二、金融科技重构金融基础设施建设的路径

金融科技能通过各种路径重构金融基础设施。依靠金融科技，能完善金融基础设施的服务体系、重构贸易金融基础设施、优化金融基础设施供给，从而有效防范风险。

（一）依靠金融科技完善金融基础设施的服务体系

1. 完善支付清算基础设施服务体系

云计算、大数据、人工智能均可作用于支付清算基础设施的各个领域。

首先，在云计算方面。支付业务的发生受时间及人们消费观念的影响，可能会出现节假日带来的业务量急剧增长的现象。云计算作用于支付清算服务，能利用其高扩展性、延续性的优势，有效地承载极大数量的交易支付服务需求。云计算为支付清算服务提供分布式数据库，非银行金融机构可以利用其升级和优化业务处理方式，近年来飞速发展的支付宝就是其运用的典例。

其次，在大数据方面。大数据能够有效运用于支付清算服务的用户行为分析和识别消费欺诈。企业能够通过大数据比较精确地掌握用户的行为偏好和消费者信息，为精准营销奠定良好的基础。面对频发的欺诈行为，大数据能够通过智能化的方式，实时掌握交易动态，并能在此过程中识别分析交易欺诈行为。

最后，在人工智能方面。生物识别技术和机器学习能广泛运用于支付清算领域。生物识别技术运用于客户信息的确认，安全又高效地作用于支付服务的初始流程，有效地验证了用户的身份并减少盗窃行为的发生。而机器学习作用于支付清算领域的各个环节，减少人为失误的同时也可以帮助其做出最优决策。因此，要将金融科技运用到实处，让支付清算基础设施的发展成果由全民共享。在交易过程中，也要切实保障交易主体的利益，维护其知情权和公平交

易权，必要时可对消费者予以补偿。

2. 完善普惠金融基础设施服务体系

日益发展的金融科技广泛应用于金融基础设施，在一定程度上完善了普惠金融基础设施服务，给广大民众带来了很多实际利益。金融科技也在很多方面作用于普惠金融基础设施：第一，金融科技可以助力提供便民高效的征信查询。金融科技提供各种自助服务，越来越多的人可以根据需要及时充分地获取所需信息，广大民众均可从这种高效公平的征信服务中获益。第二，金融科技可以助力形成奖惩分明的约束制度。金融科技能完善信息共享平台，并将信息加工归纳，留意金融主体的各项动态，从源头约束其行为。第三，金融科技可以助力启动信息信用体系的试点应用。金融科技可以有效收集用户信息，从而优化扶贫帮贫的评价体系，有效助力精准扶贫，真正做到惠民利民。

3. 优化数据管理基础设施服务体系

金融科技能有效优化数据管理基础设施服务，大数据广泛应用并为今后产业的发展方向提供有力的指引，对各类金融数据进行管理也具有很强的现实意义。随着信息电子化的发展，数据信息越来越成为各类金融主体进行重大决策的依据。部分银行充分运用大数据，有效地采集相关有用信息，对数据进行分析整理并应用于有利于银行发展的各个领域。大数据结合其他科技手段对数据进行有效管理，作用于银行货币贷款等诸多领域，满足了不同金融主体的多样化需求。例如，中国人民银行在2017年3月实施了"数字央行"战略，基于大数据建立了一个高效的智能化决策平台，各个部门之间可以共享信息数据。

（二）以区块链重构贸易金融基础设施

区块链作为一种分布式技术，是诸多信息技术的集成创新。在贸易金融基础设施的应用中，区块链能在提高效率的同时解决信息不对称的问题。在跨国交易中，区块链在汇款、托收、信用证等方面影响着贸易结算的基础设施。在汇款方面，现存跨境支付交易存在很大弊端，这种跨境支付方式受限于中心化的SWIFT网络，耗时长、负担重。而区块链作用下的跨境汇款没有中间机构的参与，双方之间的交易可以直接进行，在交易过程中区块链还能跟踪交易过程，有效控制交易风险。在托收方面，区块链的应用能防止信息被篡改，提高交易的安全性和可靠性。区块链把合同、托收明细、金融单据等托收信息以数字化、电子化的形式保存，在委托人、付款人之间共享，由付款人确认信息后进行数字货币支付，此种交易既安全又便捷。在信用证方面，区块链加密了相关单据和合同条款，合约智能化程度高，具有极强的安全性。此外，区块链还能提升跨境融资服务效率。区块链应用于贸易结算平台，减少了清算环节，跨境融资业务能够实时不间断进行，有效提升客户满意度。

区块链技术作为第四次工业革命在金融领域变革的关键，对金融行业产生了前所未有的影响。区块链具有去中心化、不可篡改性、匿名性和开放性等特点，满足了之前对金融技术运用的期待，同时给金融业带来了不可估量的发展潜力。我国在深化金融供给侧结构性改革过程中，遇到了很多技术难点和瓶颈，而重构金融基础设施成为解决这些难点和瓶颈的关键。

我国目前的支付清算系统主要包括支付系统、清算机构、银行之间的支付清算、相关支付结算制度以及跨境支付等构成的多层次体系。众多的机构和用户、各种支付清算路径的叠加，降低了支付结算的速度，增加了不必要的过程成本。而区块链技术拥有去中心化和不可篡改性等特性，能够弥补现行支付清算体系的不足。

对于每一个参与机构和个体而言，一是每个参与者对分布式账簿都可以进行核查，查询到每一笔交易记录。账户上的交易都是不可篡改的，因此能够保证每笔交易的真实性，做到信息共享。二是提高了支付效率。区块链的去中心化，改变了以往由中央银行负责处理各个银行机构的业务，等待时间长的状况，实现的是多个节点（银行机构）之间业务的往来，每一条区块链上的交易能够快速完成。特别是在跨境结算中，可以省去很多不必要的流程，加快资金流动，大大节约了时间（见图2-1）。三是提升支付清算系统的安全性。传统的支付清算系统中，一旦关键的处理中心出现问题，会影响整个系统正常运转。而区块链上的每个节点之间是相对独立的，即使某个银行机构节点受到外来攻击，也不会影响整个系统。同时，区块链能够利用这个功能，将信息和资源分布在多个节点上，实现安全配置，提升整个支付清算体系的稳定性。

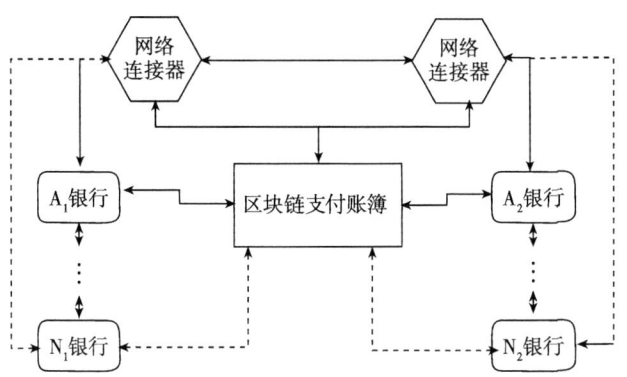

图 2-1 应用区块链的支付清算体系

(三) 利用金融科技优化金融基础设施供给

我国现代金融基础设施的建设越来越体现出金融与科技完美契合的趋势。近年来我国高度重视供给侧结构性改革，并出台了多项政策措施以加快其发展改革步伐。金融基础设施作为一种具备基础服务功能的设施，在整个金融服务系统中起着非常重要的作用。金融科技凭借自身优势，能实现金融基础设施的颠覆性变革，优化金融基础设施供给，从而有效提高金融资源配置效率。

金融科技已经用于与金融基础设施相关的重要领域，在我们的日常生活中也有较为广泛的应用。例如，在支付领域中的应用有微信支付、支付宝、京东白条等，使用范围越来越广泛；在保险领域中，"大特保"的普及给了人们更多的选择；在移动互联网基础上兴起了"水滴众筹"等众筹平台；另外，区块链在会计、财务、银行业中也得到了应用。这些都能体现出金融科技为金融基础设施的各方面注入了新的发展活力，为金融主体提供了更加优质的金融产品和服务，优化了金融机构的供给结构。此外，金融科技的不断应用，还能为金融基础设施提供更加灵活、稳定、开放的发展环境，优化场外市场基础设施，更好地为国内金融领域服务。

三、金融科技深化金融供给侧结构性改革

金融科技通过金融基础设施的重构能够进一步延伸到其他领域，在一定程度上促进了金融供给侧结构性改革，能够有效地突破金融供给侧结构性改革中的难点，减少融资风险，促进金融产品创新。

（一）金融科技减少了融资风险

金融供给侧结构性改革中，如何提高直接融资比例是促进中小微企业发展的关键，要想彻底深化金融供给侧结构性改革就必须突破这一道关口，为中小微企业提供充实的资金。这其中有一个关键问题，就是金融风险。新型金融基础设施可以降低股票和债券市场、民间借贷和商业信用风险，避免风险积累产生系统性风险。金融科技通过重构金融基础设施可以解决当前仍然存在的隐性问题，减少部分机构借助影子银行躲避监管获得的超额收益，避免可能会引发的债务问题以及由此导致的系统性风险的发生。

中小微企业急需摆脱资金短缺的困扰，维持公司的正常运转。然而通过股票和债券市场获得融资的门槛较高，而且中小微企业在这些市场中的竞争能力比较弱，股票和债券价格的高低影响企业筹集资金的多少。并且，中小微企业即使有条件进行直接融资，股票和债券的价格会比较低，价格波动也会比较大。金融科技通过重构金融基础设施，使中小微企业上市筹资时，可以借助区块链技术采用基于协商一致的协议，使整个系统上的节点都能够自由安全地交换数据，并且将交易数据实时同步到股票和债券市场，同时实现资金的转移[1]。通过大数据对股票和债券市场进行监督，精确地对每个企业股票价格非正常波动实行监控，实时追踪买卖信息。

民间借贷近几年从线下扩展到了线上，具有代表性的就是网络众筹。众筹是企业或者个人以运转某一项目为目的，在线上向大众发起筹资的行为，虽然其仍然保留着原来民间借贷的特点，但是直接在平台上对接，在互联网广泛分布下可以以较低的成本筹集更多的资金，而且筹资速度较快。但是众筹带来的违约风险也同时显现。利用新型金融基础设施进行信息同步跟踪，可以有效减少违约风险的发生，能够进一步规范民间借贷行为。

新型金融基础设施同样可以延伸到商业信用领域，在区块链系统中，企业之间的借贷行为可以及时有效地进行反馈，同时，企业可以参考数据库中与该企业发生经济往来的相关信息，来决定是否要预付货款或给予赊销。

金融基础设施的重构不仅是一种技术上的革新，更是对于金融基础设施的定义中"服务"二字的延伸，可以更便捷地为有需要的中小微企业提供金融

---

[1] 张曦文.基于货币形式变革对我国央行数字货币的可行性分析[J].商场现代化,2018(1):127–129.

服务。在此它符合了金融供给侧结构性改革的方向和目标，即不断降低借入资金的成本，有效提高企业的收入和抗风险水平，增质提效。即便是大型企业，同样可以借助新型金融基础设施进行投融资以提高自身的竞争能力，最终营造出一种良好的金融环境和企业筹资环境。

（二）金融科技优化了金融市场体系结构

金融市场体系的发展完善有助于提高资源在金融市场上的配置效应，降低交易成本，进而促进经济体系的健康发展。实现经济的结构调整和转型刻不容缓。深化金融供给侧结构性改革要求实现产业和市场的供需平衡，其中包括加快消除金融市场体系的不平衡。而金融科技在一定程度上能够降低金融市场体系结构不合理的现象，促进金融行业的结构优化，完善金融市场体系，以平衡当前国内经济结构。

我国金融市场体系结构不均衡、不合理的一个表现是国有商业银行与中小商业银行服务对象不匹配。金融供给侧结构性改革更多的是从国家的长远规划与经济社会的健康持续来考虑，追求经济社会的平衡、充分发展，这与商业银行以盈利为目的的目标不一致，国有商业银行担心中小微企业无法偿还贷款，大型企业担心中小商业银行无法提供充分的金融服务和合理的贷款。金融科技嵌入的金融基础设施可以解决这方面的问题：一方面，大数据下的金融监管有利于大型商业银行降低贷款抵押标准，不仅能够对中小微企业进行有效监管，而且能够发挥国有商业银行分布广这一信息优势，使更多的贷款流向中小微企业；另一方面，中小商业银行能够利用区块链技术进行金融创新，打破地域和时间上的限制，在较短的时间里完成对银行内部的产品和服务升级，及时为大型企业提供多样化的金融服务。另外，在法律制度得到完善的情况下，防范银行内部的风险也变得更加规范和合理。

（三）金融科技提供了更多金融创新产品

制约我国金融机构转型升级的关键因素在于推出的金融产品同质性严重、创新点少、结构单一。其中商业银行开发的大多数都是负债类产品，资产类金融产品较少。部分原因在于银行只是考虑了自身的利益，没能充分考察市场需求；再者，资产类金融产品的创新技术难度大，需要花费大量的人力和物力投入研究，这部分研究费用都是沉没成本，其回报具有不确定性，极端情况下，甚至可能没有回报。而金融科技重构的新型金融基础设施可以为传统金融机构创新金融产品与工具提供条件和支撑。商业银行通过区块链技术和大数据技术，再凭借拥有大量的客户信息、人才等优势，针对不同的客户进行分类，把目光由增加金融产品数量转换到提升金融产品质量上。

（四）金融科技促进了货币政策传导

在2020年新冠肺炎疫情的影响下，不论实体经济还是虚拟经济都遭受了巨大的冲击。我们国家双管齐下实施财政政策和货币政策，有效地扩大了需求，提振了经济，减缓了经济压力。但是从整个经济发展过程来看，政策的传导效果有限，我们可以通过金融科技创新来提高传导效率。

以这次国家的重点扶助对象小微企业为例。银行等金融机构响应国家号召和国家政策，加强对小微企业资金方面的扶持，解决资金流动问题。货币政策的传导实际上就是通过货币政策工具实现中介目标，最后实现最终目标的过程。但是在这一过程中，会出现传导不畅影响政策效果的现象，这时候新型金融基础设施就能够发挥它的作用。区块链能够提供良好的共享机制，实现银行之间的信息互换和相互监督，可以建立起同行业间的信息共享机制。我们可以利用区块链技术，同时编码出关于资金传导和登记的系统，银行和企业同时在链上进行资金转移（见图2–2）。

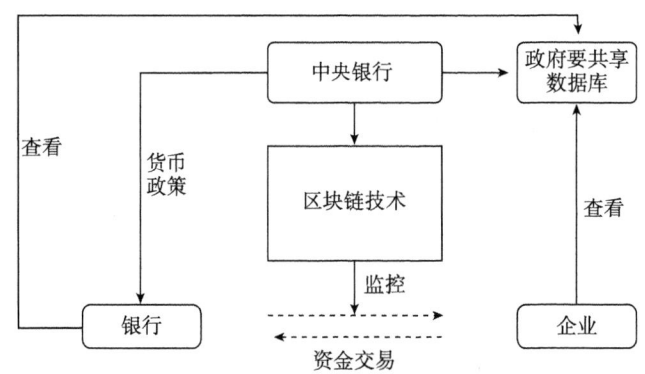

图2–2 利用区块链技术促进货币政策传导

区块链技术的公开性和透明性，有助于中央传导和监管落实政策的执行，检测和调查哪一个环节出现了问题。重视金融基础设施的创新性，可以增加对实体经济的信贷规模，同时商业银行还可以利用人工智能和大数据简化小微企业审批贷款程序，提高效率，降低贷款成本。

第三章 金融科技结合的经济学逻辑

2010年以来，我国经济进入中低速增长的新常态阶段，依靠以往的投资驱动和要素驱动发展经济不再高效，经济的增长需要找到新动能。而经济的发展离不开科技创新的作用，2020年的《政府工作报告》中提出"提高科技创新支撑能力……深化新一轮全面创新改革试验"，再次强调科技创新推进社会经济发展。历史经验表明，创新的实现是经济增长的第一推动力。金融是现代经济的核心，能够进行稀缺资源的优化配置，实体经济的发展离不开金融的推动。金融和科技的结合能够最大限度地发挥金融和科技的作用，更好地推动经济发展。根据熊彼特的观点，金融信用在科技创新转化过程中起到了至关重要的作用，科技创新成为生产新要素，而金融为购买新要素提供信用，从而对经济发展做出贡献。金融和科技的结合能够引导新要素流向企业，推动企业进行创新性生产活动，促进产业结构调整升级，经济快速发展。从实践来看，近代金融和科技结合经历了两个阶段的发展：第一个是科技金融，强调通过金融手段支持科技创新；第二个是本书探讨的金融科技，强调承载着科技创新的金融。

第一节　金融结构演变中的科技因素嵌入

一、科技的内涵与科技驱动经济高质量发展的作用机理

(一) 科技的内涵

科学技术是第一生产力,科学技术对人类的贡献是以技术创新为桥梁实现的。

从人类漫长的历史发展进程来看,技术进步与经济发展相伴,社会生产力的每一次飞跃都来自技术进步和科技创新。农业技术的出现使人类社会从原始社会进入农业社会,第一次工业革命是工业化的起点,欧洲从农业社会成功地过渡到工业社会,英国最早开始工业化,德国紧随其后,形成欧洲进行工业生产、亚非拉地区为原料产地的国际分工体系。第二次工业革命使人类进入了"电气时代",各种新技术、新发明应用于工业生产领域,美国、日本等国经济快速发展,社会化大生产开始加强,垄断组织应运而生。第三次工业革命是继蒸汽技术和电力技术之后科技领域的又一次重大进步,是一场信息技术控制革命,推动了人类经济的发展,也影响了制度变革,美国成为世界经济霸主,欧洲走向联合,亚洲新兴国家兴起。目前,第四次工业革命随着物联网、云计算、大数据等新技术的兴起而发展起来,颠覆性技术组合创新并交叉出现在多个社会经济领域,产业部门向智能化、数字化、网络化发展。

从生产力飞跃的时间间隔来看,在过去相当长的时间里,突破性技术进步和科技创新的出现间隔时间很长,但在 20 世纪四五十年代,第三次工业革命出现后,科学上的重大发现转化为现实生产力的时间越来越短,特别是第四次工业革命的底层技术出现后,经济运行模式出现了根本性变革,科技创新几乎一夜间

就能改变人们的生活。究其缘由,最开始的技术创新主要源于生产中的经验积累、技术改进,而最近几十年的技术创新主要来源于科学发明。从20世纪中后期"新技术革命使科学成为生产力的作用和过程发生了质的变化"[①]开始,科学技术成为经济发展的决定性因素,科学发明转化为生产力的速度加快。

纵观国内外历史,历史上每一次颠覆性的生产力跃升,都是科学技术的进步引起的。科技创新就是技术创新和科学研究的结合,科学研究偏重于理论基础,技术创新偏重于实践,是"学习、革新和创造新技术的过程",[②] 经济可持续发展是持续不断的科技创新的结果,科技创新的实质是可持续发展的核心动力,能够驱动经济发展。

(二) 科技驱动经济高质量发展的作用机理

1. 科技创新推动产业结构优化升级

产业结构的变动,不仅依赖于科学技术对原有传统产业的改造,还依赖于高新技术产业和现代服务业的发展。[③] 科技创新将创新技术渗透和扩散到经济领域,一方面,引导不适应新阶段经济发展的传统行业进行技术改造和升级,淘汰落后产能,优化产业结构。传统产业多表现为劳动密集、资源密集,运用科技创新,能将高新技术运用于生产自动化和产品智能化,提高传统产业的科技含量,同时驱动传统产业向低污染、低能耗的朝阳产业发展,淘汰落后产能。另一方面,科技创新成果为新兴产业的兴起提供了充足的技术资源支持,能够推动技术含量高、效率高的新兴产业的发展,促进新兴产业的诞生,从而有效促进产业结构的调整升级。信息技术、生物科技、循环利用等技术催生了第三次工业革命,第四次工业革命则利用信息化技术促进产业变革,利用物联网信息系统进行组织结构的战略调整,突破原有的商业业态,创造出信息技术与传统产业融合的新兴产业。

2. 科技创新促进经济增长

首先,科技创新可以促进生产要素优化配置,先进技术和新工艺能够替代一部分劳动力、资本以及自然资源等,减少资源的消耗和依赖,提高投入产出

---

① 洪银兴. 科技创新与创新型经济[J]. 管理世界, 2011(7):1-8.
② 邵洁笙,吴江. 科技创新与产业转型的内涵及其相关关系探讨[J]. 科技管理研究, 2006(2):79-81.
③ 吴敬琏. 中国经济增长模式抉择[M]. 上海:上海远东出版社, 2005.

比。先进技术的引入能够突破现有产品的技术水平，提高产品的技术含量，实现产品的创新，使产品质量有所提升。

其次，科技创新能够实现收入递增，激励企业进行研发。进行科技创新需要大量的研发投入，一旦研发成功，更高级的生产技术和更优质的产品会使微观企业的单位产品成本降低，从而扩大企业生产规模，将新生产技术运用于新生产线。初期，新产品具有垄断稀缺性，价格高昂，企业前期投入的巨大研发成本逐渐回收，直至盈利获得递增的规模收益。后期，由于知识的"溢出效应"，同行业的企业逐渐将科技创新成果运用到生产过程中，单位产品价格下降，整个行业从个别微观企业的科技研发中获益，行业生产要素之间实现更优配置，同类产品品质整体提升，单位要素成本条件下的经济收入增加。收入的增加也会有效激发企业进行科技研发的热情，形成"研发—成功—收入增加—研发"的发展模式，从而促进经济的健康发展。

最后，科技创新也能够提升经济的发展质量。由于激烈的市场竞争，各微观主体之间为了争夺市场，就要推出质量更好、价格更优的产品。这就决定了各微观主体争相投入研发进行科技创新活动，开发出更具科技含量的新产品，实现生产技术、管理体制等方面的进步，进一步提升企业的竞争能力。科技创新成果的扩散不仅可以提升企业在国内的竞争力，也能提升其在国际上的竞争力，从而有效实现经济高质量发展。

3. 科技创新降低环境污染，推动经济高质量发展

经济发展新常态背景下，随着人口红利的流失，粗放型的经济增长难以为继，中国陷入经济低水平均衡发展，经济增长速度由高速向中低速转换。在这种情况下，经济发展要可持续，要朝着形态更高级、结构更合理的方向发展，就要实现经济增长与绿色生态环境共存。

在资源供给有限的情况下，我国经济依靠资源投入发展的方式难以持续，需要"加快从要素驱动、投资规模驱动发展为主向以创新驱动发展为主的转变"①。科技创新能提供经济发展的新动力，提高发展的效率，实现协调发展、可持续发展。只有坚持科技创新，拓宽发展新空间，破解资源硬约束，才能让经济发展动力连续不绝，才能应对经济发展环境变化，实现经济的良性循环发

---

① 习近平总书记2014年6月9日在中国科学院第十七次院士大会、中国工程院第十二次院士大会上的讲话。

展。在拓宽资源空间方面，一方面，科技创新将先进的生产技术应用于生产过程，提高单位投入产出，控制生产流通中废弃物的排放，从源头上减少现有资源消耗；另一方面，科技创新能够开发新的替代资源，提高资源存量。在治理环境方面，科技创新能够促进环保科技的发展，开发出新的清洁能源替代传统能源。科技创新不仅利用清洁能源降低对环境的负面影响，同时，也利用先进的污染治理技术对排放的污染物进行有效治理，将工业废弃物用技术转化成能够再次利用的资源，从而达到资源的最大化利用，缓解生态环境的压力。科技创新通过治理生态环境改进了经济发展与生态环境之间的关系，有关学者的研究表明，我国每年环境污染造成的经济损失在 GDP 的 2%～3%，[①] 生态环境恶化趋势的扭转，能够提高经济发展的效率，破解资源约束的瓶颈，解决经济发展的动力不足问题。

二、金融的功能与本质

（一）金融的功能

当今世界，金融市场通过网络联系在一起，特别是近年来，随着现代信息技术的快速发展以及其在金融领域的应用，全球金融业的商业模式、市场结构都在发生深刻变化。但万变不离其宗，金融的功能没有改变，金融运营模式、组织结构、市场结构的变化都是为了金融体系更好地发挥金融功能。

默顿、博迪（1995）提出了金融功能观，他们认为金融系统的基本功能就是在一个不确定的环境下进行资源配置，应从整体上来考察金融系统的功能，在此基础上，他们进一步将金融功能细分为六种子功能：清算和结算功能、聚集和分配资源功能、在不同时空主体之间资源转移功能、风险管理功能、信息功能、激励功能。莱文（1997）探讨了金融体系和经济增长之间的相互影响。他从金融功能的角度入手，认为金融体系促进了风险改善，在信息获取与资源配置方面降低了信息和交易成本，能够动员储蓄、促进交易等，进一步地影响投资决策、技术创新和经济的长期增长率。白钦先（2006）认为金融功能是分层次递进的，在前面功能基础上，当金融发展到一定程度时，后面的功能才逐渐显现。也就是

---

① SONG M, WANG S, YU H, et al. To reduce energy consumption and to maintain rapid economic growth: Analysis of the condition in China based on expended IPAT model[J]. Renewable & Sustainable Energy Reviews, 2011,15(9):5129-5134.

说，金融最基础的功能是中介功能，在其之上才能发展出资源配置的核心功能，经济调节功能和风险规避功能则是金融的扩展功能，是金融功能的横向扩展，而财富分配、风险交易、公司治理、引导消费则属于金融的衍生功能，是扩展功能的复杂化。王佳菲（2006）则认为金融的本质功能就是在产业结构转换中优化资源配置。由以上学者们对金融功能的阐述可以发现，虽然各个学者表述的金融功能不大相同，但实际只是分析角度和研究层次有所区别，他们对金融功能的内容表述并没有太大的实质性差异。

根据以上学者们的观点，基于功能就是作用、功效，本书主要从功效方面分析金融的功能，金融的功能就是整个金融体系发挥出的金融功能，"是金融中介和金融市场的金融功能的有机加总"。[①] 市场最基本、最原始的功能是进行资源配置，金融市场也不例外。结合金融体系的运行机制以及金融发展趋势，我们将金融功能划分为如下五个：

第一个功能是支付功能。金融为商品、劳务以及资产交易提供支付手段。当经济货币化后，人们以现金、票据为主要支付手段，当互联网技术快速发展和运用后，支付方式发展为移动支付、互联网支付和网银支付，支付效率大大提高。尤其是数字货币的出现和应用，为人们的支付提供了更多的选择方式。

第二个功能是融资功能。金融体系将资金需求者与资金供给者联结起来，"通过调剂资金余缺完成从储蓄到投资的转化。"[②] 这种功能可以直接融资和间接融资的形式来实现。一方面，居民将钱存入银行，以银行为媒介把钱投放出去；另一方面，企业可以在资本市场上采用一定的方式从公司的投资者和债权人那里直接筹集到资金。近年来，随着金融科技的发展，金融有了"去媒化"的趋势，各互联网金融平台引流了传统金融机构的"营业规模"和"客户规模"，金融体系开始覆盖到"长尾人群"，能够通过积少成多的方式吸纳大量"长尾人群"的闲散资金，以"去中介化"的模式实现融资，融资效率得以提升，成本降低，时效性更强。

第三个功能是财富管理。当人们手里有了闲置资金，人们就有了财富管理的需求。简单来说，财富管理就是帮助客户实现财富保值与增值，它以高资产净值的客户为中心，规划设计出一系列针对客户的金融服务，帮助客户有效管理资

[①] 彭俞超. 金融功能观视角下的金融结构与经济增长——来自1989—2011年的国际经验[J]. 金融研究,2015(1):32-49.

[②] 付敏. 金融功能问题讨论综述[J]. 经济理论与经济管理,2007(9):76-80.

产、负债、保险等，降低风险。近年来，信息技术的迭代发展给财富管理带来了创新活力，金融科技技术应用到财富管理的各个环节中，更高效、更安全、更具有竞争能力的服务模式出现。比如智能投顾能够根据客户的需求设计一系列的产品，提供全方位、个性化、自动化的服务，提升服务效率和客户体验。

第四个功能是信息处理功能。金融市场具有信息生产功能，能够为不同部门的决策提供信息。家庭或个人利用利率和证券价格信息来判断是否应该进行消费或者投资，判断资产配置组合是否应该调整。企业利用价格信息选择投资项目，判断是否进行融资。金融机构则在信息获取和处理方面更具有优势，它们能够利用自己的垄断地位和专业性掌握一般投资者无法观察和获得的信息，提高信息的"可信度"和降低交易成本。金融科技利用社交网络生成了海量信息，信息获取成本低，云计算和云储存的普及则降低了信息处理时长和获取时间，使不同部门能够更高效地处理信息、做出决策。

第五个功能是风险管理。金融体系为不确定性提供一种交易、转移的机制，能够促进风险的有效分散。就某一个具体时点而言，金融体系为各部门提供了风险集中和分担的机会，投资者可以借助各种金融工具有效分散风险，投资风险负相关的资产组合，从而有效降低或化解风险。就某一时点不能分散的风险，金融体系提供跨期分担机制，在资金充裕的时期进行资金的储蓄，把它们作为资金短缺时期的缓冲剂。区块链技术在金融领域的运用，大大增加了信息透明度，能够在一定程度上避免信息不对称产生的风险。

（二）金融的本质

2008年蔓延于全球的金融危机对世界经济产生了极大的影响，也使人们对金融的重要性有了深刻认识，人们开始进一步思考：金融到底是什么？从前文对金融的功能的分析来看，不管怎样发展，其功能实际上是不变的。这也符合默顿的金融功能观理论。

既然金融体系的基本功能稳定，那么金融为什么还要发展呢？金融创新发展的动力是什么？[①]

就金融的起源来看，金融起源于古希腊的寺庙。古希腊作为西方文明的起源地，其经济相对发达，人们纷纷来到希腊进行商业活动，由于那时没有银行，

---

① 本部分内容部分观点参考了黄益平,王海明,等. 互联网金融12讲[M].北京:中国人民大学出版社,2016.

人们只能将货币存放在寺庙内。僧人们发现寺庙里每天存放有一定量的货币，而同时又总有人需要货币，于是寺庙承办与银行相似的借贷业务。也就是说，金融本身并不事生产，它围绕着商业起源，源于大众的需求，是为大众服务的。

就银行的产生来看，一般认为银行产生于12世纪的世界商业中心意大利。来自世界各地的商人要在意大利进行商品交易，需要先办理货币兑换，当时的货币兑换商往往坐在长凳上办理业务，"银行"一词也是由意大利文长凳"Banco"演化而来的。但当时的银行业务规模较小，主要的业务就是货币兑换。后来，随着世界经济中心的转移，银行逐渐传播到欧洲的其他国家。比较出名的银行是荷兰的阿姆斯特丹银行。荷兰是十六七世纪经济最发达的国家，拥有强大的海上舰队，被誉为"海上马车夫"，其商业也相对发达。当时主要的交通工具就是船只，荷兰由于拥有便利的交通条件，各地商人纷纷来到荷兰进行国际贸易，当时的国际贸易有一半是通过阿姆斯特丹进入欧洲大陆的。阿姆斯特丹政府为了规避私人银行造成的风险，决定建立阿姆斯特丹银行，其主要业务是货币兑换、货币支付、货币保管和货币结算。也就是说，贸易流催生了大量的物流，进而产生了大量的资金流，催生了银行。从银行的产生来看，金融的创新发展依然是在经济活动中围绕着商业产生的，根源依然是大众的需求，是为大众服务的。

第一家证券交易所——阿姆斯特丹证券交易所于1609年在荷兰诞生。第一家可上市交易的股份公司是荷兰的东印度公司，它主要从事与东方国家的远洋贸易。为了分担国际贸易的风险，东印度公司让公众出钱来打造商队，收益共享，风险分担，于是世界上第一只股票出现了。创立之初，东印度公司的股票只能分红，不能转让。随着公众转让股票需求的提升，阿姆斯特丹证券交易所应运而生。证券交易所的诞生，也是围绕着经济活动产生的，是大众的需求催生的。

金融科技的诞生也是围绕着经济活动，由大众的需求催生的。伴随着互联网成长起来的消费者，已经习惯于移动互联，他们习惯于简单、方便、实时获得的服务场景，对传统较复杂的金融服务耐心不足。网络借贷的兴起则利用在线平台将投资资金直接或间接地借贷给用户和企业，这是和社会所有群体普遍具有金融服务的需求分不开的。大数据能覆盖到"长尾人群"，"长尾人群"也能利用互联网接触到金融在线平台，从而获得以往难以获得的金融服务。

基于以上的分析可以看出，金融诞生于经济活动中。和实体经济不一样，金融本身并不生产具体的产品，它围绕商业生态产生，是为经济发展服务的。

金融是实体经济运行的"血液",最终的目的是满足大众的需求,服务大众。2012年第四次全国金融工作会议明确提出"金融服务实体经济",2017年全国第五次金融工作会议也进一步指出金融要"回归本源,服从服务于经济社会发展",这些语言描述虽然不同,但都表达了一个意思,即金融要做好服务。金融的本质就是服务经济发展,满足大众需求,服务大众。

三、科技嵌入金融的重要性

(一)金融发展史就是科技发展史

纵观金融发展史,科技创新贯穿其中。从历史上看,金融创新与科技创新相伴而生。1866年,横跨大西洋的通信电缆促使金融市场全球化。20世纪电子计算机和电子通信技术的进一步发展,加快了金融业创新的步伐,出现了信用卡和ATM、POS机。21世纪网络和数字技术的发展,又为传统金融向现代金融的转化提供了强有力的技术支持。特别在数字技术层出不穷的时代,金融的发展变化异常迅速。

具体来讲,金融的发展经历了电子信息化、互联网化和金融科技化。

金融电子信息化就是取代现金、支票等各种纸质金融工具,运用电子技术和通信基础设施突破网点的限制进行支付结算和金融服务活动。其萌芽于20世纪50年代,在20世纪80年代后期起步,止于2004年。各个银行系统配置各种计算机和服务器进行物理网点建设,同时,传统银行通过信息化向储蓄、信贷、投资、咨询等多方向发展业务。信息化的发展,使金融机构能够为客户提供全天候的服务。在支付与结算方面,大额实时支付系统、证券交易清算系统是金融系统中运用电子技术的信息处理系统。在日常生活中,商业银行的ATM、商店的POS机都是人们耳熟能详的金融电子化的应用工具。这个时期的金融体系的建设标准不统一,系统整合比较困难,金融机构的计算机应用系统主要用于对负债、核算事务的处理,不能满足客户个性化需求,同时数据的收集和加工处理水平也比较低,系统的整体效能差。

金融互联网化是金融以互联网为载体而发展的金融服务业务。20世纪末期以来,互联网的发展推动了金融业与互联网的融合,电子类金融产品不断出现。2013年被称为中国"互联网金融"元年,主要原因在于,这一年,互联网金融蓬勃发展,网络融资平台吸纳资金的数额迅速飙升,并在原有的金融基础上衍生出了全新的金融业态，比如众筹、P2P等，与此同时，商业银行的个人存款增量持续大幅下滑。金融互联网化的特点是用户聚集在互联网的平台上，通过网络渠道无障碍对接、在线操作等减少了中间环节，降低了成本。

金融科技化开始于2016年。与金融互联网化主要利用移动互联网技术不同的是，金融科技要更先进、深入，运用的是科技革命中与金融相关的各项前沿技术，如大数据、云计算、区块链、人工智能等。在业务运作上，金融科技也比金融互联网化更高级，金融科技更多聚焦于客户画像、资产定价、风险管理，甚至数字发行。金融科技化是金融互联网化的升级版，能够提高整个金融体系的运作效率，"有望推动金融业的整体代际跃迁"[①]。

总之，科技创新的发展有效推动了金融业的创新，使金融业持续地往更深入、更高级的方向发展，也引发金融机构的组织架构和金融业务的操作方式不断创新，金融业的运营效率显著提高。

（二）科技嵌入金融促进经济飞跃发展

通过对前文的分析，可以得到如下结论：一是科技创新的实质在于驱动经济发展；二是金融的实质在于为实体经济服务，满足大众需求；三是科技创新是金融创新的重要保障。

如图3-1所示，金融发展通过提高投融资水平对实体经济的发展产生促进作用，进而促进经济发展，满足社会大众的需求。金融可以为实体经济的发展提供资本积累，对投资的扩大有着直接的决定作用。企业也可以利用融资进行科学研发，推动企业生产力的提升，激励企业间进行竞争，进而促进资源配置优化、产业结构优化升级、环境污染改善，最终推动经济发展，服务大众需求。科技创新能够推动金融创新，从而使金融体系的效率改进、成本降低，能够以更高的效率服务实体经济，进而使经济发展水平跃升，更好地满足大众需求。

由此可见，科技嵌入金融能够促进金融行业生产力的跃升。科技嵌入金融本身就是科技创新的结果，是科技进步的体现，进而推进经济发展水平的整体提升。如果科技创新不断，那么金融体系水平提升也不断，进而能够促进实体经济以比以往更高的速度持续发展，整个经济社会进入发展的良性循环。

---

① 郑南磊. 金融科技：未来金融业发展的制高点[J]. 证券市场导报，2017(1)：1.

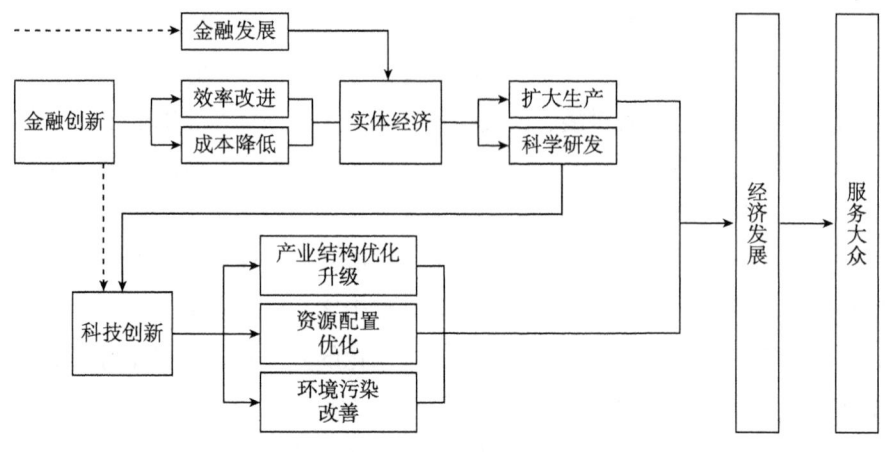

图 3-1　金融科技结合的逻辑

第二节　宏观上协调政府与市场的关系

在现实经济生活中，一切资源配置都是由政府和市场分工协作、相互弥补，共同完成的，不同的是有些国家遵循的是政府主导，有些国家遵循的是市场推动。金融体系要健康发展，就要处理好政府和市场的关系。特别是近年来金融科技兴起，大数据、云计算、人工智能、区块链被融合到金融业务中，催生了新的金融产品或服务。新出现的事物应该以市场为主，还是应该依靠行政力量来促使其健康发展，成为学者们关注的问题。

政府与市场的合理定位对于金融科技的健康发展十分重要。如果更多地依靠政府行为来干预经济活动，就有可能出现"寻租"情况，损害金融发展效率。如果过于依赖市场，也会出现市场失灵的情况。要处理好政府和市场的关系，就要尊重客观规律，结合金融科技的特点，对政府行为与市场行为进行有效协调。

一、金融科技的特点

（一）金融科技利润率低

金融科技的发展日新月异，大数据、云计算、区块链、人工智能的创新不断出现。在这种情况下，金融科技力图通过完善的客户体验迅速积累客户，以求在拥有大规模客户的基础上逐渐盈利。这也造成了不少金融科技平台和企业市值很高，但营利性很差。而传统的金融机构经营稳健，风险控制工作扎实到位，再加上审慎的监管模式，盈利能力较强。

（二）金融科技的微观经营活动涉及各种专业知识

随着金融科技的发展，以大数据、云计算、移动互联网等为核心的新兴信息技术改变了传统金融的运行模式。金融部门和企业的微观经营活动除了各种专业知识和技能的运用外，更强调金融服务的精准性、智能化以及创造性，这些都具有很强的专业性，只有对其底层逻辑与算法有深刻的理解和认知才能掌握金融科技的运行机制。金融科技企业通过生物识别、云计算等技术将金融服务与用户生活场景紧密结合起来，通过收集和分析用户消费产生的行为数据来不断优化自身的金融产品，加速金融服务变革，金融服务日趋多元化、个性化、网络化、移动化。

（三）金融科技风险巨大，扩散速度快

随着金融科技的发展，金融机构和客户可以在各种场景下进行全天候的交易，交易频率大大提升。运用金融科技技术的企业和平台运行体系复杂，网络的关联性使得它们如果失败，造成的风险会比其他产品市场失败造成的风险更为严重。同时，巨量以往被传统金融机构认为信用不够好的"长尾用户"在金融科技平台上获得以往他们不能获取的金融服务，这存在较多的风险隐患。

金融科技还会加速风险在不同地区间扩散。传统的金融借贷，金融机构和客户往往属于同一行政辖区，一旦发生问题，所在地政府能够进行监管。而金融科技催生出的新型金融业态可能会出现机构和客户在不同地方的情况。例如P2P平台的注册地、服务器所在地、客户所在地不在同一辖区，投资人来自全国各地，一旦出现风险，地方政府很难监管。2009年成立的红岭创投，曾是中国领先的P2P网贷平台，开启了"中国P2P"刚性兑付的先河。2019年4月8日，红岭创投紧急"停止兑付"，进入良性退出程序，截至2020年4月，红岭创投仅兑付10%，没能完成兑付20%的目标。红岭创投公司总部在深圳市，其客户遍布全国，客户们通过微信群、QQ群牵头，从全国各地来到深圳追债，红岭创投也成立了清退组，但清退工作仍然进行得很艰难。

(四) 金融科技监管滞后

金融科技技术更新频繁，金融应用创新频率高，使得金融市场的变化始终领先于监管措施。金融的运营模式再怎么改变，其基本职能是不变的。但金融科技技术的更新，使得传统的自上而下型的监管体系很难适应新模式，其监管链条过长，监管力度不够，很难跟上金融科技创新的节奏，这将加速风险积累。监管部门对金融科技平台和产品的认知只能基于"目前平台"和"现有产品"，对金融科技会发生什么样的创新并不能提前进行预测，而金融科技创新速度飞快，可以说是时时刻刻都在发生，这也造成了认知和监管的滞后。应用金融科技一方面要注意监管手段及时跟进，另一方面也要注意利用金融科技技术，运用机器的自我学习去挖掘金融科技产品规律，并预判金融科技发展方向，用金融科技技术去监管金融科技。

二、政府与市场之争

在现实生活中，政府与市场是经济发展过程中配置资源的两种方式。在社会发展的历史过程中，政府和市场都曾在某一特定时期主导着经济发展。资本主义在英国的诞生是由政府和技术共同推动的，"羊吃人"圈地运动的成功，与政府的权威是分不开的，同时为了维护社会稳定，让失地的"自由农"成为工场的雇工，当时的国王颁布了一系列法案，把这些"自由农"驱赶到农场或者工场。19世纪中期，英国废除《谷物法》，英国进入了以市场为主导的经济发展阶段，自由市场对资源进行完全配置，政府无须进行干预，直到资本主义第一次大危机的发生。历史经验表明，在经济发展过程中正确理解政府和市场的关系，处理好它们之间的关系，对经济的发展有着重要意义。在西方主流经济学理论中，存在着政府与市场之争。

（一）政府与市场关系的理论之争

1. 古典自由主义

古典自由主义发源于17—18世纪。18世纪50年代以魁奈为创始人的重农学派提出了"自然秩序"理论，他们认为相对于人为秩序，自然秩序是完美的，倡导经济自由。自此，自由放任成为英国经济社会中的主流思想。18世纪，英国进行了两次关于自由主义的大讨论。1776年，亚当·斯密的《国富论》一书被认为是自由主义的理论根基，对自由主义进行了全面的论述，市场中的经济主体会进行理性的经济决策，自由竞争的市场机制就像"看不见的手"自发支配着社会经济活动。1817年，李嘉图提出了"比较成本理论"，提出了按照比较优势进行的国际贸易对参与国都有利的观点，为自由贸易理论提供了坚实的基础。1890年，马歇尔在《经济学原理》一书中提出局部均衡理论，指出既然供给和需求能够自行调节产量和价格，实现局部均衡，那么政府就没有必要对经济进行干预。瓦尔拉斯则用数理方法证明了一般均衡的存在，自由竞争的市场不需要政府干预经济，政府只要维护好市场的秩序就可以了。

古典自由主义相信市场，在经济活动中，把政府干预排斥在外。这种对经济的放任在资本主义早期使市场经济得到了发展，经济增长迅速，但把政府基本排除在外的经济活动也有其缺陷：集体效率低下和分配不公平。问题的积累导致1929—1933年爆发了资本主义世界的第一次经济大危机。

2. 凯恩斯主义

大萧条撼动了古典自由主义理论的根基，罗斯福新政通过政府对经济的大规模干预，使经济开始复苏。在这种情况下，以凯恩斯为代表的国家干预主义理论诞生。1936年，凯恩斯发表了《就业、利息和货币通论》一书，提出了有效需求不足和国家干预主义理论。他认为，消费需求不足和投资需求不足造成社会有效需求不足，进一步导致人们非自愿失业。要解决这些问题，就要制定刺激需求的经济政策。政府要积极干预经济，逆经济周期调节，在经济衰退时采用扩张型的财政政策，扩大政府支出，弥补市场不足，刺激经济活动，维护经济的平稳运行。二战后，西方主要资本主义国家纷纷采用国家干预经济的政策。之后，萨缪尔森、托宾和索洛等不同程度地继承和发展了凯恩斯主义。

从战后国家的重建来看，凯恩斯主义在这些国家的实施几乎都获得了成功。尽管各国情况不同，但战后各国市场体系都发育不足，处于较初级的阶段，这时候依靠政府制定经济发展规划，完善培育市场，能够有效地弥补市场失灵，使经济发展得到一定程度的提振。

3. 新自由主义

20世纪70年代，西方资本主义国家普遍出现了"滞胀"。实践证明，国家干预主义并不能解决这个问题，凯恩斯主义学说遭到了猛烈的攻击，新自由主义诞生了。新自由主义经济学内部有着许多流派，基本观点是和凯恩斯主义相对立的，他们质疑国家干预的效果，认为"看不见的手"依然是正确的，市场自发调节仍然是效率最佳的资源配置方式。新自由主义主要包括哈耶克新自由主义和德国新自由主义。事实上，哈耶克在二战末就开始反对国家干预主义，但直到二战后实行凯恩斯主义的国家自身危机凸显，新自由主义复兴，哈耶克的观点才被大众认可。哈耶克强烈抨击凯恩斯主义的政策主张，他认为人类是有限理性的，而市场的自发秩序最能整合人类的有限认知。市场最需要的知识是人们的实践经验，国家干预主义本质上是计划经济，恰恰欠缺实践经验。弗里德曼十分欣赏亚当·斯密的自由市场经济思想，他认为竞争性很强的市场最接近理想的自由市场，但现实中垄断、政治等因素会影响经济自由，因此政府应该适当干预。但是弗里德曼的政府干预和凯恩斯主义下的政府干预不一样，弗里德曼的政府干预是为了经济自由而干预，是将政府的角色最小化来释放经济市场的自由能量，而凯恩斯主义的政府干预是为了提振经济而积极干预，是政府在经济衰退时力挽狂澜的较深程度的干预。也就是说，弗里德曼是信仰自由市场的，是反对凯恩斯主义的，他指出美国经济"滞胀"的一个重要原因就是凯恩斯主义下的政府干预政策。德国新自由主义是以秩序观念为中心的自由主义。其代表人物瓦尔特·欧根认为经济秩序就是资源配置机制，它会受到外界干扰而出现失灵，需要国家政府干预来达到和谐，但这个干预不是直接干预市场，而是设计顶层架构实施稳定的宏观政策来维护市场秩序。接下来阿尔弗雷德·米勒·阿尔玛克提出了"社会市场经济"理论，在他看来，市场经济不应是放任不管的自由主义，而应是政府加以指导的市场经济，但其主调是自由、竞争，国家的干预是有限的。

4. 新凯恩斯主义

新凯恩斯主义早在20世纪80年代就被提出来了，它是在凯恩斯主义遭到抨击、新自由主义盛行的时候产生的，是原凯恩斯主义的继承和发展。当时新古典宏观经济学批判凯恩斯主义存在三大错误：适应性预期不合理、个人行为在宏观和微观分析框架中的不一致、福利状况的评价指标不合理。在此基础上，新古典宏观经济学认为宏观经济政策无效、政府干预无效。当时，曼昆、费雪、泰勒等一批年轻学者维护凯恩斯主义，认为政府干预经济是有效的，同时，他们又针对批评从微观基础上去完善凯恩斯主义的观点。他们借鉴了新古典主义学派的理性预期学说，在原有的凯恩斯主义的基础上发展出了新凯恩斯主义，认为市场是不完全竞争的，价格和工资是黏性的，因此价格和工资对冲击做出的反应是缓慢的，在此基础上的市场出清自然不是一种常态。不能经常达到出清状态的市场有时是失灵的,等待价格和工资达到均衡状态的调整过程是漫长和痛苦的,所以,政府的宏观货币政策可以缓解这个漫长又痛苦的过程,有效地稳定经济。20世纪90年代,新凯恩斯主义吸收新古典宏观经济学的有用观点,信奉自由市场,接受"货币主义"和"理性预期"假说,开始分析货币政策框架,探讨从微观个体的行为中导出最优货币政策的理论等。新凯恩斯主义在20世纪90年代后被广泛用于实践,成为主流经济学。新凯恩斯主义认为经济周期的周而复始说明自由市场存在某种市场缺陷、政府可以通过实施最优货币政策来降低经济波动的观点被广泛接受,并广泛应用于宏观政策实践中。例如,2007年次贷危机爆发后,美联储和美国财政部联合推出救市方案,通过QE和财政政策来刺激经济;欧洲国家也采取各种措施稳定市场,2009年1月,欧洲中央银行利息创下历史新低——2%;2008年10月,德国通过了5000亿欧元的救市方案;日本银行在三个月内两次调低银行间无担保隔夜拆借利率,这些救市措施就是新凯恩斯主义的应用。

新凯恩斯主义和原凯恩斯主义虽然都强调政府干预市场的作用,但新凯恩斯主义更看重市场的作用,相对而言,其框架下的政府干预就比较温和,而凯恩斯主义主张政府积极干预,相信政府"相机抉择"的力量。也就是说,新凯恩斯主义相信市场的力量,同时寻求市场和政府的最佳结合,其是在原凯恩斯主义的基础上发展起来的。

(二) 政府和市场边界的界定

在不同的经济发展阶段,兴起的经济学学说不一样。在经济衰退期,主张政府干预经济的观点往往占据主流,而在经济繁荣期,主张自由市场的呼声则更高。从实践来看,经济理论的演进呈现"自由(古典主义)—管制(凯恩斯主义)—自由(新自由主义)—管制(新凯恩斯主义)"的交替过程。但这个过程并不是对前一时期的简单复制,而是有所改进的重复过程。人们从以往的实践中获得了经验,就会在类似情形发生的时候有所改进。弗里德曼曾批判美联储在资本主义第一次大危机时作为有限,任由银行倒闭,使得经济危机快速扩散,一场本来可能损失较小的经济危机转化为损失巨大的经济危机。所以在2008年金融危机中,世界各国纷纷迅速介入进行经济干预。经济理论的动态交替,也体现了两种资源配置方式的内在不完美性。政府机制的不完美导致"政府失灵",市场体制的不完美导致"市场失灵"。在较早期的经济理论中,往往将政府和市场对立,提倡自由市场,就彻底否认政府的作用,强调政府干预，就忽视市场的力量。片面地相信政府或者市场的力量，就会导致"政府失灵"或者"市场失灵"的累积，累积到一定程度就会爆发经济危机。新凯恩斯主义在以往理论的基础上兼容并蓄，借鉴了凯恩斯主义的主流思想，又吸收了其他经济学流派的长处，使"政府主导"和"市场主导"的结合更加完善，它既强调市场对经济的主导作用，又强调政府干预的作用，认为政府是有限政府、调控型政府。

市场主导达到帕累托最优的前提是市场是完全自由竞争的市场，无摩擦、信息完备、市场有效、市场自动达到均衡，具有理论的完美性，但这和经济现实不符。现实经济中存在着各种摩擦因素，仅靠市场进行资源配置无法达到帕累托最优，出现市场失灵。市场失灵的客观性是政府干预的基础。当存在外部性、垄断、公共物品和信息不对称时，市场往往失灵，这时政府则凭借其权威强力介入市场失灵的领域，强制性地矫正市场失灵。根据林毅夫的比较优势战略理论，要素资源禀赋是既定的外生变量，而一个国家的经济发展战略是最重要的决策变量，它主要探讨一国在经济发展过程中政府经济目标的制定，以及政府在为达成经济目标的过程中所出台的一系列配套政策。在要素资源禀赋不变的情况下，经济发展战略的制定显得至关重要。如果经济发展战略的制定遵循一个国家资源禀赋的比较优势，则会出现经济增长速度加快、资本快速积累，经济增长有"自生能力"，经济和产业结构也就会自然而然得以升级。如果制定的经济发展战略违背一个国家的比较优势，经济在短期会实现赶超，长期则会出现产业缺乏竞争力，"进而导致整个经济缺乏竞争力"[①]。也就是说，合理的政府干预能够促进经济发展，但不合适的政府干预表面上会促进经济增长，但实际上其行政干预的代价也十分高昂，往往会导致资源配置扭曲，要素利用效率下降。

政府和市场的边界该如何界定？有西方学者曾提出，根据边际成本理论，当政府干预的边际成本和市场自由运行的边际成本一致时，政府和市场各自所占的比例最优，经济社会达到均衡状态。也就是说，只要测定出政府干预和市场自由运行的边际成本即可确定政府和市场的边界。但实际中，怎么测定这两个边际成本是极难确定的事情。也许根据我们国家的文化，根据邓小平理论，摸着石头过河，才是界定政府和市场边界的最完美方式。

---

① 林毅夫. 谨慎对待"重化工业热"[J]. 宁波经济:财经视点，2005(12):7-8.

三、金融科技发展中政府与市场关系的调整

政府与市场都是资源配置的手段。在现实生活中，政府和市场共同在经济发展中起作用，是政府多一点还是市场多一点，主要看和生态环境的契合程度。也就是说，现实中，我们追求的是政府、市场和经济生态环境相互配合，达到帕累托最优。在金融科技发展过程中，则是要考虑在和金融运行密切相关的政治制度框架、经济环境、信用环境等的条件下，实现政府、市场和金融生态环境的次优组合。

（一）政府是市场失灵的有效补充

市场是不完全有效的，政府有强烈的经济干预动机。一方面，现有的晋升体制下官员的升迁和其政绩有关，而政绩最主要的体现就是当地的经济发展绩效；另一方面，地方政府为了增加税收，也倾向于引进企业、保护本地企业。但这会造成地方政府之间的各自为政，产生重复建设现象，各地产业结构趋同，忽视地区间、产业间、行业间的协调发展，忽视本地的资源禀赋优势，损失了要素和资源配置效率。所以在实际经济运行中，要避免政府对经济的过度干预，尤其在新的数字经济转型过程中，为有效发挥金融科技创新对经济高质量发展的积极作用，就要协调好政府与市场的关系。

政府要进行战略规划，营造金融科技企业健康发展的大环境。

金融科技起源于欧美，但在我国蓬勃发展，作为一个新事物，其既有较高的不确定性，也蕴含着一定的赶超机遇。政府要确立整体推进金融科技健康发展的战略规划，积极主动地在行业发展上发挥重要作用。

政府要出台相应的战略规划，针对金融科技的特点，总体协调部门间、区域间的竞合关系，构建激励机制，为金融科技发展创造良好环境。

政府部门要整合各行业、各市场、各部门的信息，统筹协调。政府可以通过大数据，将搜集到的数据信息建模分类，打通各行业、各市场之间的信息壁垒，安全共享大数据，扩大各部门、各层级的信息来源，精确分析市场，降低各部门之间的协调成本和交易成本。

（二）加强对金融科技行业的监管

政府部门要科学认识金融科技创新与金融安全的关系。金融安全具有强外部性，金融产业或部门的风险扩散性很强，所以在进行金融创新的同时不能忘

记金融安全。又由于金融科技监管的滞后性，金融危机事前无法预测，事后被动应对，要改变这种状况，就要在金融科技创新的过程中转变理念，抓住金融科技的本质，树立全局的金融安全思维。要加快和金融科技发展相关的基础性法律立法，明确金融科技领域的监管部门，落实各相关政府部门的管理责任。同时，"为了对变化多端的金融系统进行监管，有效的监管路径是聚焦于金融系统不随时间更替而变化的基本经济功能，而不是将监管与特定的市场主体挂钩"①，金融科技各监管部门应该加强与其他监管组织、与被监管者的合作，这样能够实现全领域、全过程的覆盖，能够跟上技术和业务创新的步伐，能够进行监管创新，从而进行有效监管。

（三）在微观经济活动中发挥市场的决定性作用

与其他国家相比，我国各级政府的金融活动是以政府控制和引导为主的，政府深入参与金融活动的各环节。政府的深度参与有其有利的一面，能够集中力量办大事，弥补"市场失灵"，但政府也有失灵的时候，决策不恰当可能造成低效率，甚至负效率。金融科技的微观经营活动需要各种专业知识，支撑金融科技运作的算法复杂深奥，难以理解，因此应尽量减少政府部门对金融科技机构和平台的不必要的微观干预，减少政府深度参与造成的市场信号的失真和扭曲，让"政府的归政府，市场的归市场"。政府应侧重制度环境建设，以宏观调控和间接干预为主，让市场成为金融科技领域资源配置的主体，从而激励各金融科技创新主体的积极性，引导科技创新，做出"好场景，好数据"。

第三节 中观上推动产业变革

就产业层面而言，金融科技创新对产业产生了巨大冲击，改变了金融业和其他传统产业的经营生态和经营模式，助力金融业和实体经济转型升级，推动经济快速发展。金融科技为金融业务模式、经营管理的转型升级提供了技术支持，金融机构利用网络技术将自身的业务和服务互联网化，金融市场依靠金融科技衍生出众多类型的金融新业态，传统金融机构和互联网巨头加速布局，金融科技战略投资与内部孵化并行，丰富了金融市场，实现业务模式、经营管理

---

① 李敏. 金融科技的系统性风险：监管挑战及应对[J]. 证券市场导报，2019(2)：71-80.

的转型升级，对金融供给产生重大影响。

一、金融科技在金融领域的应用推动了金融业变革

（一）金融科技充分发挥了技术创新对金融和实体经济的赋能作用

1. 金融科技的应用提高金融机构的获客能力

金融科技的主要技术有区块链、大数据、云计算、人工智能等。互联网技术的普及提升了金融的触达能力和便捷性，客户不再需要跑到金融机构，而只需动动手指就可以在任何地方搜寻满足自己偏好的金融产品，客户行为在网络上留痕，就形成了海量的大数据。对大数据可以进一步用人工智能方法进行分类处理，不仅降低了用户信息的搜集成本，也提升了其甄别风险的能力。金融机构利用网络技术开展业务时积累的大量数据资源，显著降低了数据搜集的成本，同时金融机构可以利用人工智能技术挖掘大数据的价值，提高数据的处理效率。比如：借助大数据技术实时追踪信息变动情况，及时根据客户偏好的变化进行产品升级，增加金融服务的有效供给；分析金融大数据的应用场景，确定客户的消费偏好和趋势，推出符合其偏好的产品服务，对客户进行精准推销，提高客户黏性；运用人工智能技术优化金融服务流程，提升客户体验；分析客户的行为信息和操作信息，降低金融机构和客户之间的信息不对称程度，识别违约概率较大的客户，进一步降低风险。

金融科技具有应用场景丰富、信息服务多样的优势。在支付领域，线上支付技术环境日益安全可靠，金融科技公司可以在各种交易场景中利用移动终端提供简单安全的支付清算手段，消费者日常无须携带现金和银行卡就可实现支付。在借贷领域，金融机构可以利用金融科技技术获得用户的消费、社交、兴趣等信息，对用户进行精准画像，在一定程度上解决借贷双方的信息不对称问题，使信贷业务覆盖到以往无法覆盖的"长尾"用户。在财富管理领域，机构借助金融科技技术将财富管理智能化，投资门槛低，投资决策流程简化，智能投顾产品将后台计算好的金融产品组合呈现给消费者，客户可根据自己的偏好选择组合产品，同时保证了交易的便利性和安全性。

2. 金融科技提供更可靠的信用评价方式

金融科技的发展能够构建有利于信用积累的大环境。传统信用体系存在分散的各子信用体系之间相互封闭，信用评价标准不统一的缺点，信用主体可以利

用信息不对称为自己牟利。金融科技的发展克服了这些缺陷，可以进行信用积累，提供更高效的信用评价方式。金融科技利用互联网、大数据、区块链等技术对信用进行评估，除了获得传统信贷方式下用户提供的财务报告、抵押品等信息外，还可以基于动态的交易数据对用户未来收入等情况进行评估，从而能够较精准地刻画用户的信用状况，利用信用资本为其提供金融服务。金融监管部门、金融机构、用户等信用主体参与了新的信用评估模型，在"去中心化"信息分布平台基础上，各信用主体的信用关系"本质上是多对多关系"[1]，数据公开、透明、可追溯，实现了数字信用共治。在这种信任体系下，人们的行为信息通过云计算、大数据等技术被收集、共享使用，实现"从点到链到网的全覆盖评价与流通"[2]，实现"信息流""现金流""资源流"的规模经济，提高整体信用价值，通过点对点、加密技术的使用，减少了信用交易双方的交易成本，减少了陌生人之间的"道德风险"和"逆向选择"，各信用主体也会因为信用体系的整体化更加注重自己的信用资本积累，提高社会信用体系的效率。

3. 金融科技大幅度降低金融机构的经营成本

金融科技创新完善补充了金融机构的服务功能，使金融活动不再局限于一定的时间和空间，大幅度降低了交易成本。金融机构能够利用金融科技，优化业务流程，提供供求精准匹配、服务即时响应、价格实时发现的高价值金融产品组合。区块链技术呈现"去中心化"的数据分布状态，大量数据分布在链的不同存储节点上，这是一种数据由多方一致存储、难以篡改的计算机技术，只有所有的节点被破坏才能篡改信息，这决定了区块链信息系统是可信的。区块链技术还采取了共识算法、非对称的加密与授权技术，这保证了数据访问传输的安全性。金融企业可以通过共享的数据信息简化整个行业内的业务流程，改变金融产品结算模式，促进相关环节信用业务的开展，降低金融机构的经营成本。

（二）金融科技颠覆了以间接融资为主的传统金融资源配置模式

我国传统的金融资源配置模式一直以间接融资为主，究其原因，一方面在于我国长期以来形成的以银行业为主的金融格局；另一方面证券市场的层次结构不充足，证券市场的直接融资渠道和规模相对匮乏。金融科技的快速发展给金融结构的优化带来了契机，改变了传统的金融格局，打破了以往的金融资源

---

[1] 庄雷. 金融科技创新下数字信用共治模式研究[J]. 社会科学,2019(2):48-57.
[2] 庄雷. 金融科技创新下数字信用共治模式研究[J]. 社会科学,2019(2):48-57.

配置模式。

1. 传统金融机构纷纷涉足金融科技

金融科技热点频出，传统金融机构积极寻求金融科技转型。一方面，为了满足用户个性化、场景化的金融服务需求，传统金融机构有进行数字化转型的需求；另一方面，在金融科技热点频出、金融开放的大环境下，传统金融机构的优势逐渐削弱，在这种情况下，传统金融机构有适应新形势、提升自身金融科技水平、提高竞争能力的需求。在内推外压两种力量的作用下，越来越多的金融机构开始涉足金融科技。

国内各银行纷纷推出线上平台，实现了资金供求双方直接对接及金融资源脱媒化。此外，越来越多的金融机构加速从电子化向智能化方向转型，借助大数据、云计算等技术，试水数字产品。国内银行推出智能理财平台，比如浦发银行基于手机银行推出了智能投顾系统"财智机器人"，平安集团推出了"平安一账通"财富管理平台。

更深入地，商业银行和保险公司开始成立金融科技子公司，依托母公司建立各自的产品体系，积极转型。目前，已经成立的银行系金融科技子公司有12家，保险公司设立数据应用平台的有3家，如表3-1所示。

表3-1 银行系和保险系金融科技子公司列表

金融机构	金融科技公司	成立时间	股权构成
银行系金融科技子公司			
兴业银行	兴业数金	2015-11	合资（兴业财富资产管理有限公司持股51%）
平安银行	金融壹账通	2015-12	全资
招商银行	招银云创	2016-02	全资
光大银行	光大科技	2016-12	全资
建设银行	建信金科	2018-04	全资
民生银行	民生科技	2018-04	全资
华夏银行	龙盈智达	2018-05	全资
北京银行	北银金科	2018-08	全资
工商银行	工银科技	2019-03	全资
中国银行	中银金科	2019-06	全资
交通银行	交银金科	2020-01	全资
农业银行	农银金科	2020-07	全资

续表

金融机构	金融科技公司	成立时间	股权构成
保险公司数据应用平台			
中国平安	平安科技	2008－05	全资
中国人保	人保金服	2016－10	全资
众安保险	众安科技	2016－11	全资

资料来源：根据公开资料整理。

2. 金融科技公司进入金融服务市场

新兴金融科技公司以科技为支撑，纷纷介入金融服务领域，打破了传统金融机构一统江山的局势。

一方面，新兴主体和传统金融机构合作进入金融市场。新兴金融科技公司依托金融机构的网点布局、行业经验，结合自身创新能力强、营销水平高、服务态度好的特点分工协作，新兴主体依靠金融机构的客户资源进行小规模试水，同时，传统金融机构也可以从技术创新中获得好处，提升竞争能力。

另一方面，一些新兴的金融科技公司直接进入金融市场。它们的前身往往为互联网科技巨头，具有资金实力雄厚、营销能力强、科研技术先进、组织架构灵活、产品线丰富的特点，自身拥有庞大的客户群，能够直接将获得的大数据运用于多种服务场景，提供更具有价格优势的金融服务。比如蚂蚁金服起步于支付宝，依托淘宝、天猫、支付宝等平台上的庞大稳定的网络客户群，在金融服务领域快速扩张，旗下有支付宝、余额宝、网商银行、蚂蚁花呗等子业务板块，提供全方位的数字金融服务，其中支付宝针对在线支付，余额宝针对在线投资，网商银行针对数字银行，蚂蚁花呗针对在线借贷，为小微企业和个人消费者提供普惠金融服务。这些业务板块造成大量的传统银行业务搬家，进一步挤压了传统金融机构的发展空间。再比如一些新成立的P2P网络借贷平台对传统金融机构的存贷款业务造成一定冲击。P2P网络借贷平台贷款流程简单，操作便捷，能够挖掘出在传统金融体系下不能获得充分服务的群体，弥补了传统金融机构信贷投放的不足，在一定程度上分流了商业银行的信贷规模。

二、金融科技推动了实体经济发展

实体经济是国民经济向前发展的动力，金融是整个产业体系的一部分，金融要回归本源，服务实体经济，"实体为本，技术为用"。金融科技的发展与实体经济必须有效结合。金融服务实体经济的效率高低体现在能否为实体经济提供平等、高效、专业以及个性化、定制化的金融服务。金融科技的终极目的是以更低的金融服务成本实现更高的金融服务效率,达到帕累托最优。金融科技能够建立完备的大数据系统、供应链金融、实体经济征信系统,加强金融科技与实体经济的融合。目前,国家大力推动的新基建和5G建设承载了各种颠覆性技术的交叉应用,其完善势必推动金融科技的良好发展以及金融科技与实体经济的融合。展望未来,脱虚向实是大势所趋,一种新型的实体经济及虚实相结合的经济形态,决定了金融科技要加强与金融部门、实体企业的融合,成为二者的桥梁。党的十九大报告提出"着力加快建设实体经济、科技创新、现代金融、人力资源协同发展的产业体系",2019年9月27日,国务院金融稳定发展委员会召开第八次会议,强调要进一步疏通金融体系流动性向实体经济的传导渠道。实践中,随着金融科技技术的不断创新,会产生新的商业模式、业务流程、创新产品等,具有特殊的推动作用,金融科技能够成为振兴实体经济的新引擎。

(一)金融科技服务实体经济的路径:以供应链金融为纽带

经济是金融的基础,经济是金融的血脉。我国存在融资难、融资贵、金融普及度低等问题,给实体经济发展带来严峻的挑战。金融业需要改变过去的粗放式发展方式,逐步向金融科技创新、提高金融资源配置水平的集约型发展方向转变,拓宽金融服务实体经济的渠道,推动金融高质量发展,使其能够更好地为实体经济服务。供应链金融是一种能够将供应链上核心企业与其上下游企业联系起来,以核心企业为融资中心,相互提供信用支持,同时为银行提供上下游企业的资金流、物流和信息流的信息,银行通过信息的有效整合,为供应链上各环节提供灵活运用的金融产品和服务的新型融资方式。

1. 整合信用评级,提升履约水平

中小企业是劳动力就业的主要载体,其发展对社会经济的发展具有重要的作用。但是由于其自身先天的不足以及规模较小、风险评级难以把控的缺陷,银行不愿冒风险将贷款发放给中小企业。供应链金融弥补了这一缺陷。

供应链金融是产融结合的重要方式,它不是对某一个中小企业进行简单的评级,而是以供应链金融链条上的核心企业为支撑,以枝条状整合链上中小企业,以其业务状况和发展前景与核心大企业对接,弱化中小企业的财务报表,进行覆盖式的信用评级，吸引银行及其他金融机构贷款业务向中小企业倾斜。但是供应链上中小企业的信用评价更依赖于间接授信的现象使得传统供应链金融存在较大的潜在风险。金融科技的发展能够在某种程度上解决这一问题。金融科技的底层技术在供应链金融领域的广泛运用，使得供应链条上各参与主体的交易信息能够实时提供，能够为商业银行发放贷款提供授信依据。

2. 供应链金融加强风险整合，实现实质风险防控

金融科技应用到供应链领域，出现了各种新的金融产品和金融模式，供应链金融呈现出智慧化的特征。物联网技术能够让业务关联、利益相关的产业链上的各个成员主体组建成一个新的金融生态圈，区块链技术能够保障供应链金融生态圈中各相关主体的资金流、货物流、信息流等数据的及时、完整、准确。这降低了信贷发放过程中的信息成本，资金供给主体能够根据数据对企业情况做出精准的判断，中小企业的融资变得更加便捷、高效、风险可控。

（二）金融科技服务实体经济的效果

1. 金融科技使金融产品和服务更安全高效，支持实体经济发展

金融科技技术应用到金融产品和服务，使产品和服务的安全和效率水平提高，支持实体经济发展更高效。"金融科技的发展能够创造新的投融资模式，降低交易成本，促进创新资本的形成"[①]。金融科技的发展，创造了 P2P 网络借贷、众筹融资、智慧银行等新金融业态，以往在传统金融体系中很难获得金融资源的企业有了新的融资渠道，金融服务实体经济的领域得到了拓展。金融科技可以将分散的客户信息整合起来，利用大数据对客户进行信用和风险评估，能够更全面地了解客户发展状况，做出是否对他们进行贷款的决定。而且，如前所述，金融机构利用金融科技技术能够共享客户信息，整个金融体系获取信息、处理信息的成本降低，能够更好地进行信用评估和风险控制，提高了金融产品和服务的系统安全性。金融机构在进行金融服务时，可以通过互联网技术突破时间和空间的限制，与客户进行精准对接，远程完成客户信用评估及信贷手续，而无须与客户面对面进行交易，使交易的成功率大为提升，节约了大量交易成本。

---

① 周雷,周铃,毛丹玲. 金融科技助力实体经济高质量发展的作用机理研究[J]. 浙江金融,2019(8):21-27.

2. 金融科技创新服务消费金融，推动实体经济发展

金融科技的发展使人们可以充分享受到便捷的服务。如凭借"刷脸"即可完成的取款业务；支付宝、微信支付的出现为居民提供了无纸化支付的新模式；学习、生活各种费用也不再需要现金支付；日常水、电、天然气、房租等的专有 App，使偏僻地区的网上服务模式也得到完善和发展。金融科技的出现催生的各种新生现象对人民生活水平和生活效率有重大的影响。

（1）金融科技通过数字普惠金融提高中低收入群体的消费水平，服务实体经济。

随着金融科技的创新，数字普惠金融实践愈加丰富。普惠金融下，对消费者而言，成本可负担，对金融机构而言，经营可持续。经济的更好发展得益于普惠金融的普及。普惠金融的发展能够让农民、贫困人口、小微企业等获得有效、可负担、便捷的金融产品和服务。金融科技的创新扩大了普惠金融的涉及范围，使金融普惠在更多的人群中得以实现。

首先，金融科技的发展让中低收入人群获得更好的金融服务。传统的金融体系中，中低收入人群由于其"自身财富"约束，要么获得金融服务无望，要么以高利率获得民间金融服务。金融科技的发展解决了这一问题，中低收入人群能够以正常的成本获取金融资源，获得成长机会，破解"金融贫困"困境。比如，中低收入人群可以借助数字普惠金融获得进行手工业等小本经营的启动资金，获得摆脱贫困的机会。中低收入人群也可以将获得的金融资本用于提高教育水平，从而获得收入增长的机会。其次，消费增速主要取决于收入增速，中低收入人群收入增长或者摆脱贫困后，很大可能将其增长的收入用于消费，进而直接拉动实体经济发展。

金融科技实现与每一个用户的精准对接，联网系统整合用户信息，将对居民的信用信息整合度提高了一个档次，使消费者利用房贷、车贷等高额长期贷款的效率大大提升。随着支付宝、微信等第三方支付平台的建立，针对居民小额贷款有借呗、花呗等信贷服务方式，可以让居民享受到高规格的销售，不断拓宽居民消费渠道，实现居民消费水平的升级，直接拉动实体经济发展。

（2）金融科技创新服务个性化消费需求，推动实体经济发展。

党的十九大报告提出，现阶段"我国社会主要矛盾已经转化为人民日益增长的美好生活需要和不平衡不充分的发展之间的矛盾"。人民收入提高后，对美好生活的追求主要体现在居民的消费结构不断改善，消费需求不断升级，以及衣、食、住、行等领域，即随着居民对消费的种类、质量和售后等方面的要求不断提升，其开始有互动体验、个性定制、绿色健康等方面的需求。一方面，金融科技公司可以利用金融科技手段对客户进行针对性的实时营销，引导消费。金融科技公司可以在互联网上实时抓取客户的数据，再利用数据挖掘技术，分析客户的行为习惯偏好，把握市场动态，利用金融科技创新进行各种场景设置，并推荐相应的产品和服务，从而引导社会消费，通过消费拉动实体经济发展。另一方面，实体经济可以利用金融科技手段对产业市场的信息进行挖掘，根据客户需求进行产品创新，促进要素重置，进一步推动实体经济产业结构调整升级。金融科技的技术创新具有强大的计算能力，能够对信息进行科学的挖掘，可以及时把控产业市场变化，进行产品推陈出新，完善服务，迎合居民消费结构改善的需求，推动实体经济健康发展。

3. 金融科技创新促使投融资更有效，推动实体经济发展

金融科技使得投融资更有效率。金融科技将资金供求双方置于一个更加透明的市场框架下，使得均衡利率的形成更加公平、合理，实体经济能够以更合理的成本获得融资，资金也能寻找到更满意的项目创意，进而投融资效率能在一定程度上寻找到最优解，资金流向农业、制造业、服务业领域，推动实体经济健康发展。

近年来，我国实体经济逐步融入全球产业链，随着国际贸易保护主义和"去全球化"的兴起，实体经济要高质量发展，就要增强不同区域、不同产业的协同发展。以大数据、区块链、云计算、人工智能等为代表的网络技术在各行各业落地，一是可以将零散的需求集中起来，形成规模经济。将客户需求和项目创意汇集后，可以在互联网平台上以较低的成本发布，降低了供给需求双方匹配的交易成本。与传统信贷业务不同，金融科技支持下的金融机构在办理业务时可以远程操作。通过互联网远程对接，不再需要面对面交易即可完成对客户的信用等级核查，节约了大量的人力物力财力。许多小型贷款公司，尤其是互联网金融公司通过远程操作，极少与客户见面，使交易效率和交易完成度大幅提高，推动了金融机构和中小企业发展。二是通过金融科技技术进行业务处理，有利于贸易流、资金流、信息流的高效流动，节约了运营成本，提高了现有资源的利用效率，能够实现相应业务的快速迭代。三是借助于金融科技的共享经济，重塑商业模式。供应链金融不断促进实体产业和金融产业的融合，区块链技术不断提高供应链的效率，产业链上的各个企业信任程度提升。

金融科技可以通过技术优势将零散的信息收集起来，利用大数据对中小企业的风险和资信状况进行评估，帮助金融机构全方位了解中小企业的发展情况，以便金融机构对中小企业的发展状况和发展水平与风险承受能力进行系统评估。这种情况下，企业和金融机构之间的沟通和操作更为便捷，促进了产业融合，推动实体经济健康发展。同时信息共享技术使数据更加真实透明，更有利于把控供应链风险。金融机构不良贷款的数量也可以减少，从而使银行的借贷风险降低。

综上所述，利用金融科技对传统产业布局的变革，跨部门、跨领域、跨区域协同发展提速，能够升级产业的空间布局，带动实体经济的转型升级，降低金融体系风险。

第四章 金融科技结合的生态环境分析

任何一种金融业态的演进，都是在一定的环境条件下形成的。就货币的演进来看，贝币是世界上最早出现的货币，由于其易于携带且稀缺，被当作货币使用，这和人类文明最早在河流附近出现有关。但由于贝壳易损坏，随着冶炼技术的发展，人们开始使用金属货币。铜钱在中国历时2000余年，铜钱的出现一是和经济发展水平有关，其时冶炼技术较前期发达；二是其大小轻重适当，携带或计数都方便；三是符合当时天圆地方的宇宙观，也暗合了儒家"外圆内方"的哲学思想。随着银元的出现，中国出现了银本位，但是广大农村依然大量使用铜钱，银钱主要在城市使用，铜币在农村的使用是"大众低微购买力的表现"[①]。因此，金融业的演进与其生存环境息息相关。不论是信用工具，还是金融机构，它们的演进都是适应外部环境的结果，和经济环境、技术水平甚至思想都有关。

---

① 王亚南.中国经济原论[M].福州：福建经济科学出版社，1946.

对金融科技的探讨，除了关注金融科技自身，还要关注金融科技的成长环境。一个良好的经济、科技、法制、文化环境对金融科技的发展有着重要意义。在市场经济条件下，良好的生态环境能够影响金融科技的发展，理解金融科技的路径创新，离不开对金融科技结合的生态环境的考察。

金融生态概念最早是由周小川（2004）引入的一个仿生概念，他认为金融生态实际上是金融运作的外部环境，影响金融体系自身的运行。徐诺金（2005）认为金融生态作为一种体系，是金融系统内各金融组织之间、金融组织与生存环境之间分工、合作形成的一种动态平衡系统，而金融生态环境则是金融生态运作的外部环境。李杨（2005）和徐诺金的观点相似，认为金融生态是由金融生态主体和金融生态环境彼此依存、相互作用而形成的系统。本书结合以上学者的观点，认为金融生态是一种动态平衡系统，是金融内部运行和外部环境交织形成的，是一种生态圈。而金融生态的环境则是金融生态运行的宏观外部环境，也是其生存的基础条件，金融功能的发挥依赖于金融生态环境，同时又依赖于金融生态主体和金融生态环境之间的调节。

在结合了金融科技的生态环境中，每种因素都是相互联系、互相依存的。其中，良好的政策为金融科技的发展提供了前提和保障，金融科技的基础设施是金融科技功能发挥的基础，经济环境是金融科技发展的重要支撑力量，信用环境为金融科技健康发展保驾护航。

第一节 政策环境

金融科技的蓬勃发展对金融体系有着重大的影响，金融体系面临着数据治理、场景金融、交叉性金融风险等多种挑战。金融科技的发展要有好的制度环境，政府必须制定科学、合理、全面的支持政策，引导企业进入、成长、公平竞争与合作。

一、国家层面的政策

2017年之前，政策主要鼓励金融科技向各经济领域渗透扩散。2016年3月，全国人大印发《中华人民共和国国民经济和社会发展第十三个五年规划纲要》，注重运用互联网、大数据技术建立现代统计调查体系来获取经济运行信息。2016年3月，国务院印发《关于2016年深化经济体制改革重点工作的意见》，强调要深化金融体制改革，规范发展互联网金融。2016年5月，国务院印发《关于深化制造业与互联网融合发展的指导意见》，强调要推动制造业和"互联网+"深度融合。2016年8月，国务院印发《"十三五"国家科技创新规划》，鼓励保险机构进行股权众筹融资试点，探索互联网金融。2016年9月，国务院发布了《北京加强全国科技创新中心建设总体方案》，推动科技与金融融合，推进互联网金融创新中心建设。2016年11月，国务院发布《"十三五"国家战略性新兴产业发展规划》，推动物联网、云计算等信息技术向各产业全面渗透融合，培育"互联网+"新业态，实施大数据发展工程，加快人工智能在各领域的应用。

2017年以后，政策除了继续鼓励金融科技和各产业的融合发展，也开始关注到金融科技的风险。2017年1月，中央办公厅和国务院办公厅联合发布

《关于促进移动互联网健康有序发展的意见》，强调移动互联网要加强创新引领作用，同时也强调要防范移动互联网风险。2017年5月，中国人民银行金融科技委员会成立，其成立的目的在于构建好金融科技发展的扶持政策环境，丰富金融监管手段。2017年7月，国务院颁布《新一代人工智能发展规划》，强调人才的重要性，提出培育人工智能人才。2017年10月，习近平总书记在党的十九大报告中提出依靠互联网、大数据和人工智能形成经济发展的新动能，推动这些前沿信息技术和实体经济深度整合。

2018年被称为金融监管元年。进入2018年以后，快速发展的民间借贷乱象频发，扰乱社会秩序和金融秩序，这一时期的政策更多地集中在监管领域。2018年4月，中国人民银行、中国银行保险监督管理委员会等部门联合发布了《关于规范民间借贷行为维护经济金融秩序有关事项的通知》，就规范民间借贷进行顶层设计。2018年5月，中国银行保险监督管理委员会印发《银行业金融机构数据治理指引》，引导金融机构利用好数据向高质量发展转变。2019年8月，中国人民银行在《金融科技发展规划（2019—2021年）》中提出要"实现金融与科技深度融合、协调发展，明显增强人民群众对数字化、网络化、智能化金融产品和服务的满意度"，并提出要采取一系列保障措施，实现金融科技发展的目标。2020年1月，商务部、国家发展改革委等8部门在联合发布的《关于推动服务外包加快转型升级的指导意见》中指出，服务外包已经呈现出数字化、智能化的趋势，要依托5G技术，将先进的计算机信息技术运用到外包产业，提高创新能力，培养一批信息技术外包的示范企业。

综上可见，金融科技已经成为国家大力倡导发展的领域。金融科技的发展带来的技术、业务和商业模式的创新是经济发展的新动能。互联网信息技术的发展符合金融骨子里将一切数字化的特性，迎合了大众个性化需求，数据驱动、以客户为中心、普惠等就成了金融科技的标签。金融科技融合了以人为本、科技创新，体现了经济生活的最本质特征，也是经济社会高质量发展的方向，金融科技企业迎来了巨大的发展机遇。

二、地方政府层面的政策

自2019年8月中国人民银行印发《金融科技（FinTech）发展规划（2019—2021年）》之后，各地政府积极响应国家政策，出台支持本地发展金融科技的政策。

（一）北京

北京作为我国的首都，是金融机构总部、顶尖大学和科研院所的集中地，也是国家科技创新中心。北京有着顶尖的资源优势、技术优势、人才优势和环境优势，在大数据、人工智能、区块链等金融科技支撑技术方面有着得天独厚的条件，金融科技发展要素齐全。为了提高首都金融发展的核心竞争力，2017年以来，北京陆续出台了一系列关于金融科技发展的政策（见表4-1）。

表4-1 北京市近年来金融科技相关政策汇总

时间	发布单位	政策	主要内容
2017-09	北京市金融工作局等八部门	《关于构建首都绿色金融体系的实施办法》	发展基于区块链的绿色金融信息基础设施
2018-01	北京市海淀区政府	《关于进一步加快推进中关村科学城建设的若干措施》	支持金融科技的研发应用，政策扶持科技型企业上市，支持建设面向金融科技的技术孵化型科技创业服务机构
2018-10	中关村科技园区管理委员会、北京市金融工作局、北京市科学技术委员会	《北京市促进金融科技发展规划（2018—2022年）》	支持金融科技技术创新，鼓励其应用，培育金融科技应用场景，发展金融科技产业链，创建北京金融科技服务创新区及核心区，打造金融科技产业集群，鼓励金融科技"高精尖"，实施落地支持和加大对高端人才的激励和保障服务
2018-10	北京市金融工作局、中关村科技园区管理委员会、西城区政府、海淀区政府	《关于首都金融科技创新发展的指导意见》	在西城区和海淀区相邻地区建设金融科技创新示范区，支持金融科技技术研发，鼓励金融科技技术在金融体系中的运用，加强场景应用等。各相关部门要加强组织协调，完善服务体系，进行风险防控
2018-12	西城区政府、中关村管委会	《关于支持北京金融科技与专业服务示范区（西城区域）建设的若干措施》	支持金融科技企业入驻，以政策扶持金融科技企业自主创新，以政策保障吸引人才，大力拓展应用场景，支持国际国内交流合作，加速金融科技产业孵化和专业服务平台建设

续表

时间	发布单位	政策	主要内容
2018-12	北京市海淀区人民政府、中关村科技园区管理委员会	《关于促进海淀区金融科技产业创新发展的若干措施》	加快金融科技产业空间集聚,创造良好的营商环境,扶持金融科技发展
2019-11	北京市人民政府	《北京市新一轮深化"放管服"改革优化营商环境重点任务》	推进人工智能、大数据、区块链、5G等技术的智能场景应用

资料来源:根据网络资料收集整理。

2019年5月,北京市金融监管局、中关村管委会、西城区政府、海淀区政府共同宣布启动国家级金融科技示范区建设,建立北京金融科技与专业服务创新示范区(金科新区),重点布局金融科技、风险管理、金融科技监管等高水平的金融专业服务。一揽子涵盖金融科技发展重点环节的支持政策落地,为北京打造具有国际影响力的金融科技中心提供了良好环境。

(二)上海

上海作为国内金融中心(中国人民银行《2017年国际金融中心发展报告》),立足雄厚的金融和科技实力,顺应金融科技发展形势,在近些年也陆续发布了一些政策,力求在金融科技领域在国际上能够崭露头角。

2014年11月,上海市浦东新区陆家嘴管委会发布《陆家嘴互联网新兴金融产业园暨创新孵化基地配套措施》,简称"陆九条",提出要大力发展信息技术,实现信息技术和金融业务的融合。2018年5月,陆家嘴金融城联合业界企业发布了"陆九条"2.0版,针对金融科技企业的诉求,政府、企业多方协调,改善金融生态环境,扩大上海金融科技业的影响范围,增强其辐射能力。2019年10月,中国人民银行上海总部发布《关于促进金融科技发展支持上海建设金融科技中心的指导意见》,鼓励金融机构利用人工智能、区块链等技术,在智能投顾、智能风控等方面进行创新。2020年1月,上海市出台了《加快推进上海金融科技中心建设实施方案》,推进金融科技关键技术创新发展,促进金融科技产业集聚、空间集聚,发挥规模效应,营造一流的金融科技创新环境,将上海市建设成为金融科技领域具有国际竞争力的城市。

（三）深圳

深圳引领全国尖端技术发展，具有实干精神，技术在金融领域的融合发展逐步深入，相关产业发展迅猛，具有发展金融科技的良好产业基础和资源条件。

2017年3月，深圳市福田区发布《关于促进福田区金融科技快速健康创新发展的若干意见》，计划5年内把福田区打造成一个有国际影响力的金融科技中心。这是首个地方政府发布的金融科技专项政策。

（四）杭州

杭州市作为我国金融科技的先发城市，在金融科技发展领域一直较为活跃。经济基础良好、企业家富有创新精神、拥有以蚂蚁金服为代表的金融科技企业等优势都为杭州市金融科技的发展创造了良好条件。杭州市也借着金融科技发展的良好基础，提出到2022年底，把杭州打造成"全球金融科技应用与创新中心"和"中国金融科技引领城市"，确立杭州在金融科技发展领域的重要地位（见表4-2）。

表4-2 杭州市近年来金融科技政策汇总

时间	发布单位	政策	主要内容
2018-06	杭州市政府	《关于加快推进钱塘江金融港湾建设 更好服务实体经济发展的政策意见》	打造国际金融科技中心，鼓励金融科技产业发展，扶持龙头金融科技企业发展。推动金融科技企业与金融业的融合，开展创新业务试点。设立金融科技学院、实验室、产业园等，对具有引领示范效应的金融科技项目进行奖励激励
2018-10	杭州市政府	《杭州市全面推进"三化融合"打造全国数字经济第一城行动计划（2018—2020年）》	政策扶持重大基础研究和科研攻关项目，创造世界一流的实验室。大力引进高科技人才，加强本地人才培育。推进杭州市数字产业化、产业数字化和城市数字化协调发展
2019-06	浙江省地方金融监管局	《杭州国际金融科技中心建设专项规划》	金融科技赋能，提升金融产业数字化服务水平，加大国内和国际交流合作，提高金融风险科技防控水平

资料来源：根据网络资料收集整理。

（五）广州

广州作为粤港澳大湾区的中心城市之一，已经全面进入现代信息社会，金融科技企业云集，金融科技生态环境优良，在营商环境、金融基础设施、城市声誉等方面都居于国内前列。目前，广州市利用其自身优良的金融科技发展环境和地理区位优势，提出把自身建设成国家创新中心城市和国际科技创新枢纽。

2018年10月，《广州市关于促进金融科技创新发展的实施意见》颁发，提出要通过技术创新提升金融机构创新产品的能力，同时要加强金融科技在金融监管领域的应用，优化金融科技生态环境，用几年的时间把广州建设成金融科技强市，推动数字化、电子化、智能化的现代金融服务体系。

目前，以大数据、云计算、人工智能、区块链等技术支撑的金融科技在广州已具备产业化、规模化发展的基础。2019年9月，由中国（深圳）综合开发研究院和英国智库Z/Yen集团共同编制的第26期全球金融中心指数报告发布，广州在金融科技发展的"标杆城市"排名中居第四位，这标志着代表金融未来发展方向的金融科技已经在广州生根发芽。

（六）成都

成都作为我国西部经济建设高地，在区域经济发展中具有重要作用。为了更好地服务实体经济，把成都建设成为具有国际影响力的区域金融科技中心，近年来成都也出台了一系列政策（见表4-3），推动金融科技企业在成都生根发芽，并提出到2022年，形成一个核心发展区加两个产业协作区的网络信息安全产业的空间布局，形成"成都特色、全国影响、国内示范、国际同步"的金融科技体系，在中西部地区打造金融科技高地。

表4-3 成都市近年来金融科技政策汇总

时间	发布单位	政策	主要内容
2017-11	成都高新区政府	《成都高新区关于加快国际科技金融创新中心建设的若干政策》	鼓励金融科技企业聚集，引进金融科技高级人才，促使金融科技高级化，构建金融科技生态圈

续表

时间	发布单位	政策	主要内容
2018-01	成都市政府	《成都市关于推进普惠金融发展的实施意见》	大力发展数字普惠金融，加快建设金融科技产业园区，建设互联网金融要素市场，加快金融科技企业创新和项目培育，建设金融科技云平台，建立风险资本和"双创"载体线上线下对接机制
2018-09	成都政府办公厅	《成都市网络信息安全产业发展规划（2018—2022年）》	打造网络信息安全产业集群，建设网络信息安全创新载体，引进高科技企业和高科技人才，建设网络信任服务体系
2019-04	成都市地方金融监督管理局	《关于支持金融科技产业创新发展的若干政策措施》	在现有金融监管的框架上，提出了国内首个金融科技企业认定标准，构建了金融科技企业的防火墙
2020-04	成都市地方金融监督管理局会同中国人民银行成都分行营管部以及有关部门	《成都市金融科技发展规划（2020—2022年）》	加快区块链、人工智能、大数据、云计算的创新应用，制定金融科技企业标准，大力引进金融科技人才，加强对外交流，推动金融科技产业聚集

资料来源：根据网络资料收集整理。

从以上政策发布的密集度可以看出，国家和地方政府层面都非常关注金融科技的健康发展，各级政府纷纷出台各项政策改善金融科技发展环境，促进金融科技健康发展。国家层面进行顶层设计，地方层面搭台，再结合各种金融科技企业"你追我赶"的竞争态势，形成了上层诱致性制度变迁和下层自发性制度变迁的良好对接，也必将为金融科技的发展提供良好的生存发展环境。

第二节　基础设施

2019年9月中央全面深化改革委员会第十次会议通过的《统筹监管金融基础设施工作方案》将金融基础设施定义为：金融基础设施是指为各类金融活动提供基础性公共服务的系统及制度安排，在金融市场运行中居于枢纽地位，能够为金融市场的高效运行提供基础性保障，能够在实施宏观审慎管理和强化风险防控时提供着力点。

就金融科技而言，数据是其核心，也是进行数据分析的底层架构，人工智能利用数据挖掘技术对底层的数据进行分析，进而设计出满足人们个性化需求的新产品，并将新产品提供给有信用的人，人们在消费新产品的过程中进行支付清算。金融科技在运营的过程中，又会出现种种问题，需要金融监管部门进行监管。基于此，并借鉴邹传伟（2019）的观点，本书认为金融科技所涉及的基础设施主要有四类：信息基础设施、征信基础设施、支付清算基础设施和监管基础设施。

一、信息基础设施

信息的收集是金融科技发展的前提。手机等智能终端的出现为金融科技的发展提供了载体，生物识别技术和各种传感设备的发展为记录信息提供了可能，互联网的发展则聚集了众多用户，为线上服务的开展提供了应用空间，云计算的运用则提供了数据存储、计算的基础能力。

数据的分析拉长了金融科技的应用链条。大数据技术从最初信息的简单整合与数据架构发展到如今多维度的大数据分析与决策，风控、场景化等方面均以大数据为基础进行分析。人工智能领域广受关注的深度学习算法瓶颈的突破使人工智能技术进入大规模的实用阶段，账户与身份有效关联，对用户的偏好、违约概率能够进行识别分类决策，而且人工智能技术和智能终端联合运用能够追踪市场动态、整合信息碎片、降低交易风险、提高运营效率。也就是说，金融科技的发展为信息基础设施提供了充足的发展动力，扩大了信息基础设施建设的规模，完善了信息基础设施。越来越多的金融活动信息以大数据、人工智能等新兴方式记录下来，并运用 Face ID、指纹解锁、虹膜等生物识别技术，精准地定位并收集到不同阶段、不同类别金融领域用户的使用偏好信息。截至 2018 年，我国生物识别技术行业市场规模继续增长至 170.1 亿元，较 2017 年增加 19.6%（中关村互联网金融研究院，2019）。同时，越来越多的企业运用云计算、5G、专用芯片等进行数据分析，截至 2019 年 2 月，我国有 745 家人工智能企业，云计算产业规模不断增长，华北、华东和华南是云计算产业发展的主要地区（中关村互联网金融研究院，2019）。这一完整的信息处理方式在多个维度展现了金融领域的用户信息,形成了相对完整的信息网络,能很好地应用于金融精准营销和网络贷款,并可以广泛应用于信贷领域。

在包括新一代信息基础设施建设的新基建中,5G 起到了领跑作用,培育了经济发展的新动能。目前,5G 正在加速建设中。工信部指出,截至 2020 年 3 月底,中国使用 5G 网络的用户已超 5000 万,发展速度远超预期,用户规模还在高速扩张,5G 基站数也已超 19 万个。在抗击新冠肺炎疫情期间,5G 也广泛应用于关系国计民生和经济发展的重要环节和关键领域。

二、征信基础设施

金融的核心是信用,而征信是获取信用信息的重要渠道,也是重要的信用基础设施。

中国人民银行 2012 年建立的金融信用信息基础数据库是重要的信用基础设施,涵盖个人和企业征信系统。数据库建立初期,由于正确评估信用主体的征信水平需要全面了解信用主体各方面的信息,并要能够在繁杂的信息中总结归纳出规律,所以最初信用信息基础数据库存在信息不充分、信息隐瞒、对大体量信息处理困难、维护成本高昂等问题。随着互联网技术、信息技术的应用,数据库汇集了大量的数据,根据 2019 年《中国普惠金融发展报告》,截至 2019 年 6 月末,数据库收录 9.99 亿自然人和 2757.5 万户企业和组织的借贷信息。信用信息的共享使信息透明,信用主体将为其失信行为付出巨大代价。

金融科技的发展改变了传统的金融生态,虚拟的网上服务覆盖到了"长尾人群",传统的征信体系不再能够满足新时代发展的需要。网络的虚拟性使得部分人群更易产生道德风险,新的征信体系的产生显得尤为迫切。

金融科技征信是对征信主体在互联网上的相关信息进行搜集整理,利用有关模型对征信主体进行信用评价并使用的过程。大数据实现了对个人信息的全面收集,是对传统征信体系的补充,区块链技术的去中心化分布、不可溯源篡改是系统高度安全可信的保证。

金融科技征信类别按照服务对象可以划分为个人征信和企业征信。

金融科技个人征信平台是在网贷乱象频出的背景下出现的。2018 年 1 月 4 日,中国人民银行公示百行征信有限公司(以下简称"信联")的个人征信业务申请。信联由中国人民银行牵头，主要股东包括9家机构，其中不乏我们熟知的公司，如芝麻信用、腾讯征信、考拉征信等，其数据量庞大且数据质量较高，这也说明信联对我们个人生活的各方面都将有所掌握，标志着国家层级的金融科技个人信用基础数据库成立。

企业征信发展相对滞后，目前还没有专业的、全国性的金融科技企业征信平台，进行企业信用查询主要利用中国人民银行征信中心的数据。目前，有大量的金融科技公司积极涉足企业征信，但多是地方政府主导或者企业自发进入。各金融科技公司对企业信用的评价有各自的标准体系，这也导致评价结果因标准不一而有所差异。缺乏顶层设计的金融科技企业征信平台，很难借助先进的金融科技技术建立起跨区域、跨领域、跨部门的金融科技企业征信平台。

三、支付清算基础设施

支付清算是现代金融运行的核心，当前金融科技技术在支付清算领域的主要应用有：大数据与云计算、人工智能和区块链。大数据与云计算能够实现数据的存储和清算数据的集中，将系统架构由传统的内部基础架构转变为大型网络的云架构，减轻业务量的剧增对内部电子计算机承载能力的压力；人工智能能够进行智能认知和智能预测，使清算系统的操作者的体验优化，同时，人工智能可以对清算数据进行分析，为操作者的决策提供支持；区块链和智能合约联系在一起，提高支付和清算效率。

具体来讲，支付清算分为金融交易的支付和金融交易支付后的清算处理。支付清算有标准的业务数据接口，能和各种资金收付渠道、各类交易系统、财务系统进行联结，实现信息交互，对交易指令进行管理。银联交易系统、SWIFT网络、超级网银、主要外币支付清算系统等各类清算组织及其业务系统，有计算交易双方财产的义务，并进行最终的资产转移。

中国在支付清算领域取得了较大的进展。如图4-1所示，目前已经形成了由银行间支付系统、银行卡支付系统、票据支付系统、网络支付清算系统、跨境人民币支付系统等组成的较为完善的支付清算网络体系。随着云计算、大数据、人工智能、区块链等新兴技术在支付清算领域的应用，支付清算行业也迎来了诸多发展机遇，并呈现出新的变化：市场参与者、支付种类和方式逐渐呈现多元化的特征；支付不仅与商品服务场景融合，还与其他金融服务融合；

人们生活水平的提高和消费观念的转变给跨境支付市场带来了很大的发展潜力。金融科技对中国支付清算基础设施的影响在跨境支付方面的体现尤为明显，电子支付的形式打破了时间和空间的限制，使得跨境支付条件越发宽松，支付方式越发快捷高效。中国的"一带一路"建设成效显著，与沿线各国建立了密切的联系，促进了人民币全球清算体系的完善。与此同时，在金融科技发展的背景下，支付清算业务的边界变得越来越模糊，无形地增加了金融领域的风险，中国支付清算基础设施面临着信息保护、资金安全和业务连续性等方面的挑战。

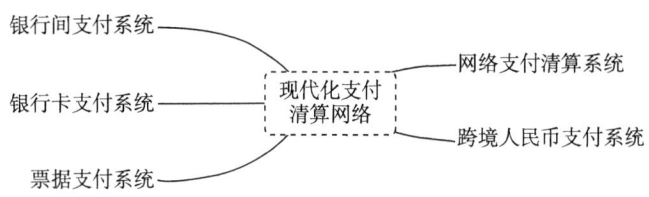

图 4-1　中国目前支付清算网络

资料来源：根据网络资料收集整理。

2017年8月，中国人民银行批准成立网联清算有限公司（以下简称"网联"），为非银行支付机构搭建一个共有转接银行的清算平台，中国人民银行要求2018年6月30日前所有支付机构必须接入。网联平台的成立对第三方支付的交易采用统一清算模式，集中备付金管理，敦促第三方支付清算业务合规化，这些措施的实施便于对支付清算统一管理，降低行业风险。

四、监管基础设施

金融科技的发展推动了普惠金融，提高了金融资源的配置效率，但也给金融发展带来了一系列问题。

金融科技的发展对金融机构的组织形式产生影响，产生了"去中心化""去中介化"以及"网络化"。金融活动在通过市场网络进行时，风险的传导更加复杂，创新的高频度使监管滞后较严重，风险积累，其风险外部性扩大。

金融科技能够服务传统金融覆盖不到的次优客户群和劣质客户群，这些人群也往往属于金融弱势人群，一方面，他们的道德风险发生率高；另一方面，一旦金融科技平台型公司运营失败或发生网络安全事件，风险涉及人数更多。

金融科技结合的路径创新

金融科技机构从事金融相关业务时，由于理性经济人原则，可能会扭曲公平竞争。比如金融科技公司控制的信用平台，可能会通过赠送红包、在关联电商平台上消费提高信用分等措施吸引客户，干扰市场秩序。在这个过程中也存在隐私暴露问题，比如指纹的输入、刷脸技术、通讯录的读取等。

为了应对以上风险，相关部门一方面出台方针政策来规范产业的发展，另一方面借助科技手段来进行管控。金融科技监管政策如表4-4所示。

表4-4 金融科技监管政策

业态模式	时间	部门	文件名称	主要内容
第三方支付	2014-03	中国人民银行	《中国人民银行支付结算司关于暂停支付宝公司线下条码（二维码）支付等业务的意见函》	支付宝公司立即暂停线下条码（二维码）支付和虚拟信用卡有关业务。提出属地监管原则，辖内商业银行、支付机构提供支付创新产品和服务或开展跨境支付业务时，要至少提前30日进行业务报备
	2015-12	中国人民银行	《非银行支付机构网络支付业务管理办法》	针对非银行支付机构，规范其网络支付业务，防范交易风险
	2017-12	中国人民银行	《条码支付业务规范（试行）》	银行和非银行支付机构要严格遵循业务资质和清算管理要求，条码支付收单业务要遵守实名制、交易风险监管等规定，接受中国支付清算协会行业自律管理
	2020-06	中国人民银行	《非金融机构支付服务管理办法》	规定《支付业务许可证》的申请人应当具备的条件，限定其注册资本最低限额，支付机构经营核准的业务，不得将业务外包，并将其收费项目和收费标准、支付业务办法、风控制度等报所在地中国人民银行分支机构备案
区块链数字货币	2017-08	中国银监会	《处置非法集资条例（征求意见稿）》	规定未经依法许可或者违反国家相关规定筹集资金，并进行利诱的行为为非法集资，要进行行政调查。非法集资参与人自行承担非法集资损失
	2017-09	中国人民银行、中央网信办等	《关于防范代币发行融资风险的公告》	将首次代币发行进行融资定性为非法公开融资，任何个人和机构不得从事非法的代币发行融资活动，公众要警惕相关风险

续表

业态模式	时间	部门	文件名称	主要内容
区块链数字货币	2018-08	中国银保监会、中央网信办等	《关于防范以"虚拟货币""区块链"名义进行非法集资的风险提示》	对利用区块链概念进行非法集资的活动特征进行总结：网络化、跨境化；欺骗性、诱惑性、隐蔽性较强；存在违法行为。要求公众理性看待区块链
	2021-01	国务院	《防范和处置非法集资条例》	以"虚拟货币"名义吸收资金被列入非法集资，将区块链、数字货币的业务明确纳入监管领域
互联网保险	2014-12	中国保监会	《互联网保险业务监管暂行办法（征求意见稿）》	规范互联网保险业务的经营主体、经营原则、经营区域、监督管理等
	2018-10	中国银保监会	《互联网保险业务监管办法（草稿）》	明确可以从事互联网保险业务的经营主体，规范互联网保险业务的经营原则，中国银保监会对互联网保险实施监管
	2020-12	中国银保监会	《互联网保险业务监管办法》	依法设立的保险机构可以开展机构许可证上载明的互联网保险业务
互联网贷款	2020-04	中国银保监会	《商业银行互联网贷款管理暂行办法》	明确互联网贷款原则和风险管理要求。商业银行规范其合作机构准入和退出机制，加强对合作机构的管理
	2020-11	中国银保监会、中国人民银行等	《网络小额贷款业务管理暂行办法（征求意见稿）》	小额贷款公司经营许可业务应主要在注册地所属省级行政区域内进行，业务要符合国家产业政策和信贷政策，主要服务普惠金融重点服务对象。各地金融监管部门进行监管和风控
P2P	2017-02	中国银监会	《网络借贷资金存管业务指引》	明确了网络资金存管要分账管理，依令行事、财务核对，明确了网贷资金存管业务的委托人和存管人的资质，明确了各方的职责，并对业务规范做出详尽要求
	2017-12	P2P网贷风险整治办	《关于做好P2P网络借贷风险专项整治整改验收工作的通知》	要求各地在2018年4月底前完成辖区内主要P2P机构的备案登记工作
	2018-08	P2P网贷风险整治办	《网络借贷信息中介机构合规检查问题清单》	列出了六大类108条合规检查问题清单

资料来源：根据网络资料收集整理。

目前，我国已经形成"一委一行两会"（见图4-2）的金融监管格局，实施的政策适用性较强、覆盖范围较广，监管框架得以进一步完善，趋向于兼顾各方的协调监管。但是，中国人民银行和中国证券监督管理委员会在对金融基础设施的监管过程中，监管标准、监管层次仍存在不一致的问题，特别是在金融科技创新日新月异的背景下，如何形成一个符合时代格局的监管框架依然是亟待解决的重要问题。特别是金融科技快速发展以来，金融创新以前所未有的速度发展，这种情况下，金融监管要跟上金融创新的速度就变得尤为困难。

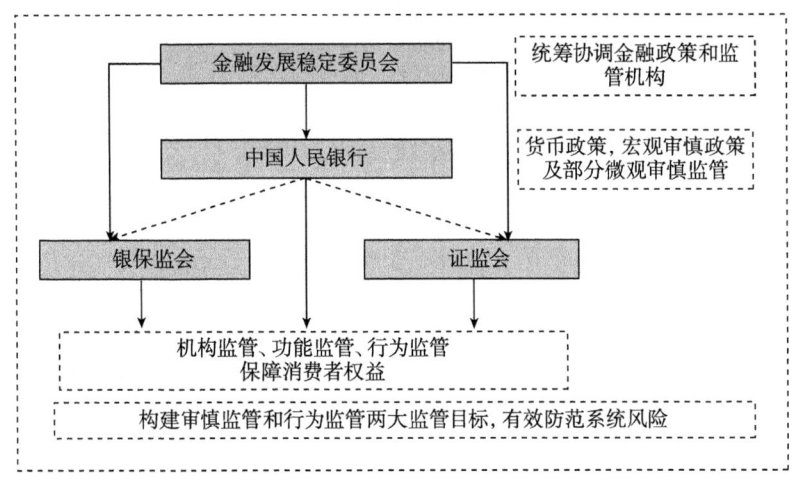

图4-2 中国目前的金融监管格局

资料来源：根据中国金融信息网资料整理。

2017年5月成立的金融科技委员会对金融科技的重要内容、潜在风险等方面都加以规范，取得了较好的效果。金融科技背景下的金融监管也正经历着大变局，在实践中尝试摸索适合金融科技创新发展趋势的金融监管方式。

整体来看，我国的监管以政府部门为主导，金融稳定委员会、中国人民银行、证监会和银保监会为监管主体。同时由于企业是对最前沿技术探索实践的主体，所以在实际监管中，监管当局要委托企业和政府配合进行监管。由于监管当局在实践中很难事前精确判断金融科技的创新发展，识别出潜在风险，所以在监管路径上，可以通过"监管沙盒"建立长效监管机制。所谓的监管沙盒，就是通过政策法规和技术手段划定一个与外界充分风险隔离的"黑匣子",金融科技创新可以在"黑匣子"内进行测试,这个测试有监管、安全可控,并可还原退出,只有当创新产品的风险被充分揭露,确定复制推广后没有大的风险才可以正式向外推行。在监管手段上,可以利用金融科技技术进行数据的收集、处理和分析。

第三节　经济环境

经济环境是金融科技生态系统发展的物质载体,其发展势头直接影响着金融科技的繁荣。

一、经济高速增长不可持续,下行压力明显

2008年全球经济危机之前,我国经济一直保持着快速增长的势头,这和我国以出口为导向的国家战略有关。20世纪80年代以来,全球化大推进,国际分工格局出现重大改变,我国积极参与到全球价值链体系的分工当中,发挥了我国的资源禀赋比较优势,承接了发达国家的产业转移,经济快速增长。

2007年,次贷危机爆发,全球经济发展进入下降通道。我国也经历了经济减速,最为突出的是经济增长速度由高速转为中高速。如图4-3所示,我国GDP同比增速自2008年以来只有2010年超过10%,其他年份都在10%以下,呈逐年下降趋势,2018年GDP同比增速为6.57%,为近年来新低,说明我国经济一直在缓慢下行,仍处于"L"形的底部。图4-3显示,2007年以前,GDP增长速度呈逐年增加趋势,2007年达到最高点14.16%,之后GDP增长速度呈逐年下降态势,2019年GDP增长速度为6.1%,这是近年来的最低点。

就人均GDP而言,如表4-5所示,从2000年至2019年,人均GDP绝对数呈逐渐上涨趋势,但从其增速来看,呈现"M"形的双头趋势(见图4-3)。双头的第一个高点出现在2007年,当年人均GDP增速为22.44%,这也佐证了次贷危机之前,我国经济一直保持快速增长的观点。双头的第二个高点出现在2010年和2011年,这可以理解为次贷危机后我国积极的财政政策发挥了作用。"M"形的低谷出现在2009年,这是由于受次贷危机的波及。随后人均GDP增长速度又急剧抬升,但这个状态并没有持续很长时间,2012年,人均GDP增速

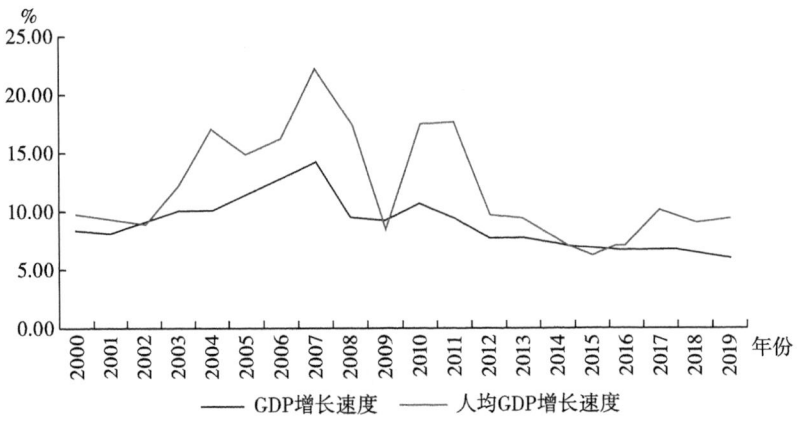

图 4-3　2000—2019 年我国 GDP 增速及人均 GDP 增速

资料来源：根据《中国统计年鉴》和《国民经济和社会发展统计公报》整理。

再次下滑，原因是，一方面，次贷危机的余波一直未能彻底消除，另一方面，也和中国内在的经济结构有关。2015 年，GDP 增速再次缓慢提升，这可能是因为随着互联网信息技术的发展，新的技术带来了新的经济增长点，但由于 2019 年末新冠肺炎疫情的叠加影响，我国经济可能会在较长一个时期处于减速的"新常态"阶段。随着金融科技的发展，未来经济有可能会出现大幅度回升。

表 4-5　2000—2019 年我国人均 GDP　　　　　　　　　　　　　单位：元

年份	人均 GDP	年份	人均 GDP	年份	人均 GDP	年份	人均 GDP
2000	7942	2005	14368	2010	30808	2015	50028
2001	8717	2006	16738	2011	36302	2016	53680
2002	9506	2007	20494	2012	39874	2017	59201
2003	10666	2008	24100	2013	43684	2018	64644
2004	12487	2009	26180	2014	47005	2019	70773

资料来源：根据《中国统计年鉴》和《国民经济和社会发展统计公报》整理。

二、产业结构向产业金融科技化方向推进

（一）传统产业结构要优化升级

产业结构是经济体系的重要内容。由图 4-4 可以看出，2000 年以来，我国第一产业一直占有较小的比重，且一直缓慢下降。第二产业占比在 2012 年

之前高于第一产业和第三产业，说明这个时期我国处于工业化中期阶段。第三产业比重自2013年以来超过第二产业比重，且差距越来越大，这意味着第三产业逐渐成为我国经济增长的主动力，中国经济由工业主导逐渐向服务业主导转变。

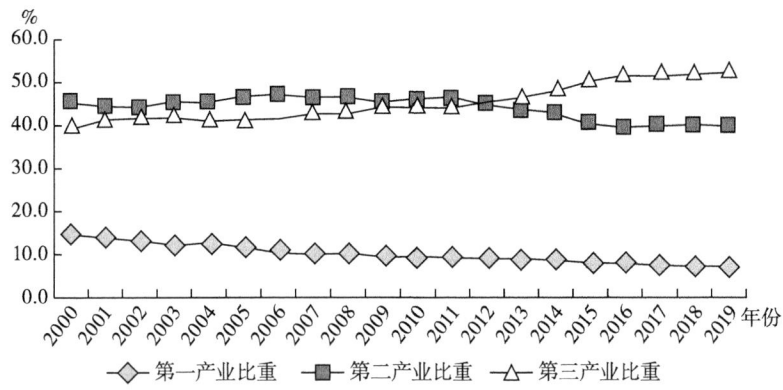

图4-4 2000年以来的三次产业比重

资料来源：根据《中国统计年鉴》和《国民经济和社会发展统计公报》整理。

那么，我国目前处于产业结构发展的哪个阶段呢？本书借鉴库兹涅茨、钱纳里以及国家统计局判断工业化进程的观点，认为工业化初期，第一产业比重相对较高，第二产业增加值占比在20%~40%；工业化中期，第一产业比重在30%以下，第二产业比重在40%~50%；工业化后期，第一产业比重在10%以下，第二产业比重达到最高，第三产业比重不断攀升。由图4-4可知，最近几年，我国第一产业比重已经在10%以下，第二产业比重在40%~50%，第三产业比重最高且不断攀升。鉴于此，可以认为我国整体处于工业化中期的尾部，正在向工业化后期迈进。

自2013年开始第三产业比重超过第二产业这一积极变化是否意味着我国产业结构高级化了呢？一般而言，产业结构的高级化程度与非农部门产值所占比例有关。本书借鉴其他学者的做法，用第三产业和第二产业（的比值）来度量产业结构高级化程度，该值越高，则说明产业结构越高级。2008年，我国该值为0.91，2018年，该值上升至1.28，说明我国产业结构高级化程度在上升，但和美国（的比值）4%左右、日本（的比值）2.5%左右相比，我国产业结构高级化程度还不够。

接下来本书探讨我国目前的产业结构是否合理，要不要进行进一步优化调整。就业产业结构偏离度是判断就业结构与产业结构之间是否均衡的一个重要指标。本书运用就业产业结构偏离度来反映产业结构的效益。其公式如下：

$$E = \frac{\frac{gdp_i}{gdp}}{\frac{e_i}{e}} - 1$$

其中，E 是就业产业结构偏离度，$\frac{gdp_i}{gdp}$ 为第 i 产业产值比重；$\frac{e_i}{e}$ 为第 i 产业就业人数的比重。结构偏离度越趋近于零，说明第 i 产业的产值比重和就业人口比重越接近，产业结构与就业结构越协调。

表4-6　2000—2018年我国三次产业结构偏离度

年份	第一产业	第二产业	第三产业
2000	-0.71	1.02	0.45
2001	-0.72	1.01	0.49
2002	-0.73	1.08	0.48
2003	-0.75	1.11	0.43
2004	-0.72	1.04	0.35
2005	-0.74	0.98	0.32
2006	-0.75	0.89	0.30
2007	-0.75	0.75	0.32
2008	-0.74	0.73	0.29
2009	-0.75	0.65	0.30
2010	-0.75	0.62	0.28
2011	-0.74	0.58	0.24
2012	-0.73	0.50	0.26
2013	-0.72	0.47	0.22
2014	-0.71	0.45	0.18
2015	-0.70	0.40	0.19
2016	-0.71	0.39	0.19
2017	-0.72	0.44	0.16
2018	-0.72	0.47	0.13

资料来源：根据《中国统计年鉴》（2001—2019）整理。

我国第一产业的就业结构和产业结构不协调，第一产业就业比重高于产业产值。如表 4-6 所示,我国第一产业的结构偏离度是负值,其绝对值基本稳定不变。这说明我国第一产业就业人口比重远高于产值比重,意味着在第一产业存在着大量的隐性失业,劳动力的劳动并不饱和。深层次的原因是我国农业生产方式落后,农业依然处在"靠天收"的阶段,农业机械化、科技化程度低,大多数地区仍是一家一户的小农生产经营模式,农业劳动主要依靠人力投入,劳动生产率低下。

我国第二产业的结构偏离度是正值,且其数值整体上呈下降趋势。2005年之前结构偏离度大于1,2005年至2018年该数值一直在0~1,说明第二产业产值比重由第二产业劳动力就业比重的两倍多逐渐减少,但其数值大于0说明其产值比重仍旧大于劳动力就业比重,就就业产业结构偏离度的理论意义来说,劳动力转入依然有空间。

第三产业结构偏离度为小于1的正值,且数值逐渐趋近于零,这说明我国第三产业的产值比重和劳动力就业比重的差距逐渐缩小,渐趋平衡。另外,第三产业结构偏离度数值小于第二产业,说明第二产业劳动力转入的空间比第三产业大。特别是2014年以来,第三产业的结构偏离度已经在0.2以下,接近于均衡。这可能是由于我国服务业科技含量低,信息技术应用少,管理理念落后。这决定了服务业就业进入门槛低,对劳动力的吸纳能力较强。这一点可以从近年来农村劳动力进城务工往往在服务业寻找就业机会的现象得到佐证。在第三产业容易找到工作,这导致其劳动力转入空间不大。

由以上分析可知,我国第一产业存在着大量的不饱和劳动力,需要流向其他产业,就比重来说,第一产业比重持续下降,说明第一产业确实没有劳动力迁入的空间;第二产业比重稳中有降,第三产业比重持续上升且近年来高于第二产业比重,第二产业吸纳剩余劳动力的空间比第三产业大,说明传统服务业向现代服务业转变的速度较快,技术投入在某种程度上取代了劳动投入,而第二产业的技术发展水平则较落后,仍需大量的劳动投入。当劳动力继续在各个产业之间转移时,则产业结构效益不高。总而言之,我国的产业结构发展不够协调,要进一步调整升级。

(二) 我国产业结构面临的问题

我国的产业结构有待进一步优化升级。一方面,我国产业内部面临科技创新不足、金融资源错配、人口红利不可持续等问题,另一方面,我国产业外部面临着国际环境恶化、与世界主要经济体关系恶化等问题。

1. 产业技术水平偏低

近年来，我国不断加大科技创新力度。《2019年国民经济和社会发展统计公报》与国家统计局的数据显示，2018年，我国R&D经费投入为19677.9亿元，比2017年增加11.8%。2019年，R&D经费提升到21737亿元，同比增长10.5%。但是，整体来看，我国产业技术还处于偏低的水平。

就农业来看，目前，我国农业依旧以小农经营为主，农业人才缺乏。由于农业经营的低收益性，农村年轻人多外出打工，各地基层政府在进行就业培训时，也多是从家政服务方面入手。在这种情况下，农民参与农业科技创新的积极性很低。近年来，乡村振兴战略提出后，当地政府也推出了各种扶持政策支持农业农村发展，但多集中在村容整洁方面，其他扶持新型农业经营主体的工作也在做，但振兴产业在实践中难度较大，所以附着在农业产业上的科技创新效率低。

就制造业来看，我国"高精尖"制造领域有所突破，但整体来看，我国仍处于工业化进程中，高端产业发展水平不够。我国自主研发的北斗三号卫星导航系统完成部署，高铁营业总里程居世界第一，但关键装备、核心技术和基础软件等严重依赖进口。目前，我国的高端机床都是从美、日、德等国家进口，高端数控机床自给率不足10%。芯片技术仍处于中低端水平，国内在芯片领域技术水平较高的公司是华为，但目前正处在美国的围堵中。制造高端芯片的光刻机，也被禁止向中国出口。移动终端的操作系统也依赖于美国市场。

2. 人口红利不可持续

人口是经济增长的重要投入要素。1978年以来，我国经济的飞速增长得益于我国劳动力总量的持续增加，价低质优的劳动力人口拉动了我国劳动密集型产业的快速增长。

但随着我国经济增长速度变缓、老龄人口增加，我国的人口红利逐渐消失。2011年，我国年龄在16~59岁的劳动力人口为9.25亿，为史上最高，随后我国劳动力人口数量逐年下降。各地纷纷出现了用工荒，劳动力工资水平整体上升，这也导致我国劳动密集型企业外迁至东南亚等人力成本较低的国家。近年来，各大城市也出现了"抢人热"，多个城市推出本科毕业生可直接落户的政策，这也表明了高质量适龄人力资本数量的下降。

3. 金融支持实体经济资源错配

金融支持实体经济发展的路径不通畅，我国正规的金融体系的资金大量流向了一些低效的行业，而资金十分短缺的企业难以获得金融支持。

从实践来看，我国中小企业占企业总数的90%以上，提供了全国98%的就业岗位，但其融资难是长期存在的问题。这一方面是因为中小企业相对而言"自有财富"少，能够提供的抵押品和担保品少；另一方面，和中小企业相比，大型企业和政府有一些若有若无的联系，尤其是国有企业，其国有性质为其提供了"隐性担保"，信贷资源就往往配置到这些资金实力强、背景雄厚的企业，而资金紧张的中小企业只能转向民间信贷。另外，房地产业是我国近年来经济发展的支柱，地方政府为了发展经济，会更看重房地产的贡献，这也导致金融资源流向房地产业。这些都导致亟待发展的实体经济部门资金短缺。

4. 国际环境形势严峻

国际环境的恶化给我国产业结构优化升级提出了新问题。目前，全球经济都处于新常态下的下行压力下，经济增长前景不容乐观。贸易保护主义抬头，以美国为首的发达国家对中国高端产业发展采取遏制态度。美国把中国看成"首要挑战"，美国在贸易摩擦中采取"极限施压"策略的最终目的是使中国在科技创新方面让步，处在产业价值链低端。美国采取了多种手段，如科技封锁、人才管控，全面打压中国的高科技产业。我国产业结构优化升级面临着前所未有的挑战。

（三）产业金融科技化是发展方向

金融科技的发展为产业结构的转型升级带来了机遇。金融科技通过技术的创新发展将对传统产业造成深刻的影响。如图4-5所示，一方面，如前文所述，金融科技提高了传统金融的效率，进一步也会影响金融支持实体经济的路径；另一方面，金融科技内在的技术创新结合物联网应用到传统产业中，传统产业效率提升，同时传统产业又产生大量数据，这些数据借助金融科技技术汇集在金融科技平台，从而各产业能够利用这些信息进行网络协同，优势互补，从而提升效率。

金融科技结合的路径创新

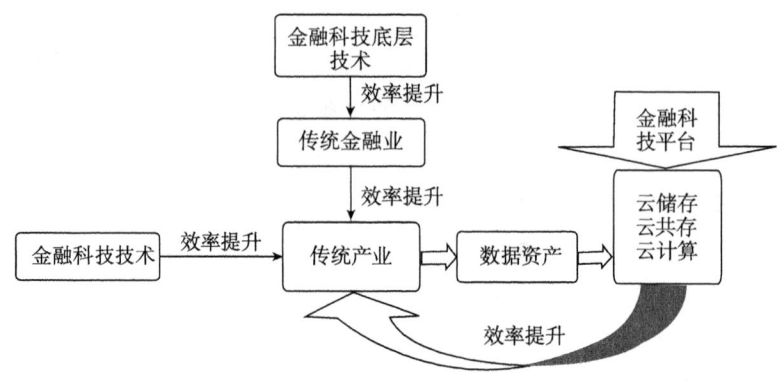

图 4-5　产业金融科技化

传统产业的协同发展可以通过产业链条的延伸来完成。金融科技可以给产业为基础的平台赋能，为实体经济各领域提供数字技术支持，实体经济产业信息可以通过平台汇集，实现产业上中下游的有效衔接，促进一二三产业融合发展，从而推动产业链条的延伸和价值链的拓展升级。就产业的微观主体——企业而言，金融科技技术的发展，可以给传统企业的经营模式、生产流程和产品创新赋能。金融科技技术能够应用到企业的生产过程中，促使企业生产方式发生改变。大数据和机器学习能够挖掘市场需求，从而企业可以进行针对性的生产，进行产品创新，增加有效供给。物联网技术可以用于对企业的生产流程进行监控，一旦发现问题可以提前预警，让金融科技为企业发展提供指导。企业的产品销售信息也可以通过云平台进行有效匹配。总而言之，金融科技的发展为产业结构的优化升级赋能，产业金融科技化是未来的发展方向。

三、供给结构不适应需求

我国社会生产力水平总体上已经达到了一个较高的水平，社会生产能力在许多方面进入世界前列，但是，我国经济发展存在不平衡不充分等结构性问题。党的十九大提出，新时代我国社会主要矛盾已经转化为人民日益增长的美好生活需要和不平衡不充分的发展之间的矛盾。

为了判断我国居民生活质量，这里选择居民可支配收入和居民消费水平来进行说明。

表 4-7 居民人均可支配收入及其增长率

年份	人均可支配收入/元			人均可支配收入增长率/%		
	全国居民	城镇居民	农村居民	全国居民	城镇居民	农村居民
2001	4070.38	6823.97	2406.92	9.38	9.08	5.47
2002	4531.65	7652.36	2528.88	11.33	12.14	5.07
2003	5006.69	8405.50	2690.34	10.48	9.84	6.38
2004	5660.90	9334.84	3026.57	13.07	11.06	12.50
2005	6384.73	10382.34	3370.21	12.79	11.22	11.35
2006	7228.82	11619.68	3730.96	13.22	11.92	10.70
2007	8583.54	13602.54	4326.98	18.74	17.06	15.97
2008	9956.51	15549.38	4998.79	16.00	14.31	15.53
2009	10977.50	16900.52	5435.13	10.25	8.69	8.73
2010	12519.51	18779.07	6272.44	14.05	11.12	15.41
2011	14550.75	21426.92	7393.92	16.22	14.10	17.88
2012	16509.55	24126.71	8389.28	13.46	12.60	13.46
2013	18310.76	26467.00	9429.56	10.91	9.70	12.40
2014	20167.12	28843.85	10488.88	10.14	8.98	11.23
2015	21966.19	31194.83	11421.71	8.92	8.15	8.89
2016	23820.98	33616.25	12363.41	8.44	7.76	8.24
2017	25973.79	36396.19	13432.43	9.04	8.27	8.65
2018	28228.05	39250.84	14617.03	8.68	7.84	8.82

资料来源：根据《中国统计摘要》整理。

就可支配收入而言，农村居民和城镇居民的人均可支配收入绝对数逐年增加，叠加到全国居民人均可支配收入上，全国居民的人均可支配收入也逐年增加。就人均可支配收入的增长速度而言，皆是在2008年左右达到最高点后下降，然后迅速上升，在2008年附近形成一个深"V"形，2011年左右又开始下降。如表4-7所示，2018年，居民人均可支配收入增长率在8%左右，其中，农村居民收入增长速度更快。

就消费水平而言，如表4-8所示，随着可支配收入的增加，无论是农村居民还是城镇居民，其消费绝对数呈逐年增加趋势。就消费的增长率来看，整体上呈先上升后下降的趋势。农村居民的消费增长率在2005年之前都在10%以下，2005年之后，消费增长率急剧上升，2011年，达到25.22%，随后又开始下降，2018年消费增长率为11.73%。城镇居民的消费增长率亦是同样的趋势，2011年增长率达到最高点16.42%，2018年，消费增长率下降至7.02%。对比城镇居民和农村居民的消费增长率，可以看出农村居民的消费增长速度比城镇居民的消费增长速度高。这说明在我国农村地区，农民提高生活水平的欲望较强。整体来看，全国居民的消费增长速度虽然有所波动，但消费增长率基本上在9%~12%波动，居民的消费增势不够强劲，依靠消费拉动经济增长还有很长的路要走。在产能过剩的情况下，消费不能很好地拉动经济，其原因是供给结构没有适应消费需求的结构。从供给来看，我国现在存在的问题是有效供给不足，部分行业产能过剩，造成无效或低效率供给。目前，我国人均GDP已经接近8000美元。根据国际经验，人均GDP达到8000美元后，居民消费需求不再仅仅是满足使用价值，而是向高质量需求转化，消费升级速度加快。近年来，居民海外消费的增加也很好地佐证了这一点。居民消费结构升级，人们的消费需求日益多样化、个性化，不再满足于能够满足基本需要的中低端、价低质廉的产品。这和以往我们强调总量增长而忽视质量有关，由此导致了低水平的经济产出，并加剧了经济结构失衡。

表4-8 居民消费水平

年份	全国居民		农村居民		城镇居民	
	绝对数/元	增长率/%	绝对数/元	增长率/%	绝对数/元	增长率/%
2000	3721	11.21	1917	6.92	6999	10.20
2001	3987	7.15	2032	6.00	7324	4.64
2002	4301	7.88	2157	6.15	7745	5.75
2003	4606	7.09	2292	6.26	8104	4.64
2004	5138	11.55	2521	9.99	8880	9.58
2005	5771	12.32	2784	10.43	9832	10.72
2006	6416	11.18	3066	10.13	10739	9.22
2007	7572	18.02	3538	15.39	12480	16.21
2008	8707	14.99	4065	14.90	14061	12.67
2009	9514	9.27	4402	8.29	15127	7.58
2010	10919	14.77	4941	12.24	17104	13.07
2011	13134	20.29	6187	25.22	19912	16.42
2012	14699	11.92	6964	12.56	21861	9.79
2013	16190	10.14	7773	11.62	23609	8.00
2014	17778	9.81	8711	12.07	25424	7.69

续表

年份	全国居民		农村居民		城镇居民	
	绝对数/元	增长率/%	绝对数/元	增长率/%	绝对数/元	增长率/%
2015	19397	9.11	9679	11.11	27210	7.02
2016	21285	9.73	10783	11.41	29295	7.66
2017	22935	7.75	11691	8.42	31098	6.15
2018	25002	9.01	13062	11.73	33282	7.02

资料来源：根据《中国统计摘要》整理。

从人均可支配收入增长率和居民消费水平增长率对比图（见图4-6）可以看出，农村居民的消费增长率在近几年居于其可支配收入增长率之上，而城镇居民的消费增长率则是居于其可支配收入增长率下，这说明相对而言，现有的产出结构更能衔接农村居民的需求结构。这是由于农村居民相对而言生活水平较低，现有的质次价廉的产品还能满足他们的需求，而互联网和物流业的发展正好给他们提供了在农村区域能够买到任何一个地方产品的途径。相反城市居民的消费需求开始高端化、个性化，消费升级加快，现有的供给结构已经不能满足他们的需求。

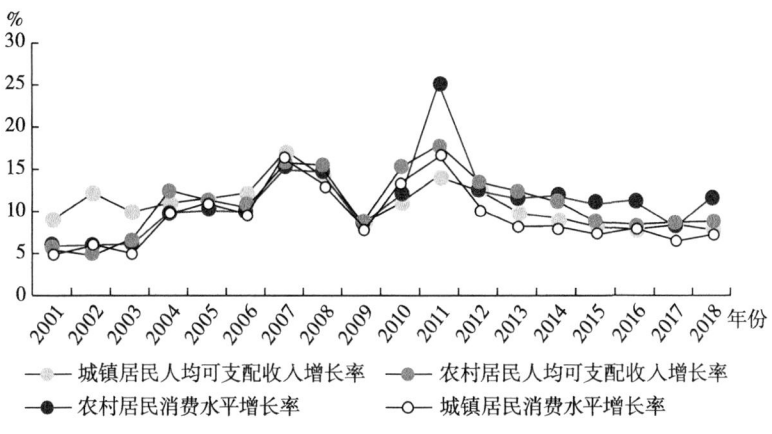

图4-6 人均可支配收入增长率和居民消费水平增长率对比

资料来源：根据《中国统计摘要》整理。

这也给了我们两个启示，一是农村居民有强烈的改善生活水平的愿望，在外贸出口受阻的情况下，将"出口转内销"的产品销往农村市场会有较好的收益，同时要大力提高农村居民收入，进一步增加有效消费；二是要对城镇居民的需求结构进行调研，根据城镇居民的需求有的放矢，大力调结构，使供给结构适应需求,这就要利用金融科技技术加快产业金融科技化。

四、跨境电子商务成为国际贸易发展的新动能

(一) 外贸竞争优势逐渐丧失

本书用进出口总额来表示我国外贸总规模。如表4-9所示,我国进出口总额呈扩大趋势。整体来看,2008年全球经济危机之前,我国的外贸总规模增长速度可观,2008年之后,外贸总规模增速变缓。比如2002年进出口总额为51378.15亿元,到了2005年,就翻了一番。2008年之后,进出口总额先回落后上升,2010年以来,基本在20万亿元和30万亿元之间徘徊。具体而言,次贷危机之前,进出口总额增长速度基本都在20%之上,次贷危机之后,我国跨国贸易进入中低速增长阶段。2009年,我国进出口贸易总额不增反减,增长率为-16.27%。随后短暂反弹之后,2012年我国进出口贸易增长速度开始进入个位数的增长阶段,2015年和2016年甚至出现了连续两年的负增长。2017年和2018年又开始回升,但仍不及前期高峰。

表4-9 对外贸易额及增长速度

年份	进出口		出口		进口	
	总额/亿元	增长速度/%	总额/亿元	增长速度/%	总额/亿元	增长速度/%
2002	51378.15	21.80	26947.87	22.35	24430.27	21.19
2003	70483.45	37.19	36287.89	34.66	34195.56	39.97
2004	95539.09	35.55	49103.33	35.32	46435.76	35.79
2005	116921.77	22.38	62648.09	27.58	54273.68	16.88
2006	140974.74	20.57	77597.89	23.86	63376.86	16.77
2007	166924.07	18.41	93627.14	20.66	73296.93	15.65
2008	179921.47	7.79	100394.94	7.23	79526.53	8.50
2009	150648.06	-16.27	82029.69	-18.29	68618.37	-13.72
2010	201722.34	33.90	107022.84	30.47	94699.50	38.01
2011	236401.95	17.19	123240.56	15.15	113161.39	19.50
2012	244160.21	3.28	129359.25	4.96	114800.96	1.45
2013	258168.89	5.74	137131.43	6.01	121037.46	5.43
2014	264241.77	2.35	143883.75	4.92	120358.03	-0.56
2015	245502.93	-7.09	141166.83	-1.89	104336.10	-13.31
2016	243386.46	-0.86	138419.29	-1.95	104967.17	0.60

续表

年份	进出口		出口		进口	
	总额/亿元	增长速度/%	总额/亿元	增长速度/%	总额/亿元	增长速度/%
2017	278099.24	14.26	153309.43	10.76	124789.81	18.88
2018	305050.36	9.69	164176.68	7.09	140873.69	12.89

资料来源：根据《中国统计年鉴》整理。

长期以来，我国实施的是以出口为主导的对外贸易战略，在这种战略的导向下，我国对外贸易常年顺差。就出口来看，次贷危机之前，我国出口贸易增长速度皆在20%以上，而进口贸易的增长速度除在2003年和2004年较高外，其他年份的增长速度都比不上出口贸易的增长速度。次贷危机发生后，我国进、出口贸易增速都开始放缓，且都在2015年左右出现负增长，但出口贸易增速高于进口的状况仍然没有改变。

未来一段时间，我国国际贸易将面临严峻的形势。一方面，我国出口企业的比较优势逐渐丧失。我国人口红利逐渐消失，"民工荒"和"涨薪潮"同时存在，我国出口商品的价格优势不再，企业开始逐渐向东南亚国家转移。另一方面，国际贸易环境更加复杂化。2016年，特朗普出任美国总统，提出了"美国优先"的执政理念，"逆全球化"在美国兴起。美国贸易保护主义日趋严重，严重影响了我国的国际贸易环境。长期以来，我国大部分产品主要出口到美国，美国是中国最大的贸易国。中美经贸摩擦加剧，从之前的零星态势演变为世界两大经济体之间的贸易限制与反贸易限制。美国对中国产品已加征关税，制约我国重点领域产品对美国出口。2020年1月，中美两国正式签署了第一阶段经贸协定，稳定了市场预期，为正常的国际贸易活动创造了良好的环境，但未来美国政府是否会继续施压加码，还是一件具有极大不确定性的事情。

2020年，新冠肺炎疫情在全球的大流行，也严重冲击了我国的国际贸易。多个国家收紧了航运物流停靠，除医药相关行业外，其他出口行业受到了极大影响。2020年4月，我国外贸进出口总额2.5万亿元，比3月下降0.7%。其中，出口贸易总额1.41万亿元，增长8.2%；进口1.09万亿元，下降10.2%；贸易顺差3181.5亿元，增加2.6倍。总之，过去十几年在国际经贸领域积累的风险与问题有凸显之势，我国传统外贸优势逐渐消失，贸易环境恶化，国际贸易面临着前所未有的挑战。

(二) 跨境电子商务成为国际贸易发展的新动能

随着信息技术的发展,跨境电商交易规模呈现快速增长的趋势。如表 4-10 所示,我国跨境电商行业 2008 年交易规模仅为 0.7 万亿元,到 2019 年就达到了 10.5 万亿元,这一期间的年均增长率为 27.91%。就出口跨境电商行业来看,其交易规模也是在逐年增加的,从 2008 年的 0.67 万亿元增加到 2019 年的 8.03 万亿元,交易规模的增长速度都在 10% 以上,在这一时段的年均增长率为 25.42%。就进口跨境电商而言,其交易规模从 2008 年的 0.04 万亿元增加到 2019 年的 2.4 万亿元,年均增长率为 46.87%。

表 4-10　跨境电商行业交易规模及增长率、占对外贸易的比重

年份	跨境电商行业			出口跨境电商行业			进口跨境电商行业		
	交易规模/万亿元	交易规模增长率/%	占对外贸易规模的比重/%	交易规模/万亿元	交易规模增长率/%	占出口贸易规模的比重/%	交易规模/万亿元	交易规模增长率/%	占进口贸易规模的比重/%
2008	0.70	12.90	3.89	0.67	11.73	6.62	0.04	41.13	0.44
2009	0.85	21.43	5.64	0.80	20.15	9.74	0.05	45.71	0.74
2010	1.10	29.41	5.45	1.01	26.41	9.44	0.09	76.47	0.95
2011	1.70	54.55	7.19	1.55	53.47	12.58	0.15	66.67	1.33
2012	2.10	23.53	8.60	1.86	20.00	14.38	0.24	60.00	2.09
2013	3.15	50.00	12.20	2.70	45.16	19.69	0.45	87.50	3.72
2014	4.20	33.33	15.89	3.57	32.22	24.81	0.63	40.00	5.23
2015	5.40	28.57	22.00	4.50	26.05	31.88	0.90	42.86	8.63
2016	6.70	24.07	27.53	5.50	22.22	39.73	1.20	33.33	11.43
2017	8.06	20.30	28.98	6.30	14.55	41.09	1.50	25.00	12.02
2018	9.00	11.66	29.50	7.10	12.70	43.25	1.90	26.67	13.49
2019	10.50	16.67	—	8.03	13.10	—	2.40	26.32	—

资料来源:电子商务研究中心,https://www.100ec.cn。

跨境电子商务发展如此迅速,那么其占我国国际贸易的比重是多少?就跨境电商的总规模来看,其占对外贸易规模的比重逐年增加,从 2008 年的 3.89% 增加到 2018 年的 29.5%。就出口电商的交易规模来看,其占我国出口贸易的比重从 2008 年的 6.62% 增加至 2018 年的 43.25%。就进口电商的交易规模来看,其占我国进口贸易的比重从 2008 年的 0.44% 增加至 2018 年的 13.49%。也就是说,我国跨境电商在信息技术不断创新的背景下迎来了飞速

发展。

跨境电商的快速发展符合新时代国际贸易的发展趋势。跨境电商利用技术创新构建了在线平台，突破了地域的限制，降低了信息不对称程度，简化了交易流程。跨境电商交易平台集聚了国际贸易的买家和卖家，信息在平台汇集，买卖双方不用再逐家询问，寻找自己需要的信息，而是可以在平台上直接对众多的信息进行筛选，进行在线匹配。在传统的国际贸易中，国际供应商和采购商往往在不同的国家，他们的需求信息不能有效传达，外贸公司和外贸展会往往充当中间商，而且中间代理的环节较多，流程烦琐，交易成本高。跨境电商平台解决了这一问题，在平台上供需双方直接接头，交易成本降低。而且，随着金融科技的嵌入，跨境电商能够不断发现客户的需求，满足电子商务小单化、定制化的需求。随着金融科技的创新发展，跨境电商能够不断实现服务创新，满足用户需求，改造传统行业，以技术内生化提高产业效率，进而促使经济高质量发展，成为国际贸易发展的新动能。

第四节 信用环境

信用是金融体系的核心，金融活动基于信任得以运行。社会信用的优劣直接决定了金融生态环境的好坏。金融科技的发展，使金融的运作模式、组织形态等变化加快，对金融的稳定性产生了冲击，信用的制度安排显得尤为重要。

整体看来，中国的金融科技信用环境较差。金融科技的诞生和信息技术结合在一起，高科技带来优势的同时也带来了复杂性。金融科技借助于互联网技术，让陌生人之间的直接资金融通成为现实，但信用信息的整合还不够完善，信息共享的程度和范围如何确定还是个值得商榷的问题。

一、信用法规体系逐步完善

金融活动的规范性对经济健康发展的重要性不言而喻，用法律法规规范金融活动能够优化金融科技的信用生态环境。目前，我国金融科技的信用法规体系逐步完善，从设想到架构再到具体实施，一步一步进行。

关于建设社会信用体系，我国早在 2001 年全国人大第九届第四次会议批准的《国民经济和社会发展第十个五年计划纲要》中就提出，要强化信用意识，建设信用制度。2003年10月，党的十六届三中全会再次提出，建立健全社会信用体系，增强全社会的信用意识，国务院授权中国人民银行"管理信贷征信业，推动建立社会信用体系"。2004年，全国统一的个人信用信息基础数据库建成。2005年，企业信用信息基础数据库建成。2007年，党的十七届三中全会在讨论农村改革发展问题的过程中提出"要用五年左右的时间，建立起我国社会信用体系的基本框架和运行机制"的目标。同年，国务院颁布《关于社会信用体系建设的若干意见》，强调了信用体系建设的重要性，明确了信用体系建设的指导思想、目标和原则，提出要加快征信体系建设，建立金融业统一征信平台，培育信用服务市场。也就是说，21世纪的最初十年，从有初步设想，到初步框架形成，我国的社会信用体系逐步完善，但具体的体系架构还不够清晰。

2012年12月，《中华人民共和国农业法（2012修正）》提出在国家层面加强农村金融体系的建设和监管，加强农村信用制度的建设。2013年1月，中国人民银行发布了《征信业管理条例》，提出国家要建立金融信用信息基础数据库，主要收集金融机构提供的信贷信息，我国的征信行业开始进入规范发展阶段。2014年，《社会信用体系建设规划纲要（2014—2020年）》颁布，这是我国第一部国家层面的专门针对社会信用体系建设的规划。

除此之外，我国也先后出台了针对中小企业、电子商务经营者、外商和个人的法律，其中也有涉及信用的条款。2017年9月，《中华人民共和国中小企业促进法（2017修订）》推进中小企业建设信用制度，进行信用信息采集与评价，建立中小企业信用担保体系，推动中小企业贷款保证保险和信用保险业务的进行，鼓励信用机构为中小企业提供信用服务。2018年8月，《中华人民共和国个人所得税法》规定将纳税人遵守所得税法的情况纳入信息系统。2018年8月，《中华人民共和国电子商务法》明确电子商务平台经营者应当"建立健全信用评价制度，公示信用评价规则"，国家支持信用评价机构提供电子商务信用评价服务，电子商务经营者的信用行为要记入信用档案。2019年3月，《中华人民共和国外商投资法》提出了外国投资者和外商投资企业应向主管部门报送投资信息，对他们违反法律、法规的行为，纳入信用信息系统。

二、信用评级行业初具规模

信用评级是债券市场的软环境，能够解决信息不对称问题，降低投资者挑选债券的交易成本，降低融资者发行债券时的融资成本，确保债券发行顺利进行。我国信用评级市场是伴随着企业债券的出现而起步的。最开始，信用评估机构是由中国人民银行系统组建的。1988 年，上海远东资信评估有限公司创立，这是我国第一家社会信用专业评估机构。1989 年，国内通货膨胀严重，居民抢购各种生活生产物资，我国开始清理整顿信用评级机构，人民银行系统设立的评级机构被撤销，所有信用评级业务开始由全国信誉评级委员会负责。20 世纪 90 年代，随着我国债券市场的扩大，国家发布了一系列法规条例，要求企业发债必须先进行信用级别评定，中诚信、新世纪、大公国际等社会信用服务机构成立。2006 年，中国人民银行发布《信用评级管理指导意见》规范信用评级服务机构的业务行为，我国信用评级市场进入快速发展阶段。

根据中国银行间市场交易商协会和中证协举办的"2019 年信用评级机构业务市场化评价"结果，目前在银行间债券市场上开展信用评级业务前五名的为中诚信国际、上海新世纪、联合资信、大公资信和东方金诚，在证券市场上信用评级业务比较靠前的有中证鹏元、上海新世纪、中诚信证评、联合评级、大公资信、东方金城和远东资信。我国信用行业已经初具规模，但综合看来，我国信用评级机构发展水平整体不高，独立性不强，监管规则不一，公信力有待进一步提升。2019 年 12 月，中国人民银行、国家发展改革委、财政部、证监会联合发布《信用评级业管理暂行办法》，明确了信用评级行业规范发展的方向，弥补了监管的短板。

近年来，海量金融大数据形成。信用评级机构如果还按照传统的信用评级模式，依然采取人力评级，那么就会产生信用评级效率低下、人力成本过高等问题。在这种情况下，我国信用评级机构基于大数据，开始探索利用金融科技手段进行信用评级。比如中证鹏元资信评估股份有限公司 2019 年 5 月就在其官方订阅号上发布了关于信用评级机构科技化的专题研究文章。我国信用评级机构开始向科技化方向迈进。

三、诚信教育水平稳步提高

"人无信不立",诚信教育是信用建设的强有力支撑。金融的发展离不开完善的信用体系。我国政府一直倡导全社会要加强诚信意识。2006年,党的十六届六中全会提出,要增强全社会诚实守信意识。2012年,党的十八大提出要加强诚信建设,提高公民道德素质。2013年,党的十八届三中全会提出要对诚信进行褒奖,对失信进行惩戒。2018年,党的十九大报告指出要推进诚信建设。

目前,我国公众的诚信意识还不够强,信用卡透支、逃避债务甚至进行诈骗活动时有发生,这一点从P2P平台的乱象可窥一斑。因此,通过诚信教育去培养市场微观主体的诚信精神,是市场经济中各主体之间和谐发展的前提,是经济高质量发展的必要条件。

(一) 大学生的诚信教育

近年来,高校的诚信教育一直在进行,大学生都有思政课程,除此之外,高校学生有跨学院的通识课程,这些课程都会涉及信用,而且所有的经济管理等专业基本都涉及金融相关课程,学校还会和社会相关机构联合组织信用相关活动。但是,整体来看,大学生的诚信教育还有很多不足,大学生存在着种种失信行为,比如考试作弊、在分组作业中没有做出相应的贡献、贫困申请作假等,甚至还有部分学生不能按时归还借贷等。这些行为的出现,一方面是因为大学生的行为受其自身是非观的影响,另一方面也有社会成因,大学生是思想开放但社会经验不足的一个社会群体,他们乐于接受新鲜事物,容易受他人影响,所以对社会现象的辨别能力不强,会受一些错误思想的影响,片面理解和认同某些错误行为,甚至自己也有可能去做这些错误行为。另外,这可能和我们高校的诚信教育有关,诚信教育要内化,大学生的行为才能从他律转化为自律。但目前大学课堂的教育多是单方面的知识灌输,开展诚信教育具有一定难度。学校在授课的过程中,要改变以往的单方面灌输的教学手段,借助多元化的教学手段辅助实现学生的诚信教育内化。比如,在教学过程中要强化和学生的互动,教和学之间相互沟通,坚持"交互互动性",让学生在这个过程中充分发挥个体主观能动性。

（二）金融从业人员的诚信教育

就金融机构而言，其从业人员受利益的诱导，也有可能出现各种违规行为，所以针对金融机构从业人员的诚信教育也一直在进行。具体而言，有金融机构和征信行业开展的诚信教育活动，也有政府部门开展的诚信教育活动。商业银行等传统金融机构不定时组织员工进行行为守则的学习、合规文化的学习。比如河南银监局在 2015 年制发了《河南银行业金融机构从业人员三十个严禁》，规范了金融从业人员的行为并在不当得利、公共安全、信贷资金等方面明确了处理意见。2016 年，邮储银行鹤壁市分行将 4 月作为"宣贯月"，开展全市动员大会，宣传"三十个严禁"的重要性，将各种学习方式结合，确保员工学习常态化。同月，邮储银行安阳市分行也开展了"三十个严禁"宣贯落实活动。在实际操作中，金融机构对金融从业人员进行的诚信教育往往和法制教育相结合，他们往往通过组织观看视频进行实际的案例讲解，甚至进行实地警示教育等。2020 年 2 月，银保监会制定了《关于预防银行业保险业从业人员金融违法犯罪的指导意见》，防控银行保险机构案件风险。

尽管对金融从业人员的诚信教育一直没有间断，金融业、保险业监管机构也出台了一系列监管措施，但是金融从业人员的违法犯罪活动仍然比较多。截至 2019 年 12 月底，全国保险机构有 240 家，保险中介机构有 2642 家，银行业金融机构有 4607 家，银行业和金融业从业人员约 500 万人，金融业在国民经济中的比重越来越大，金融违法犯罪呈现高发趋势，造成的损失巨大。这说明对金融从业人员的诚信教育还需要继续加大力度，行业监管部门要构建高屋建瓴的制度设计，形成体系化的法律法规，在全社会形成诚信教育的共同目标、分工体系和实施措施。

（三）普通大众的诚信教育

就普通大众而言，诚信教育体现在日常生活中，路边的宣传牌、书籍、电影里都有对诚信的倡导。金融机构依托各种媒体开展诚信教育的宣传，并利用手机短信、电话等途径普及诚信知识。各政府部门也通过举办各种主题活动普及诚信知识，培育良好的营商环境。除此之外，对失信的惩戒也提上了日程。《中华人民共和国消费者权益保护法（2013 修正）》指出有失信行为的经营者要记入诚信档案，《中华人民共和国公务员法》则明确规定被依法列为失信联合惩戒对象的人员不得录用为公务员。

根据中国人民银行发布的《2019年消费者金融素养调查简要报告》，88.27%的消费者认为金融教育比较重要，消费者在银行卡、储蓄和信用知识方面的选择率超过60%，同时，有88.05%的消费者认为应该谨慎维护信用。整体来看，消费者认同金融诚信的比率比2017年提升1.26%。这说明通过近些年的诚信教育，公民的诚信意识有所加强。同样，根据《2019年消费者金融素养调查简要报告》得知，从学历来看，初中、小学及以下群体金融素养平均水平有所下降，而中高学历的人群金融素养则上升或不变；从收入水平来看，月均2000元以下的人群金融素养得分明显下降，其他收入群体则保持不变或者上升。所以，加大低学历人群和低收入人群的诚信教育投入对提高我国普通大众的信用等级有着重要意义。

第五章 金融科技结合的效率分析

任何制度演进都是内部运行和外部环境变化的结果，演进趋势既有效率，又有公平，在朝着更有效率和更公平的方向发展。考察诸多国家金融发展的演进史，可以发现，金融的自发演进多是朝着更有效率的方向发展。货币的出现将价值形式独立出来，使商品交换更为便捷。信用的出现使金融资源能够在资金需求者和资金短缺者之间进行配置，使得社会化大生产成为可能。银行的诞生使货币兑换专业化，人们不用再在长椅上进行货币兑换，降低了货币兑换过程中的交易成本。后来这些银行开始从事信贷活动，然而，这些银行的主要放款对象是政府，并不能适应资本主义的发展要求。1694年成立的英格兰银行被认为是现代意义上的第一家银行，它按照资本主义原则组织，是一家股份制银行，它和在它之后成立的银行，能够为资本主义工商业提供贷款。第一只股票的诞生是规模经济的产物，当时荷兰境内有许多从事香料生意的公司，它们之间进行恶性竞争，彼此都挣扎在生存线上。后来它们联合组建为一个国家级的联合公司，将"蛋糕"做大，集中力量对外竞争，1602年，第一家股份制公司——荷兰东印度公司成立。为了规避风险，东印度公司开始向市民发售股票，这一"直接融资"为荷兰的远洋贸易带来巨额的资金支持，也让荷兰成为"海上第一强国"。后来，许多国家都由间接融资占绝对主导地位逐渐演进为直接融资占绝对主导地位，来弥补银行体系金融供需期限不匹配的缺陷。以上种种演进，皆是因为随着外部环境的变化，原有的金融制度也必将相应地发生变化，否则就会因为不再适应环境而变成经济发展的障碍，导致经济效益低下，在没有外部力量的强力支持下，旧的金融制度就将逐渐被新的金融制度所取代。

金融科技的发展亦是如此。随着信息技术的发展，以及消费者依赖移动终端，并追求高参与度和高体验的消费习惯，传统金融已经无法抓住客户"痛点"，客户流失，经营规模下降。传统金融顺应形势，用前沿信息技术武装自己，金融科技时代到来。金融科技的发展能够提高金融体系效率，本章将从投融资领域、大数据风控、交易成本等方面来讲述金融科技结合的效率。

第一节　提高投融资效率

金融是市场经济运行的血液,金融发展创新的目的是提升金融服务实体经济的效率,最终使经济发展水平不断提高。投融资效率是衡量金融效率的重要标准之一,流动性、收益性、安全性是考察金融产品的具体标准。金融科技投融资领域考察的主要有投融资渠道的构建、投融资的覆盖面、融资成本和融资风险等方面。

一、构建便捷的投融资渠道:触达资金两端

金融科技的发展给普通大众提供了更为方便的投融资方式,比 P2P、众筹等互联网金融平台更高级的互联网投融资平台纷纷成立,直接将资金借贷双方进行配对。

金融科技的发展能够构建便捷的投融资渠道,让线下交易线上化,优化客户的投融资体验。

传统的金融模式下,用户只有在指定的时间和地点才能进行金融交易。互联网金融平台将线下交易转移到线上,但由于监管的滞后,传统的互联网金融出现了许多乱象。金融科技的发展改变了这种模式。金融科技公司打破了地域和空间的限制进行交易,并能利用人工智能技术为客户推荐投融资组合。投融资平台推出的 App 可以在电脑等固定设备上运行,也可以在移动终端上运行。投融资平台 App 推出了一系列资源集中化、市场开放化的特色金融服务,用户可以选择在何种设备上进行交易,而不用像以往一样要到特定的地点才能进行,其交易成本降低,交易渠道更为多样化。在投融资平台 App 上,能够全天候地进行金融服务,时效性更强,用户可以随时登录和退出移动金融 App,

并可以利用碎片化时间来获取相关的金融产品信息。智能投顾能够利用大数据和人工智能，将传统金融下的"小数据以及结构化的数据"[①]和金融科技时代价值不太高的碎片化信息综合起来，全面分析客户的投资喜好、市场趋势等，从而更好地为客户推荐符合马科维茨理论的投资组合。客户借助软件就可以进行投资管理，便捷性大大提升，用户体验提高。信息安全是用户重点关注的另一个问题，投融资平台可以通过人脸识别、指纹识别等生物与视觉技术来进行身份认证，安全性更高。例如，宜信金科旗下的宜人财富，是一个数字财富管理平台，有网页版和 App 版。网页版首页分五大类，为有不同需求的人群提供服务；App 版首页有各种特色服务入口，一目了然，操作便捷，还以风险等级测评对用户的风险偏好进行测度，并结合用户的其他信息为用户推荐服务。

二、投融资覆盖"长尾人群"：普惠金融特性

传统的金融机构是头部市场，在获客方面符合"二八定律"，其盈利主要依靠信用较好的 20% 的头部客户人群，如图 5-1 所示。在传统金融领域，信贷往往通过银行进行，证券往往通过股票市场和债券市场进行。由于银行和信贷对象之间往往存在信息不对称，银行在放贷的过程中，对客户资格的审查比较严格，一般要求有资产抵押、收入证明等，确保借款人资信良好能够偿还贷款，或者有第三方担保，才会进行放贷。在股票市场上，证券的发行上市有着严格的审批制度，通过股票进行融资的企业必须符合一定的标准，这导致大部分企业不能通过股票市场来进行融资。就股票市场投资来看，2019 年末，中国 A 股股民数量首次突破 1.6 亿，相对 14 亿的中国人口来说，每 10 个人中就有一个人参与股票市场投资，但随着 2020 年新冠肺炎疫情的大流行，经济的未来走势充满着不确定性，股民的持股市值下降，再加上有许多休眠账户，在股票市场进行投资的人数并没有数据看起来多。债券市场亦是如此，我国的企业债市场、国债市场规模都不够大，中小企业和个人并不能够轻易地在债券市场进行投融资。所以传统金融市场的 20% 的头部客户多是大企业，它们有着雄厚的经济实力、较大的经营规模，人才云集，掌握着核心技术，经济效益良好，信用水平高，往往是金融机构争相放贷的对象。

---

① 李扬."金融服务实体经济"辩[J].经济研究，2019(6):75-77.

第五章 金融科技结合的效率分析

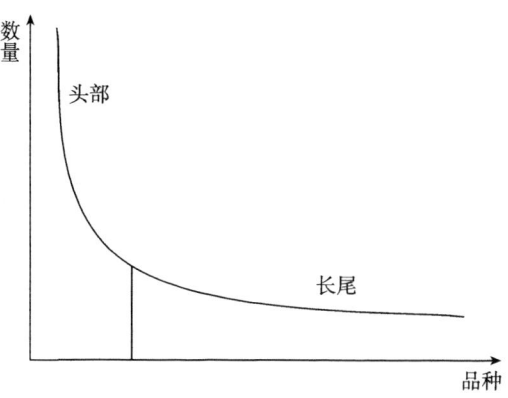

图 5-1 长尾市场曲线

而占80%的"长尾人群"多为有着较少资产和较小经营规模的中小企业和居民,手中缺乏担保物,他们数量众多,虽然有融资需求,但在传统金融体系中,往往不能通过正规融资渠道获得金融支持,而只能转向有高利贷性质的民间融资。这80%的长尾客户群虽然个体的金融服务需求相对较少,但总量并不小。要解决他们的金融抑制,同时又要保持金融体系的安全性,就要从占比80%的"长尾人群"中找出资质较好的客户,为他们提供服务,金融科技的发展为此提供了解决办法。

互联网具有很强的开放性和共享性,只要有网络,人们就可以随时随地登录投融资平台,不论规模大小,机会公平,这体现了金融科技具有普惠性的特征。一方面,互联网信息技术的发展,能够突破传统金融提交资产和财务信息的线下审核方式。金融机构能够搜集到用户在网络上的经济交易行为、社交活动情况等产生的大数据,并利用这些数据全面评价用户的履约状况和信用水平。另一方面,金融科技的发展能够对用户进行精准画像、精准推销,能够提供满足用户个性化需求的金融产品。这样能够有效推动"长尾人群"找到符合自己需求的产品。

从普通受众来看,金融科技提供了各种便利的金融服务场景。移动终端的普及,实现了金融服务交易双方即时联结。各种利用金融科技的互联网投融资平台纷纷出现,资金供求双方可以在网络上直接发布资金供需信息,并通过平台进行匹配,而不再需要银行、券商等传统的金融中介。

金融科技背景下,金融客户的投融资者身份界限越来越模糊。客户依据其需求，随时变换投融资者的身份。手里有闲置资金，就可以到投融资平台上以投资人的身份去寻找交易对象，需要资金，也可以去投融资平台上以融资人的身份去寻找资金。金融科技的发展，颠覆了传统的资源配置方式，投融资速度快，产品多元化，更符合客户的需求，覆盖面不断扩张，有着更高的投融资效率支持实体经济发展。以平安集团旗下的陆金所为例，截至2019年末，陆金所累计用户突破4400万，用户遍布全国，全平台用户城市分布前五名为东莞、广州、北京、上海和深圳，占平台用户数的11%，三四线城市新用户占比涨幅达到6.2%（陆金所2019年用户报告）。金融科技投融资领域覆盖到越来越多的"长尾人群"。

三、降低投融资成本

不论附着在金融科技上的技术如何发展，也改变不了金融科技的金融核心属性。金融就是要进行金融资源的跨时空配置，进行资金供需匹配。金融科技无非是借助高科技在投融资领域进行资金供需匹配。金融科技能够构建便捷的投融资渠道，其普惠金融特性提高了金融资源的易得性，而获取金融资源时付出的成本则决定了投融资领域的效率。

投融资双方的资金供需匹配通常是借助金融科技进行的。在金融投融资领域，投融资平台App或者金融机构App利用人工智能在资金方和资产方客户之间创建联系，并按照一定的规则运用机器算法分析，进行筛选和撮合，达到最优匹配。在供需双方匹配的过程中，交易成本和信任起着很重要的作用。

金融科技运用的是前沿的信息技术，信息交互速度极快，能高效地将资金供需双方进行匹配。金融科技平台为供需双方之间的信任提供了隐性担保。金融科技凭借着底层支撑技术，可以使得投融资平台或者金融机构比较全面地了解个人或企业用户的交易行为、消费行为、人际往来等，从而能比较准确地了解他们的信用等级。在人工智能后台进行信息筛选计算后推选出最匹配的交易对象，之后的交易决策由投融资交易双方自主决定。这大大减少了传统金融领域主要靠人力进行资金匹配耗费的交易成本，提高了效率。

投资收益和融资成本是衡量金融市场效率的重要指标。

金融科技背景下，投资者进行投资要么在金融科技平台上寻找合适的标的，要么在金融科技平台上发布信息等待平台撮合成交。由于金融大数据的存在和信息交互的快速化，其交易成本低，投资收益较高。而在传统金融模式下，由于数据少，信息不够完全，在金融市场找到交易对象的交易成本高，且在传统金融体系中金融中介的作用更大，交易的完成要依据中介所付出的劳动而支付费用，这导致在传统金融市场上，投资获得的收益较低。

融资成本由两部分构成：一部分是直接给投资者的资本回报；另一部分是金融科技企业或金融机构收取的手续费或者服务费。金融科技交易成本的降低决定了资本补偿不高，但由于支付给金融科技平台的服务费用较低，投资者获得的资本回报和传统金融模式下相比还是较为可观的。金融科技平台具有较强的网络交叉外部性，是依靠吸引用户扩大流量来盈利的。目前，金融科技平台为了扩大用户规模，进入门槛低，平台之间的竞争导致其所收取的服务费较低。也就是说，利用金融科技融资成本较低。而传统的金融体系中，只有实力雄厚的大企业或者地位体面的工作人员（如公务员、事业单位工作人员）才能从正规金融渠道获得金融资源，而中小企业和经济实力较弱的家庭和个人往往不得不转向民间融资，传统金融融资成本高。

第二节　优化风控体系

金融科技，可以优化风险防控体系，全面提升金融业的发展质量，根据大数据技术提供的全方位的数据，通过区块链技术的信任机制建立金融互信，在传统风险控制模型的基础上，利用人工智能提高金融风险控制能力。

一、金融大数据实现数据全覆盖

信息数据是金融决策的主要依据，社会成员的经营活动、投融资活动产生最重要的信息资源，成为决策的依据。

在传统金融中，数据来源及其结构十分复杂，信息分行业、分部门、分机构存储，碎片化严重，大体量数据处理技术难度大，出于种种原因，各金融体系、金融机构之间数据缺乏联通，形成数据信息孤岛。随着网络技术的发展，金融和相关活动的网络化成为常态，人类经济活动的空间范围扩大，为经济资源的跨期和跨地区配置提供了技术条件，信息数据规模增加。如何实现信息的全覆盖？金融科技的发展解决了这个问题。大数据和云储存能够储存社会成员从事金融交易及其相关社会活动的数据，并且运用流计算、并行计算等计算方法进行数据信息的搜集与架构，使数据的集聚与扩散突破了硬件的限制，创造了网络平台，实现了数据的全覆盖。金融大数据的搜集、整理和应用能力已经成为金融竞争的依托力量。

金融大数据的出现是经济、技术和金融发展的必然，它具有多样化、海量、快速、灵活、复杂等特性。金融大数据的出现，首先，要有海量的交易数据。金融本质上有着将所有的事物统一的特性，这个特性就是数字化。现代信息技术的发展，给金融这个特性的实现提供了条件，一切事物都可以用数字进行量化，将经济活动数字化。又由于金融要将所有的事物统一，所以金融有扩张的天然属性，可以跨地区和跨时期进行资源配置。互联网的发展，使经济活动网络化，大量的交易通过虚拟的网络市场进行，为资源的跨地区配置提供了技术条件。金融基础产品和衍生产品的数字化，金融交易市场和交易方式的网络化和数字化，金融交易风险控制的数字化，成了金融数据大量增加的前提。其次，金融交易规模扩大化的过程也是金融数据海量增加的过程。这依然源于金融的统一性，金融在国内区域和国际区域进行扩张，分别形成国内和国际金融市场，推动金融全球化。伴随着产品和生产要素的国际化、金融市场的国际化、投资者的国际化，跨国经济和金融活动规模不断扩大，再加上海量的金融交易平台，金融交易活动的全球化在网络上聚集，以图片、文字、音频、视频等方式储存，催生了金融交易数据的海量增长。最后，对海量的金融大数据要能够分析和使用。金融科技企业以大数据金融数据库为核心，利用金融科技的底层支撑技术进行数据挖掘处理，进行征信评估、风险管控、产品研发等一系列活动。也就是说，金融的数字化属性和计算机网络的发展增加了数据，分布式数据存储计算扩大了金融数据存储的空间限制，网络存储技术创造了数据扩散的通道，数据挖掘技术和云计算提高了大体量数据的处理能力。

如图5-2所示，个人、家庭、企业、NGO（非政府组织）和政府的金融交易汇集成金融大数据，金融科技企业以金融大数据为核心，根据不同的分类标准对大数据进行分类，可以建立大数据产销系统、大数据舆情系统、大数据征信系统、大数据风控系统和大数据微服系统。大数据技术可以根据分析目的挖掘相关联的数据，根据分析调整自身的发展战略和发展策略，改善核心业务经营状况，进行精准营销、精准风控，依靠海量的数据分析做出正确的决策，实现竞争能力的增强。

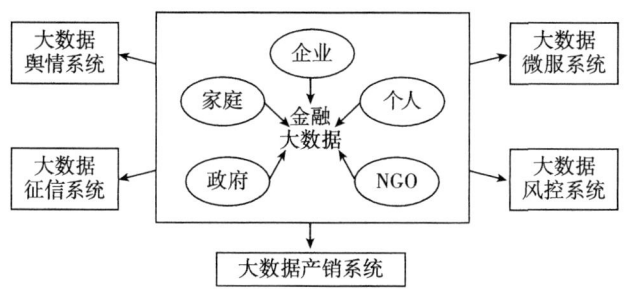

图 5-2 金融大数据系统

二、区块链实现金融互信

信用是金融业交易的基础。良好的信用环境，可以降低信用风险，润滑交易环节，加速资金的有效运转。传统的金融体系，投融资往往通过银行进行，银行作为信用中介，承担着资格审查的责任，又由于银行多由国家信用背书，所以银行天然地解决了陌生人之间的信任问题。中国人民银行下设中国人民银行征信中心，统一负责企业和个人征信系统。传统的征信内容包含存贷款记录、信用卡消费记录、担保信息、收入记录、住房地址以及来自税务部门、电信等公司的信息。这些信息虽然能够比较完整地记录个人或企业的信用情况，但也存在明细条目不多、信息间隔时间较长、不能进行即时动态的记录等缺陷。金融科技的发展拓展了传统征信数据的广度和深度，弥补了上述缺陷。电商平台、社交平台、借贷平台等提供了客户的即时消费信息、交际信息、交通出行信息、财富管理信息等，这些信息以各种形式存在，能够动态刻画信息主体的行为特征和偏好，实现了征信数据的网络全记录。在金融科技去中介化的情况下，金融科技全方位记录用户信息的特点，能够在没有国家信用背书的情况下解决陌生人之间的信任问题。

区块链通过自动化、智能合约、加密算法等重构基本金融要素，解决金融互信问题。区块链的分布式记账记录了所有参与者的交易记录，允许在链上的任何人读取和参与验证，破解了交易中的信息不对称问题，增强了参与者之间的信任。区块链中的数据具有透明性特点，任何节点数据的修改和传递都需要全部节点的共同认知，这就使链中的数据不易被篡改和伪造。

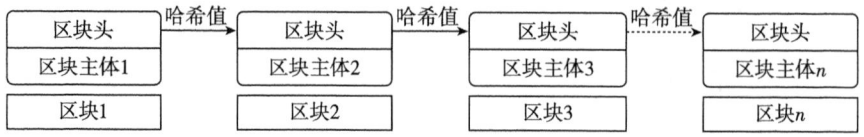

图 5-3　区块链记账技术

区块链技术能够对数据源进行追溯，能够有效实现数据的价值评估。图 5-3 为区块链记账图。区块 1 是创世块，整个区块链就起源于创世块。区块 1、区块 2，一直到区块 n 的依次联结就构成了区块链。每个区块由区块头和区块主体构成，区块头记录当前区块的元信息，比如上一区块的哈希值、时间戳等数据，区块主体则包含了区块创建过程中的所有交易记录。除了创世块，所有的区块都有一个父区块，也就是其前一区块，也即，区块链的结构是一条从前向后按照时间有序链接起来的数据链条，是一条随着时间流逝可以无限延长的链。区块链的可追溯性使得数据不管经过多少次流通、传播，总能找到其源头。这对金融机构来说十分重要，金融机构可以由此对数据进行溯源。又由于金融科技可以对包括实物、技术在内的一切事物进行数字化，所以凭借着区块链的数据溯源功能，金融机构可对全数据链进行评估。同理，每一个区块链参与者都可依据自己拥有的知识和技能对区块链上每一区块主体提供的数据信息进行评估、溯源分析。进一步地，区块链的透明性使得"数据质押"成为可能。用户如果违约，那么他的信息在链上的公开将给他带来致命打击，所以链上的用户会特别关注信用的维护，金融机构便可借此达到风控的目的。

区块链技术能够实现业务流程优化、监管穿透。区块链监管参与用户交易的全过程，有效实现交易前的信用初步评估和交易中的实时监督。区块链可以通过画像对用户信用做出初步判断。和依赖中国人民银行征信报告的传统风控系统不同，区块链技术可以利用大数据对用户的消费活动、行为习惯、交易网络等信息进行整体分析，并依据数据的动态变化对客户进行画像，有效实现交易前的信用初步评估。区块链可以动态追踪客户的交易行为，实时监控客户的现金流和筹融资活动，并可借助物联网的建设监控客户实物资产的变动情况，交叉验证各类交易明细的一致性，进行合约管理和业务监控，一旦有不利情况发生，及时发出业务预警。

三、人工智能提供有力分析工具

金融是高风险领域,时刻面临着各种风险。面对着海量的金融数据,依赖于人工的传统风险控制模型很难很好地进行数据处理,而人工智能的应用,则提高了风险控制的业务处理能力,并大大降低了人力成本。

(一) 人工智能能够实现场景设计的准确化和无误化

人工智能的核心是机器学习。机器学习是让机器智能化的过程,也是让机器模拟实现人类自我学习的过程。在这一过程中,神经网络、支持向量机、深度神经网络等被应用于分析大数据,在多次迭代测试中挖掘出人们行为中隐含的一般规律,这个规律不仅适用于分析的数据,而且适用于不在分析数据中的新样本,这称为"泛化能力"。机器学习从挖掘出来的一般规律中获取新知识和技能,并和自身已有知识相结合,不断自我学习、自我完善。人们能够将机器学习的结果运用于经济生活领域,用于预测或分类。

人工智能模型要实现机器学习的深度学习,就需要不断进行迭代,这就需要大量的数据。人工智能的深度学习,需要有50次以上的迭代,才能达到一定的精确程度。金融大数据的出现为人工智能定量分析的定向化、精确化提供了条件。大数据时代背景下,数据会说话,人工智能分析能够利用大数据实现场景设计的准确化和无误化。通过充分的深度学习,金融科技企业能够对事物的规律有更深层次的理解。利用人工智能来分析金融科技中存在的风险,能够使风险控制更为有效。

(二) 人工智能可以利用计算机视觉和生物识别技术对风险进行初步识别

随着计算机视觉和生物识别技术的落地,人工智能可以使计算机对环境及其中的某些生物行为特征进行识别。风险管理部门通过视觉和生物识别技术搜集数据,这些数据包括静态图像和动态图像,主要依赖个体的生物信息形成。又由于个体生物信息具有独特性,利用人工智能搜集这些数据进行风险的初步识别过程相对来说是高效的。人工智能技术用搜集到的数据建立内部数据库,又通过系统内部的以及与其他系统的数据进行交互分析处理,转化为有价值的数据资产,从而达到风险初筛的目的,例如识别客户身份、识别客户的可疑动作,识别员工的行为是否合规、安全等。在这个过程中,样本量越多,人工智能识别风险的精度就越高。

（三）可以利用机器学习进行金融预测，反欺诈

欺诈风险管理是金融业永恒的话题，目前不法分子借助技术不断滋生出新的欺诈形式，如何预测用户是否存在恶意骗贷的行为和意图成为金融风控关注的对象。人工智能的发展提升了金融机构的反欺诈技术。金融机构可以大规模采用机器学习，从海量的金融数据中自动发现可能存在的欺诈模式，结合反金融产品的欺诈经验，提前预测下一步的交易变化趋势，早发现、早围堵。同时，人工智能可以整合不同来源的数据，对比分析数据是否有异常的比例结构或者不一致等现象，来判断是否存在风险。

（四）人工智能能有效地挖掘数据背后的风险信息

人工智能技术通过神经网络、随机森林等机器学习算法进行数据建模，对正常客户的交易、社交等信息进行处理，对客户的还款能力进行评估，最后依据分析结果将数据进行分类处理，从而可以及时对即将无法还贷的客户进行事前干预，减少信用损失的发生。

第三节　降低交易成本

"金融体系不同的结构性特征对应了不同的资源配合机制和效率水平。"[①] 金融业与互联网信息前沿科学的结合实现了金融服务的智能化、自动化，促进了金融行业整体效率的提升。

一、金融科技的结构特征

（一）去中介化

在传统金融体系中，金融中介的出现能够实现规模经济从而降低交易成本。但是随着金融体系的逐渐固化，金融中介的存在会导致金融门槛效应，并会提高交易成本。同时，信用在金融的资源配置过程中起着至关重要的作用，

---

① 徐义国．现代金融体系的制度逻辑：结构演进、效率变革与要素协同[J]．中国社会科学院研究生院学报，2018(2):48-59.

资金需求者只有凭借信用担保才能在金融市场上借到钱。而在传统的金融体系中，信用担保成本比较高，小微企业和个人普遍缺少被金融机构认可的抵押担保品，很难获得金融机构的贷款。新兴信息技术的出现为中小企业和个人的信用担保提供了解决办法，区块链数据的透明性、可溯源性使得陌生人之间的信任成为现实，去中介化成为发展趋势。

金融科技的去中介化是指金融科技凭借互联网，利用计算机信息技术减少了传统金融机构服务环节，使金融服务扁平化。

在支付结算领域，第三方支付、移动支付冲击了传统的商业银行的支付结算地位。相比银行，第三方支付和移动支付更为方便快捷，可以对客户的数据信息进行高效的存储和计算，可以随时随地进行支付结算。尤其是数字货币的出现，使客户在区块链上就可以完成货币的支付结算活动，而无须通过银行系统。

在存贷款领域，金融科技可以以较低的成本对用户的信用进行评价，在此基础上将资金的需求方和资金的供给方直接匹配交易。这无疑会冲击银行机构的业务，造成客户分流和营业规模分流。

（二）去中心化

金融科技的去中心化是伴随着区块链的兴起而发生的。不像传统的金融体系，中央银行居于整个金融体系的中心，"区块链技术最大的创新在于发行机制的分散性"[①]，每一个创世块就是一条区块链发行的起点。除创世块外，所有新增的区块都是通过交易产生的，只要有人想进行交易，就要抢夺系统里的节点记账权，当链上的所有参与者同意时，该新区块就被添加到链上，对交易进行结算。也就是说，区块链的数字账本是完全公开的，任何节点都能看到数字账本的全部信息。所有发生过并经过系统统一认可的交易在这个数字账本上都有所记录。区块链上的每一个节点就是一个区块，每一个区块就是一个账本，如图5-4所示。

---

① 庄雷. 互联网融资、资源配置效率与风险监管研究[D]. 南京:东南大学,2016:29.

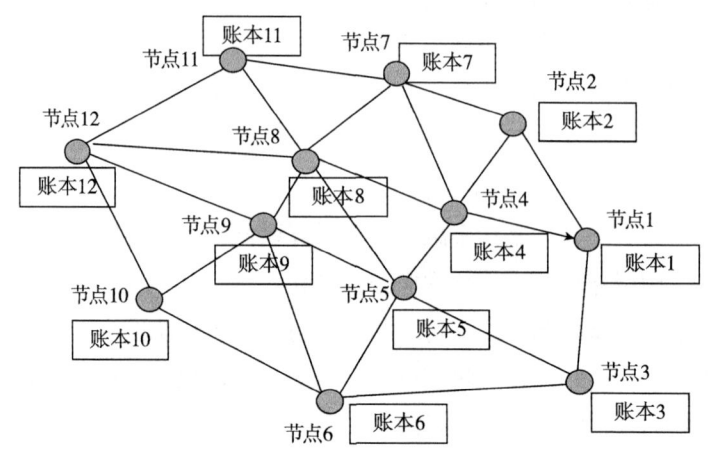

图 5-4 分布式记账方式

区块链技术的分散发行机制决定了在其上衍生的金融科技的去中心化。它不依赖额外的第三方管理机构，没有中心管制，或者可以说人人都是中心。区块链本身自成一体，具有高度自治性，通过分布式核算和存储实现了信息自我验证、传递和管理，每一个节点同步共享复制整个账本的数据。区块链特殊的分布使得每一个节点都处于平等的地位，全民参与，任何一个节点都可以参与到链的管理和维护中，所以区块链是没有统一管理中心的。

如图 5-4 所示，分布式记账路径上的每一个节点都处于和其他节点相同的地位，网络上的每一个节点都可以轻松访问链上的所有信息，这赋予了区块链透明、公开的特性，每个节点的增减和修改都会把信息传递到其他节点，实现了去中心化。

（三）网络化

计算机网络技术的发展，改变了人们的生活方式，也改变了金融发展的模式。互联网金融业的发展，是金融科技网络化的初始阶段，是利用网络技术手段对金融相关业务的拓展和改造。而金融科技的网络化特征，是指金融科技业务以互联网为载体，形成若干个金融服务平台，金融科技活动可以突破时间、空间和行业的限制，实现"7×24"交易。互联网是开放的，"金融科技与传统金融本质的区别就在于其无处不在的连接点"①,这使得金融科技活动得以依靠网络形成错综复杂的交易,其存在形态是虚拟的,运行方式是网络化的,又由于互联网信息前沿技术是镶嵌在金融科技内部的,所以网络化实际上内含在金融科技的结构中。

二、降低交易成本

技术层面的创新显而易见能够降低交易成本。从金融工具和金融交易技术的发展来看,每一种新产品或新技术的出现都能够加快交易成功的速度,降低交易成本。

(一) 降低人力成本

"充足的劳动力曾是中国经济发展的重要依托"②,随着人口红利的消失,劳动力不足问题开始影响我国的经济发展,并可预见这种情况将在相当长的一段时间内持续下去。人工智能的发展部分地解决了这个问题。人工智能有五大关键技术:机器学习、生物识别、自然语言处理、语言识别和知识图谱,应用到金融领域,产生了智能风控、智能客服、智能投顾和智能投研。智能风控的发展将替代大量的人力劳动,其强大的计算能力能够大大减少工作人员的工作量,使错误率大大降低。智能客服简化了业务流程,大量的柜台业务和后台业务被取代,被应用到远程开户、刷脸支付、网络借贷等场景,降低了服务成本。智能投顾对海量信息进行处理,提炼出关键信息帮助客户进行投资决策,并广泛应用于银行和证券公司的交易工作中。智能投研将数据、信息和决策进行智能整合,让金融数据的搜索更为高效,实现从搜索到投资观点的自动跨越,为投资者提供投资建议。与传统投顾相比,智能投顾数据搜索更加完善、机器分析更加理性、投资观点的呈现更加快速。由此可见,人工智能的发展大幅降低了金融领域人力劳动成本,提高了效率。

(二) 降低信息成本

现实经济生活是有摩擦的,包含各种交易成本及耗费的大量的人力、物力和财力。金融活动中,最主要的交易成本是信息成本,金融市场效率损失的一

---

① 易宪容,陈颖颖. 关于当前中国金融科技的理论反思——基于现代金融理论的一般分析[J]. 南京社会科学,2019(11):30-37.
② 乔海曙,杨彦宁. 金融科技驱动下的金融智能化发展研究[J]. 求索,2017(9):53-59.

大来源就是信息不对称。借款人要在金融市场上找到规模、期限和价格符合自己要求的贷款人，就要花费大量的信息搜寻成本搜寻到合适的对象，进行谈判，才有可能达成协议，协议达成后双方是否按约定进行，还需要进行进一步监督，又涉及协商与决策成本、契约成本和监督成本。如果协议不能按约定进行，还涉及执行成本。

传统金融体系中，金融中介最关键的作用是搜集信息、处理信息，减少信息的获取成本，提高整个金融体系的效率。但信息的处理要经过金融中介这一过程，使得信息有所损失，金融的供需双方所需的信息不可能对等。再加上随着传统金融体系的逐渐固化，金融发展活力降低，金融创新应用滞后，整个金融市场的交易成本逐渐增加，金融的发展对经济增长的作用不显著。互联网信息技术的发展改变了这一现象，使信息处理效率提高。互联网信息技术的发展能够大量储存信息，其可复制性使得信息在空间上的传递是即时的、保真的，且其不断创新保证了信息处理处于不断优化状态。

金融科技将互联网信息技术应用到金融领域，能够在某种程度上弱化市场上的信息不对称。

信息不对称会导致金融交易双方"逆向选择"和"道德风险"的发生。随着互联网平台和区块链技术的发展，对客户进行信用评价更加容易，个人信用在某种程度上公开化，隐性信息显性化，信息透明度提高。区块链技术能将所有的资产数字化，因此，金融科技的发展得以更高效地获得用户信息。而且金融科技的交互应用，能够精准地挖掘潜在客户，并在他们出现风险之前进行预测、管控，从而从扩大的"长尾"客户中获得收益。

互联网使金融市场各参与主体在世界上任何一个金融平台上进行交易成为可能，信息通过网络自由流动，信息的不对称程度大大降低，资源能够突破时间、空间和行业的限制进行自由配置，成本大大降低，效率进一步提升。

金融科技投资主体多元化，其去中心化、去中介化、网络化的特性打破了传统大金融机构垄断的现实，实现了资金交易双方在地位上的对等，金融资源的价格由市场决定。金融借助大数据，能够为有闲置资源的投资者和有金融需求的客户进行智能撮合服务，打破信息瓶颈，缓解信息不对称带来的效率低下问题。金融科技也通过去"中介"提高了金融系统的整体效率，实现了资源的最优配置，在信息透明度较高的情况下，资本市场上的"套利"行为基本没有生存空间。

(三) 降低单位成本

金融科技凭借一系列底层支撑技术的交互,扩大了交易规模,降低了科技创新的单位研发成本,获得了规模效益,提高了效率。每一项科技创新成果的出现,都需要大量的前期研发成本,金融科技创新亦是如此。但产品一旦研发出来,其大规模的生产和使用并不会使其成本大幅增加,"金融科技产品的数字特征使之边际成本几乎为零"[①],再加上线上交易基本没有额外的成本,所以金融科技产品一旦研发出来,其单位成本是一条陡峭的向右下方倾斜的曲线。

---

① 霍兵,张延良. 互联网金融发展的驱动因素和策略——基于长尾理论视角[J]. 宏观经济研究,2015(2):86-93+108.

第六章 国内外金融科技发展的历史经验、教训与启示

作为全球经济和金融发展的创新动力，金融科技已经成为各国关注的核心。目前世界金融科技发展体现出较为突出的区域发展格局。本章主要以世界上金融科技发展较为突出的美国和英国、具有典型特点的新加坡以及我国先进地区为代表来进行分析；通过分析这些典型代表国家和地区的金融科技发展现状，借鉴经验、弥补不足，有助于发现金融科技发展的基本规律；结合我国金融科技发展现状及我国实际，提出健康全面发展金融科技的经验结论与启示。

第一节　英国金融科技发展的历史经验与教训

2016年安永（EY）发布FinTech调研报告，对世界拥有相对优势的七大金融科技中心的发展情况进行了调查分析。报告显示，在金融科技生态系统竞争力的排名中，英国处于首位，其金融科技岗位需求高、人才聚集、大量投资的支撑以及支持性政策和监管制度的存在，使英国在金融科技领域的发展一直处于世界领先地位。其中监管和政府对金融科技的支持是英国最主要的优势条件。英国的金融科技发展地域分布主要集中在伦敦。

一、英国金融科技发展的历史经验

英国发明了第一台ATM，发明了第一类银行卡，还第一次尝试了移动银行服务。英国人对金融科技的接受度在西方国家排名第一，在全球范围内仅次于我国和印度。超过50%的英国人使用过金融科技服务，远高于33%的全球平均水平。英国前首相卡梅伦曾经提出"希望英国成为世界上领先的金融科技中心"。为了更快实现英国全球领先金融科技中心的目标，英国政府也确实重视金融科技企业的发展，创造了良好的金融科技生态，采取了很多有效措施，积极推动金融科技的蓬勃发展。

（一）英国金融科技人才培养经验

英国在人才培养和使用方面比较注重实际效果，在需求和待遇上吸引人才，在创新和合作中锻炼人才，利用高等院校的科研优势，实现人才的培养保障。

1. 岗位需求不断扩大，待遇优势凸显

英国在金融科技领域拥有大量的人才。随着金融科技的进一步发展，英国金融科技领域的职位需求也在不断增长。2018年，在伦敦新增工作岗位的行业中,金融科技行业实现了岗位的大幅度增加,为伦敦新增岗位做出了巨大贡献。正是看到这个发展趋势,专业机构预测英国金融科技行业未来的岗位需求将达到上百万个,从需求上促进专业人才的培养。

在英国金融科技岗位需求中,人力资源是岗位招聘需求增幅最大的领域,除此之外,金融科技行业中的银行、保险等岗位需求也有所增加(见表6-1)。

表6-1 2018年英国金融科技领域岗位需求情况

金融科技领域	招聘岗位增幅/%
人力资源	100
IT	74
银行	48
法律	40
保险	16
销售	16

资料来源:根据网络资料收集整理。

巨大的岗位需求和优厚的待遇吸引了大量的国际人才集聚。同时,英国推出新的签证政策,简化专业技术人才的申请程序,为吸引人才提供了有利条件。

2. 高等院校研究优势突出

英国剑桥大学、牛津大学、帝国理工学院、爱丁堡大学等知名学府开设金融科技相关专业、设立专门的研究机构,利用专业的研究和实践优势,不断地向市场输出专业的科技人才,使英国金融科技保持领先的状态。

(二)英国金融科技资本运用经验

1. 政府研发投入

自2013年开始,英国政府就重视对金融科技领域的资金投入。2015年,英国在大数据技术的应用方面提供了7000多万英镑资金支持,用于建设大数据研究机构和平台,实现数据资源共享。2017年,英国政府建立1000万英镑的基金促进监管创新,为人工智能研究及相关研究员提供7000多万英镑资金。2018年,英国政府建立超20亿英镑的专项基金,为英国初创企业的发展提供长期资金需求的支持。在2020年财政预算中,英国政府提出增加对金融科技方面的资金投入。

2. 投融资规模不断扩大

2018年英国金融科技融资规模达207亿美元，占整个欧洲融资规模的60%，远超排名第二的德国（10亿美元）和排名第三的法国（2.94亿美元）。[①] 伦敦金融科技行业在2018年吸引了39%的欧洲风险投资，在所有欧洲城市里居于首位，几乎是排名第二城市的两倍（见表6-2）。在单笔交易中，2018年英国有三家金融科技公司的并购案金额居于全球前十位之列。由于大量投资的支持，在伦敦，大批的金融科技初创公司成长起来，占了整个欧洲的大半还多。

表6-2　2018年欧洲金融科技行业风险投资资金城市占比

城市	占欧洲风险投资资金的比重/%
伦敦	39
柏林	21
巴黎	18
斯德哥尔摩	5
巴塞罗那	4
阿姆斯特丹	4
苏黎世	3
哥本哈根	2
都柏林	2

资料来源：根据Vacancy Soft的报告整理。

2019年英国金融科技公司吸引约485亿美元的投资，占欧洲交易总额的80%以上，占据整个欧洲金融科技领域前十大交易的一半。[②]

（三）英国金融科技政策支持经验

英国政府在政策上大力支持金融科技发展，探索新的监管措施，成立专门的机构，创造良好宽松的政策环境，让大量的金融科技公司快速成长起来。

1. 英国的金融监管机构体系

自2007年以来，英国政府发布了一系列金融监管改革方案，重新架构了金融监管体制，英格兰银行承担全面的金融监管职责，并对英国金融服务管理

[①] 英国评出6家未来金融科技独角兽，据说能抗衡BAT？［EB/OL］. 知乎，https://zhuanlan.zhihu.com/p/57757512，2019-02-26.

[②] 毕马威会计师事务所(KPMG)的《金融科技脉动》数据。

局（FSA）进行调整，设立新的金融机构。

（1）英格兰银行：英国中央银行，负责全面的金融风险的防范，保障英国金融体系的稳定运行。

（2）金融政策委员会（FPC）：英格兰银行下的一个机构，负责银行业的监控、防范系统性风险等。

（3）审慎监管局（PRA）：英格兰银行下的一个机构，负责英国各类金融机构的审慎管理。

（4）金融行为监管局（FCA）：是英国最主要的金融监管机构，受英国财政部和议会领导，负责英国金融市场行为的监管和与之相关的审慎监管。

2. 英国"监管沙盒"制度

"监管沙盒"是英国政府于2015年3月首先提出来的，其目的就是为一些不成熟的金融产品提供一个平台，在保护消费者的基本条件下、在相关监管下进行测试。在这个相对宽松的环境下进行评估，可以在遇到问题时进行有效的处理，尽可能让更多的创新在最小的风险下变成实际可行的方案。FCA在2018年3月推出了全球金融科技"监管沙盒"。

（1）英国"监管沙盒"的运作流程与模式。

第一步，申请测试企业向FCA提出测试申请。

所有满足一定条件的与金融科技相关的企业或机构都可以提出测试申请。英国于2016年实施了第一次申请程序，第一批有24家企业（机构）通过初步审核并获授权。2019年4月，英国公布了第五批通过"监管沙盒"的29家公司名单，主要分布在区块链行业和支付行业。

第二步，FCA评估申请企业的产品或服务是否具备创新性并能使消费者受益。

FCA根据申请者的不同情况给予不同的授权，并与申请企业共同确定每种产品或服务的测试方案。

第三步，申请企业正式进入"监管沙盒"开展产品和服务的测试。

申请企业在测试过程中要按照相关要求，公开测试相关的信息；申请企业要在充分保证消费者利益的基础上明确测试计划；FCA根据测试的情况来决定企业能否继续经营其创新的产品或服务。

（2）英国"监管沙盒"以消费者保护为核心，是一种全新的、安全的金融监管模式。

"监管沙盒"测试在消费者保护方面采取了一系列措施并提出具体要求，

防止在测试过程中产生的风险对消费者产生不利的影响，保证测试的顺利进行。

（3）英国"监管沙盒"加强与创新企业的沟通和合作。

英国"监管沙盒"的实施，侧重于以测试单位为主体，英国金融监管机构主动加强与测试单位的交流和合作，并向测试单位提供法律上的帮助，减少了创新发展中不必要的麻烦。

（4）英国"监管沙盒"仍然遵循行业自律优先。

英国对金融科技的监管依然保持行业自律先行的特点，充分利用行业协会机构，赋予行业协会一定的公权力，保障金融科技初创企业的健康发展。

3. 金融科技加速器项目（Fintech Accelerator）

2016年6月，英格兰银行开始实施金融科技加速器项目，该项目主要是通过英格兰银行与金融科技公司的共同协作，加强信息技术的建设与共享，建立合作关系，以推动英格兰银行监管能力的提升。

英格兰银行根据准确的合作标准、公开公正的竞争，挑选出具有良好条件和实力的科技公司参与加速器项目。英格兰银行是比较早发展区块链技术的一家中央银行，与金融科技公司合作进行区块链概念完善和技术研发，已经在分布式分类账、数据匿名化、网络安全、机器学习等领域开展合作（见表6-3）。

表6-3 英国金融科技加速器项目验证

项目	合作金融科技公司	验证内容
分布式分类账	PWC公司	构建一个多节点可伸缩并且支持虚拟资产所有权转移的DLT是可行的
	Ripple公司	探讨两种不同的法定货币之间的同步模拟在云上构建的银行实时结算系统
数据匿名化	Privitar公司	探索运用脱敏技术，通过对抵押贷款数据广泛的共享来聚合数据，推动整个金融系统发展
	MindBridge Analytics公司	检测到了来自信用合作社的匿名监管数据异常
网络安全	Anomali和Threat Connect公司	探索将所有对网络产生威胁的情报整合成一种格式的方法，用于优化信息的整理、充实和共享
	Bit Sight公司	通过公开可用的数据来评估公司的网络安全弹性

续表

项目	合作金融科技公司	验证内容
机器学习	BMLL 公司	通过高分辨率限制顺序的算法来分析贸易交易相关数据
	Digital Reasoning	对来自多个公共数据源的受监管公司的弱结构化文本数据进行分析，得出预期收益，并验证这些分析方法能否在更正式的数据报告中得到应用

4. 金融科技中心（Fintech Hub）

英国金融科技中心是英格兰银行在 2018 年宣布成立的，是英格兰银行专门为发展金融科技成立的核心机构。它通过与金融科技企业的配合，联系英格兰银行与各金融机构为金融科技发展创造良好条件。2019 年英格兰银行将金融科技作为其变革发展的七大战略重点之一，金融科技中心将充分发挥作用，重点支持发展支付、业务分拆和人工智能三个领域。通过金融科技中心支持这些关键技术的发展，有效地提高了英格兰银行服务金融科技的质量。

5. 搭建金融科技桥梁

英国与国际上的成熟市场或者组织建立合作关系，取长补短，实现资源共享，帮助英国 Fintech 公司进行国际扩张。在贸易和投资项目中，英国有许多有实力的金融科技公司积极设立国外的业务机构。目前，英国已经和许多经济与金融发展形势良好的国家建立了金融科技发展的合作意向。

针对金融科技初创企业和相关的金融公司，英国在政策上给予很大的支持，通过税收优惠、减少约束等方式吸引更多先进企业和先进科技的入驻。

6. 开放银行计划

2015 年，英国成立了开放银行工作组。2016 年 9 月，汇丰、劳埃德、苏格兰皇家银行、巴克莱、桑坦德、丹麦银行、爱尔兰银行、爱尔兰联合银行集团和英国全国银行联合起来形成了"开放银行实施组织"，共同实施开放银行的相关计划和任务。2017 年开放银行发展计划正式运行。

该计划要求相关银行逐步发布银行服务数据，进行数据共享，能够让金融科技机构利用共享数据更好地为消费者提供服务，提高银行间的竞争力。2018 年欧盟正式实施新的支付服务修订法案（PSD2），要求部分银行的账户和数据向第三方支付开放，促进第三方支付的发展。英国的开放银行计划也在这方面做出了相关要求,对第三方移动支付提供高质量的数据共享。2019年初参与计划的九大银行已陆续完成两个主要阶段性任务,一是通过API接口开放银行相关的一些标准化数据;二是经银行与客户的同意,对第三方支付开放必要的数据和资料。

7. 开放金融

开放金融以"开放银行"理念为基础,通过数据共享为用户和企业提供更多投资、服务途径,对一般保险、现金储蓄和抵押贷款市场的发展都具有积极的推动作用,可以有效提高效率、鼓励创新。[①] 为了更好地了解市场和消费者需求,英国FCA在2019年12月就开放金融相关问题进行了意见征询。

英国政府在金融科技方面采取的主要政策措施如表6-4所示。

表6-4 英国政府在金融科技方面采取的主要政策措施

时间	政策措施	主要内容
2014年	网络借贷法案	基于对消费者利益的保护,针对P2P行业的最低资本、信息披露、投资人等相关规定做出了详细的阐述
	"创新工程:征求意见书"	创新工程的目标是促进真正可改善消费者生活的创新;提议创建一个孵化器和一个创新中心;第一次提到监管科技概念
2015年	"监管沙盒"指引文件	完整提出"监管沙盒"的核心意义与具体实施要求
2016年	设立金融科技工作小组	专门设立的一个机构,提供平台帮助金融科技公司进行研讨、创新
	金融科技加速器项目	英格兰银行与金融科技公司合作,以提高英格兰银行金融监管水平
2017年	"监管创新计划"	监管部门应利用监管科技来减轻监管压力,金融机构应借此来减少合规成本

---

① 国际金融科技监管动态(2019年12月)[EB/OL]. 未央网,https://www.weiyangx.com/346763.html.

续表

时间	政策措施	主要内容
2018年	《关于利用技术实现更加智能的监管报送的意见征询报告》	在监管方面充分利用金融科技的一种举措，体现出监管科技的应用
	重建实时全额结算（RTGS）系统	反映出区块链技术在支付结算方面的应用，保障安全的同时，可以有效降低跨国支付成本
	P2P监管规则修改建议	FCA针对贷款类众筹平台提出了部分P2P监管规则修改建议
	成立"加密货币特别小组"	发展研究区块链技术，提高防范风险的能力
	《支持金融科技公司与金融机构合作——指南（PAS201：2018）》标准	为金融科技公司和金融机构合作方面的问题提供了指导性的意见
2019年	P2P行业监管新政	提高对公司治理、风险管理和投资信息披露等方面的要求
	有关开放金融的建议文件	FCA设立的咨询小组为开放金融提出的建议

资料来源：根据网络资料收集整理。

（四）英国金融科技产业发展经验

英国金融科技产业发展成绩突出，形成了一批典型的独角兽企业和初创企业，对促进英国经济发展有很大的作用。

1. 英国金融科技产业发展基本情况

在英国政府大力支持下，英国在移动支付、P2P等金融科技领域处于世界优势地位。大批的金融科技公司发展起来，英国已有多家数字银行获得完全银行准许执照。

根据2019年《英国金融科技国家报告》相关数据信息，英国金融科技产业发展的基本情况如表6-5所示。

表6-5 英国金融科技产业发展的基本情况

指标	数值	备注
公司数量	1600家	预计到2030年将翻一番
采用率	42%	全球平均水平为33%
公司雇用员工数量	76500名	其中42%来自英国以外的地区
公司获得总投资额	33亿美元	占欧洲总投资额的68%

资料来源：2019年《英国金融科技国家报告》。

2. 英国金融科技独角兽公司

在大批的金融科技公司中，有一部分独角兽公司在经过新一轮的融资后不断创新业务，推动英国整个金融科技产业的发展（见表6-6）。

表6-6 英国部分金融科技独角兽公司

公司名称	成立时间	新一轮融资（时间）	金融科技领域
OakNorth	2015年	4.4亿美元（2019-02）	数字银行
TransferWise	2011年	2.92亿美元（2019-05）	提供国际汇款转账服务的P2P平台
Funding Circle	2010年	在伦敦上市（2018-09）	P2P
Atom	2014年	5000万英镑（2019年）	英国第一家获得英国银行营业执照的完全基于手机App的数字银行
Revolut	2015年	5亿美元（2020年）	数字银行
Starling Bank	2014年	2.33亿英镑	数字银行
Monzo	2015年	1.4亿美元（2019年）	网上银行

资料来源：根据网络资料收集整理。

（1）OakNorth：是英国第一家采用云计算技术开展业务的银行，主要经营对象是英国的中小企业，满足它们的小额融资的需求，同时还可以吸收一定存款。因为采用高技术手段，其在经营中的成本大大缩减，并将节约下来的成本应用到其他方面来提高服务质量。其贷款平台也采用了人工智能等金融科技，提高了服务质量，获得了大量客户。2018年，OakNorth收入呈爆发式增长，年增长幅度达到了268%。

（2）TransferWise[①]：是一家国际性的提供跨境转账支付服务的公司。其因成本低、效率高、简单易用，在全球范围内已有700万客户，在全球设有13个办事处，为59个国家提供服务。[②] 2020年3月其与支付宝成功合作。

（3）Funding Circle：最初是一家主要以中小企业贷款为经营业务的网络平台。成立时，经济危机席卷全球，英国的中小企业贷款申请失败率非常高，为Funding Circle的发展提供了机会。Funding Circle提供的贷款主要为信用贷款、抵押贷款、资产融资和房地产融资四种，对企业的审核通过一些代表性的指标进行，具有一定的特点。其2018年在伦敦上市。

---

① 2021年2月22日更名为Wise。
② 截至2019年底的数据。

（4）Atom：是英国第一家拿到银行牌照的数字银行。Atom 充分利用最前沿的技术，采用纯线上服务，为用户提供所有线下银行能够提供的储蓄和贷款等业务和服务。因采用各类金融科技，Atom 能够实现较低的成本，为客户提供较高的储蓄利率和较低的贷款利率，从而实现了大量的存款和贷款业务。

（5）Revolut：是一家由经营在线支付业务开始的数字银行，具有个人账户和商业账户平台。经营的目标是帮助客户管理财务生活，获得更多的收益。它不断开发新的产品满足客户的需求，客户群已超过 1000 万用户，且在 2020 年初完成 D 轮融资。

（6）Starling Bank：提供 7×24 小时的服务，具有个人账户、企业账户、联合账户和欧元账户。利用先进的区块链等金融科技，通过把所有账户加入英国的金融服务补偿计划，为客户提供领先的产品服务。2016 年获得英格兰银行颁发的银行牌照，在 2018 年实现了大规模增长。2019 年具有 100 万个客户账户，10 亿英镑存款。

（7）Monzo：主要提供存款、支付、短期贷款和个人理财等服务。用最新的应用程序和更低的费用吸引传统银行的客户，到 2019 年已经有 300 多万用户。

3. 英国金融科技初创公司

英国相对优越的金融科技发展条件，吸引了越来越多的投资者，也有更多更好的金融科技初创公司不断地发展起来。

（1）True Layer：2016 年成立，是一家为传统银行机构提供技术支撑的公司，以 API 开发平台为主。True Layer 利用自己的技术优势，为银行提供数据服务，还有开放银行等方面的相关技术服务，节省了顾客的手续费。True Layer 打破了传统信用卡支付的一些弊端，其相关服务已经通过了英国金融市场行为管理局的授权。2019 年获得腾讯等机构共同的投资 4000 万美元。

（2）Previse：成立于 2016 年，是一家主要利用人工智能技术的票据快速支付公司，先后获得英国和美国知名风险投资机构的 700 万美元融资。该公司通过 AI 算法预测买家的信誉情况，进而判断是否能够实现快速支付。

（3）Aire：获得英国 FCA 的授权，是一家针对客户进行信用评分，帮助客户申请金融服务的初创企业。Aire 构建了一套机器学习算法，特别针对年轻客户及个人进行信用评分，并且已经与个人信贷以及信用卡信贷实现了合作。2019 年 2 月获得 B 轮融资 1100 万美元。

二、英国金融科技发展的教训

英国金融科技发展态势良好，但是在发展过程中也存在一些问题及局限性。英国金融科技产业大量优秀从业人员来自海外[①]，这些从业人员具有很强的流动性，不利于企业人才的稳定。

（一）"监管沙盒"制度的局限性

第一，在申请授权及测试过程中需要额外的资源，样本不全面，在一定程度上会降低企业在创新方面的时效性。

第二，在虚拟沙盒中，消费者是在充分了解情况的基础上参与测试的，测试消费者数量有限，还有赔偿条件，这使得消费者测试的效果与实际状况不同。

第三，在限制性许可中，参与的企业在一定范围内进行测试，需要英国 FCA 单独做出方案，会过度占用资源、增加成本。

（二）开放银行计划的问题

2019 年 4 月 1 日，因未能如期完成应用于移动 App 的开放银行实践任务，英国竞争和市场管理局（CMA）对参与英国开放银行推进计划的其中五家银行（汇丰银行、爱尔兰银行、丹麦银行、劳埃德银行集团和桑坦德银行）发出了警告，并敦促它们采取行动以尽快赶上原定进度。在被 CMA 警示发展进度落后之后，有四家银行发言人明确表示将尽力实现未达成目标，但是爱尔兰银行却没有任何回应。

这反映出英国开放银行计划发展中存在如下问题：

1. 银行设施不完善

基础设备的更新是传统银行进行改革和开放过程中存在的主要问题，直接影响了开放的程度。开放银行的发展，需要彻底改变银行网络基础设施，进行

---

① 脱欧将动摇伦敦全球金融科技中心地位 [EB/OL]. http://caijing.chinadaily.com.cn/2016-06/28/content_25894189.htm.

升级替换。对于银行来说,针对这场技术革新要做好各项准备,资金技术的支持是变革的根本保障,不然就会阻碍开放银行发展。

2. 对用户的重视程度不够

作为一种新型创新平台化的商业模式,开放银行对金融产品和服务输出的要求更高。而在开放银行计划实施过程中,这些大银行的金融服务能力无法满足客户的真实需求。

3. 产品实际应用问题

开放银行发展要求各传统银行机构使用 API 技术,达到数据共享的要求。对于银行而言,要实现这些新技术的升级改造,成本还是比较大的。产品的创新发展也需要一个应用的过程,这些大银行在有些方面积极性不高,势必也会造成一定的问题。

(三)英国金融科技公司发展教训

投资者对金融科技领域的重视与追捧,也可能会导致金融科技泡沫的形成,过高的估值可能会影响后期投资。

2005 年在英国伦敦成立的 Zopa 公司,是一家 P2P 网络借贷平台。Zopa 在跨国业务拓展的过程中经历了几次较大的挫折。2007 年在向美国拓展业务成立分公司时,因受次贷危机的影响而最终停止;在意大利成立的子公司经营 1 年后被停止经营业务。直至 2016 年,Zopa 公司对外宣布实现了盈亏平衡,在此之前亏损每年都在增加。

前文提到的 Funding Circle,前期估值很高,虽然营业收入持续增长,但连续几年一直处于亏损的状态。2018 年上市后,在一年的时间内,股票价格下跌了一半多。公司必须使经营状况得到有效的改善,才能增强投资者的信心。

第二节 美国金融科技发展的历史经验与教训

美国金融科技一直处于世界前列,其金融行业和高科技产业都比较发达,产业生态也较成熟。美国的金融科技发展地域分布主要集中在硅谷和纽约湾区。硅谷在美国金融科技的发展中优势明显,拥有比较成熟的金融科技生态环境、大型风险投资基金,具备金融科技投资经验,促使一些创业企业能够很快地发展起来。处于全球金融中心地位的纽约,由于华尔街丰厚的资本基础和大批的金融市场混合型人才,产生了大量的金融科技机构。

一、政策和监管保障有力,促进金融科技发展

美国在金融科技方面实施了大量的相关政策(见表6-7)和监管措施,特别在大数据方面,较早推出了一系列计划和行动,对其他金融科技的发展具有基础性作用,对推动金融创新发展起到了保障作用。

表6-7 美国发布的金融科技相关政策措施

时间	政策措施	主要内容
2011年	成立"大数据高级督导组"(Big Data Senior Steering Group)	专门进行大数据的研究,协调各部门关系,提供保障
2012年	大数据研究和发展计划	主要针对大数据技术整个应用过程中所需核心技术的提高,提高使用者从海量和复杂的数据中获取有用信息的能力,将"大数据研究"上升为国家意志
	"催化剂"项目	加强与金融创新主体的交流合作,在金融监管同步保障过程中充分体现出金融创新的最新发展
2013年	"数据—知识—行动"计划	对大数据应用模式进行了细化,是美国向数字化转型的重要举措
2014年	《大数据:把握机遇,维护价值》政策报告	体现出政府部门和私人部门密切合作利用大数据促进发展的重要性
2015年	《美国国家创新战略》(2015)	提到人工智能、大数据等重点的战略领域,为实现经济新的增长不断突破、创新
2016年	《联邦大数据研发战略计划》	提出美国下一步的大数据发展战略
2017年	《金融科技监管框架白皮书》	主要是针对金融科技及监管政策方面提出要实现的目标、基本原则及设计
2018年	《一个创造经济机遇的金融体系——非银机构、金融科技与创新》	主要从金融科技的监管方面为创新提供更加宽松的条件,减少制约,是美国政府发布的一个纲领性文件

续表

时间	政策措施	主要内容
2019 年	"替代数据"（Alternative Data）使用联合声明	美联储委员会、美国消费者金融保护局、美国联邦存款保险公司、美国国家信用社管理局和美国货币监理署联合发表

资料来源：根据网络资料收集整理。

（一）美国金融监管机构体系

美国金融监管体制由多家机构分头负责，设有联邦和州政府两级监管机构。

1. 银行业

货币监理署（OCC）：隶属于美国财政部，是针对国家银行和储蓄协会进行管理的一个机构。

联邦储备体系（FED）：美国中央银行，全面执行中央银行的监管职责。

联邦存款保险公司（FDIC）：对存款性质的金融机构的存款进行监管投保，维护金融体系稳定。

州级银行监管机构：负责监督管理本州内的所有银行类机构。

2. 证券业

证券交易委员会（SEC）：是美国证券行业的最高监管机构，具有准立法权、准司法权、独立执法权。[1]

金融业监管局（FINRA）：成立于 2007 年，是一家证券行业的自律性组织，接受 SEC 的管理。

美国商品期货交易委员会（CFTC）：负责监管美国的期货和期权市场。

州级证券监管机构：管理其所在州内的证券和投资活动。

3. 保险业

主要由各州的保险监管局承担监管职责。

4. 其他机构

消费者金融保护局（CFPB）：是专门鼓励创新项目的金融监管机构。

联邦金融机构检查委员会（FFIEC）：负责制定统一的监管规则和报告格式等。

---

[1] 伍巧芳. 美国金融监管改革及其借鉴[D]. 上海：华东政法大学，2012.

（二）美国"催化剂"项目（Project Catalyst）

2012年11月美国金融消费者保护局启动了"催化剂"项目。该项目的核心理念和措施被英国、澳大利亚、新加坡等国家与地区所借鉴，发展成为"监管沙盒"政策。

该项目主要目的是促使金融监管的措施能够和金融科技发展、创新保持同步。因此，美国消费者金融保护局寻求多个创新试点，与多家机构合作，全面了解和掌握金融科技在改变金融市场过程中出现的新现象和新问题，并通过出台相应的支持政策和方案、开展合作研究，深入了解政策影响，为制定更加有效的政策、推动金融创新奠定基础。

"催化剂"项目还经常与其他先进国家的金融监管机构开展定期交流，每年定期进入金融科技创新集中地区举办特定主题的现场办公活动。

（三）强大的FICO信用评分系统

FICO系统收录了完整有效的个人信用信息，不仅美国的三大信用局都会采用其报告，各大银行也都以此为是否为个人借款以及借款多少的依据①。

二、科技创新速度快，展现金融科技优势

美国科技发展水平处于世界领先地位，其金融科技发展也体现出了突出优势。美国在科技方面呈现出来的优势得益于以下方面：

（一）高等院校系统的培养创新

美国研究型大学如美国麻省理工学院、哈佛大学、斯坦福大学等知名高校，在专业人才培养方面实施多元化的教育体系，注重多学科交叉与实践并重，提供了专业系统的培养，大量科研经费的投入一方面培养了人才，另一方面产生了大量的科技创新成果。

（二）企业孵化的科技创新

科研成果的转化需要通过企业来实现。美国充分发挥市场的自由，企业自身设置研发实验室，大量的工程师和研发者在企业工作，使企业成为技术研发的主力。在内部开发的基础上，大企业还直接收购拥有新技术、新发明的中小

---

① 如何看待美国向金融科技公司颁发银行牌照？[EB/OL]. https://www.weiyangx.com/222919.html.

企业，不断加快科技创新的步伐。美国企业对科研的投入不断增长，技术创新模式不断调整，科研成果的转化速度和转化成功率也在不断提高。

（三）知识产权制度优势

美国很早就颁布了《专利法》，同时在宪法中也明确规定了"作者和发明者对其著作和发明享有一定时间的独占权利"。一系列有关知识产权的法案和措施，促进了官产学研合作研发，加速了科技成果的转化。

三、投融资规模大，众多金融科技独角兽企业孵化而生

美国金融科技产业起步早，成立了许多定位清晰、运营规范的金融科技企业。美国顶级的金融科技公司有很多。在美国金融科技企业中，涉及支付、投资、理财、区块链、大数据等众多领域，近一半公司融资规模达到上亿美元。①

（一）金融科技企业数量多，投融资规模大

2018年，美国金融科技公司筹集了124亿美元的资金，比2017年增加了43%，全美金融科技风险投资金额增长超过30%。②

在《2019胡润全球独角兽榜》中，56家企业上榜，其中美国有21家。2019年上半年，美国金融科技投资金额达到183亿美元，涉及470笔交易。其中支付领域占主导，显示出长期的增长潜力；网络安全投资不断提高；风险投资金额占的比重较大。③

（二）美国金融机构对金融科技公司的投资情况

近年来，金融科技得到关注，美国一些大银行积极参与金融科技创业企业的投融资及相关的股权交易（见表6-8）。

---

① 根据《2018福布斯美国金融科技50强》数据分析。
② 金角撬动数百亿，揭秘美国十大金融科技独角兽｜全球金融科技脉搏系列—亿欧[EB/OL]. https://www.iyiou.com/p/114464.html.
③ KPMG:2019年上半年全球金融科技投资报告（美国篇）[EB/OL]. https://cloud.tencent.com/developer/article/1483685.

表 6-8 截至 2019 年美国主要银行在金融科技方面的投资情况

金融机构	投资金融科技公司数量/家	参与金融科技融资轮数/轮
高盛	58	80
花旗集团	40	50
摩根大通	26	33
富国银行	12	16
摩根士丹利	13	14

资料来源：链闻，https://www.chainnews.com/articles/920052956164.htm。

（三）美国典型的金融科技独角兽公司

1. Stripe

2011 年成立，是一家基于互联网技术，提供支付服务并在线管理相关业务的公司。其经营方式主要是将目前已有的不同的支付方式全部转换成相同的一套 SDK 接口，再进行整体接入，可以减少用户的使用费用，依靠收取相对较少的手续费或者服务费用来盈利。目前，Stripe 在全球有 14 个办事处，已在 120 多个国家、超过数百万家公司使用。

2. Ripple

成立于 2012 年，是一家区块链初创公司。Ripple 在全球范围内提供支付服务，有 300 多家金融机构选择使用 RippleNet 这种先进的区块链技术，通过建立庞大的网络在新市场寻求新客户。范围广、安全性高、即时、费用低是 Ripple 业务的主要特点。2019 年 Ripple 在 C 轮融资中筹集了 2 亿美元资金，估值达到 100 亿美元。

3. Robinhood

2013 年成立，是一个零佣金的投资平台，提供股票、ETF、加密货币和期权等方面的投资交易。2015 年上市；2016 年与百度达成合作，为我国用户提供美股交易的平台；2019 年获得英国金融行为监管局（FCA）授权进入英国市场。截至 2019 年底，Robinhood 拥有超过 1000 万的用户。

4. Coinbase

成立于 2012 年，是一个数字货币钱包和交易平台。具有安全可靠、保险支持、平台操作易学等技术优势。2019 年 11 月宣布开始向全球抵押（Staking）服务转型。

5. SoFi

成立于2011年，是一家在线贷款和财富管理公司。从学生的贷款业务开始，在获得巨额融资的基础上不断开展新的业务，推动平台的发展。2019年公司具备了美国纽约州加密货币交易的服务能力。

6. Oscar Health

成立于2012年，是一家健康保险科技创业公司。主要为个人、家庭和小企业提供保险服务。在美国9个州开展业务，服务对象有25万个人和小企业。该公司应用大数据、人工智能等技术进行业务管理和索赔处理，提高了透明度、减少了医疗保健成本，在经营过程中不断实现业务创新。

四、拥有底层技术创新优势，突出大数据产业作用

大数据分析技术在美国金融科技发展中起到了基础性和关键性的作用。[①] 在美国政策大力支持下，大数据产业大幅度增长，而且在美国医疗保健、教育、消费零售、安全设施等现实领域中产生了巨大的经济效益。美国政府还积极推动数据公开且仍在进一步扩大数据开放和可读程度，为金融科技的不断发展提供了有力的保障。

（一）医疗卫生领域的应用

美国政府和相关部门通过一系列健康医疗立法和资助，整合各个机构的医疗数据，形成医疗大数据信息，实现医疗数据共享（见表6-9）。

表6-9　美国实现医疗大数据的相关立法措施

时间	立法措施	主要内容
1996年	《健康保险携带和责任法案》	规定了医疗信息的标准和格式
2007年	《电子病历系统功能模型》	电子病历系统获得美国国家标准局的批准成为国家标准
2009年	《卫生信息技术促进经济和临床健康法案》	使用了200多亿美元的资金，在美国全面推行科技信息技术改善医疗方面的资料保存方式

---

① IDF&SFI 美国金融科技考察报告全文[EB/OL]. https://www.sohu.com/a/202688105_641521.

续表

时间	立法措施	主要内容
2010年	《合理医疗费用法案》	授权美国卫生和人类服务部来发布相关数据
	美国的医疗保险和补助服务中心创立了信息产品和数据分析办公室	监督和协助各部门数据的上传和发布
2011年	《卫生信息化战略规划》	提出规划的具体目标
	《ACOs（责任医疗机构）最终法》	加强了对电子病历的要求，要求准确、完整、及时报告临床质量指标数据
2014年	《美国联邦政府医疗信息化战略规划（2015—2020）》	强调医疗信息化系统互操作性和数据共享与应用
2015年	《精准医疗计划》	提供2.15亿美元支持，采集志愿者医疗信息和数据，用于研究

资料来源：根据网络资料收集整理。

（二）农业和教育领域的应用

精准农业是美国农业应用大数据较广泛的领域之一。精准农业通过大数据等高科技，监视和预测对农作物有影响的所有因素的数据信息，以精准控制各种农业要素的用量和投入，实现农业规模化经营。

大数据在美国教育领域的应用主要通过商业化运作，投资、建立数据挖掘、模块化等系统进行案例运用，更好、更精确地分析学生的学习情况，提供优质的学习资源，提高教育质量。

（三）安全和基础领域的应用

美国国土安全部在有效整合数据、实现数据共享方面积累了大量经验。通过运用大数据，美国各州和地方执法部门实现案件的侦查和破获。

基础设施和能源管理也是美国运用大数据的一个领域。如美国拉斯维加斯政府开发了用来全面掌握市政管网有关信息的网络仿真模型，分析了加州在全网电力的供求关系情况。

（四）基于保护个人隐私权的预测营销

大数据的广泛应用，带来的主要问题就是个人隐私权容易遭到侵犯。美国近年来在个人数据隐私保护方面采取了一定的措施。加利福尼亚州作为美国大量科技企业的大本营，也在最近几年连续通过几个新的个人隐私法，成为在美国对于个人数据隐私保护最为严格的州。① 对利用个人互联网大数据进行的精准营销也将逐渐转为预测营销，避免使用个人的网上数据。

五、美国金融科技发展的教训

（一）多方监管的限制

美国的监管框架复杂，存在着各个层次的监管机构，在一定程度上限制了金融科技行业发展的空间。美国实行的这种多方监管，对于跨区域、跨行业的公司来说，要接受和满足不同地区的监管要求，增加了经营成本，不利于金融科技公司业务的拓展。

（二）公司发展场景建设不足的制约

因为美国传统金融基础较好，服务较周全，美国的金融科技公司缺少需求的"场景"，基础设施的支持力度较小，与新客户沟通的方式单一也在一定程度上制约着客户的扩展，在发展规模上也受到限制。

（三）企业经营亏损的困扰

有些金融科技企业虽然有高估值，但是在经营过程中，会有亏损的困扰。前面提到的 Oscar Health 公司，在经营个险市场的一段时间内被亏损困扰，2014 年至 2016 年一直处于亏损状态，每年亏损额达到上亿美元。主要是因为在个险市场要面临的道德风险更高，长期的赔付率在 100% 以上；个险的用户规模小，促成购买行为的营销成本高；早期运营及技术投资成本大。亏损之下，公司开始进行商业模式转型，在一定程度上摆脱了困扰。

第三节　新加坡金融科技发展的历史经验与教训

新加坡是世界知名的金融中心之一，全球第四大外汇交易中心、"亚洲科技之都"。在良好的金融发展基础上，再加上人口相对密集，人才优势和政策、资金等方面的支持，新加坡金融科技的发展也逐渐处于世界先进水平。

---

① 美国金融科技发展四大趋势　数字货币发展迅猛［EB/OL］.金融科技—新浪财经—新浪网，http://finance.sina.com.cn/blockchain/coin/2019-10-16/doc-iicezuev2493492.shtml.

2015 年提出"智慧国家"建设。

一、新加坡金融科技人才培养经验

（一）高等院校高质量人才培养

新加坡在高等教育方面具有良好的制度和教育体系，新加坡国立大学、南洋理工大学都是世界上有名气的院校，高等教育水平较高。高校的各种基础设施和研究条件对复合型人才的培养具有良好的促进作用。

为专门培养金融科技方面的人才，新加坡高校不仅在专业设置、机构设置、课程设置上进行配套的安排，还与其他国家的高等院校进行合作研究，充分发挥高校培养专业人才的优势。如新加坡国立大学专门设置的金融科技方向的研究项目；其计算机学院与 IBM 区块链研究中心合作，开设了金融科技的相关课程。新加坡理工学院建立的机器人研究中心，为培养相关人才提供了优质的平台。

（二）专门的金融科技技术与技能培育计划

这个计划是由新加坡金管局提出的，主要是整合各个机构的优质资源，加强各部门与机构间的合作，提供所需的技能训练，并设置金融基金，产生更多锻炼实践机会，以顺应区块链发展趋势，促进金融业的创新发展。新加坡银行与金融学院和 Workforce Singapore 共同推出了金融浸入式技术计划（TFIP），为职业中期专业人才提供支持，让他们有机会参加金融领域的新增技术工作。[①]

（三）人才引进政策

新加坡金融科技的发展也面临人才短缺的问题，仅依靠高等院校的培养是远远不够的。将优秀人才引进来，是新加坡一直采用的一项有效措施。通过政策的制定从各个方面来吸引海外的人才。

二、新加坡金融科技政策支持经验

新加坡政府对金融科技的重视从 2015 年开始，采取了一系列有针对性的措施（见表 6-10），从机构的设置、基础设施的配套、资金的投入，到制度、

---

① 新加坡人力部长：金融科技时代应该创新人才培养思路［EB/OL］. 未央网, https://www.weiyangx.com/327712.html.

计划的提出，全面促进了新加坡金融科技的快速发展。

表 6-10 新加坡发布的金融科技相关政策措施

时间	政策措施	主要内容
2015 年	建设"智慧国家"	将金融科技的发展与整个国家、各个企业及生态圈联系起来
	新加坡金融监管局（MAS）下设金融科技和创新小组（FTIG）	其为金融科技发展的政策研究及方案设计的重要参与者
	《金融领域科技和创新计划（FS-TI）》	投入 2.25 亿新加坡元进行支持，吸引全球资源在新加坡建立创新和研发中心
2016 年	金融科技发展办公室（Fintech Office）	设立的一个专门服务金融科技发展的机构，是新加坡金融管理局和新加坡创新机构联合设立的
	设立了国立研究基金会（NRF）	主要是为金融科技方面的新建企业和科技研究人员提供资金支持
	《金融科技"监管沙盒"指南》	指导金融科技企业申请测试，为企业创新提供良好的制度环境
	举办"首届新加坡金融科技节"	新加坡为打造智慧金融中心而推出的具体措施和平台
2018 年	《沙盒快捷通道》提案	适用于风险较低或风险已知的业务，缩短了审批流程，缩减了审核标准
	新加坡知识产权局发起了 FinTech 快速通道倡议	为金融技术的发明提供快速专利申请和授予程序
	《数字代币发行指南（2018 年版）》	着重对 ICO 行为做出监管指引
	发布了一系列关于人工智能与数据分析（AIDA）的应用原则	确保在金融领域使用人工智能和数据分析的公平性、道德规范、可问责性和透明度
2019 年	新加坡金融管理局宣布允许数字银行牌照申请	本次 MAS 将分批次、分阶段颁发 5 个数字银行牌照，其中包括 2 个完全虚拟银行牌照和 3 个数字批发银行牌照

资料来源：根据网络资料收集整理。

（一）新加坡金融监管机构

新加坡金融监管局（MAS）于 1971 年成立，是新加坡金融业的监管机构，还是新加坡的中央银行。MAS 的金融监管范围包括银行、保险、证券等金融市场的政策制定、实施、监管、合作发展等各个方面。

MAS 监管理念是要实行灵活开放的金融监管机制、注重风险的管理、注重金融机构的公司治理和内部控制、强调审慎会计原则和监督原则。①

(二) 新加坡配套的基础设施

基础设施的建设对金融科技的持续健康发展具有推动作用，新加坡非常重视基础设施的建设，并具有一定的政策优势。政府强调要建立安全稳定的基础设施，形成强大的数据枢纽，保证数字化信息的安全。

在新加坡有一个架构叫 Paynow，是接近零成本、更安全、更可靠的支付方式。政府建立了一个公共基础设施使之运行，并应用于所有的传统金融机构。

新加坡政府组织构建了一个开放的数据库平台，这对于金融机构业务的开展和数字化发展起到了全面的技术支持作用，为线上金融服务提供统一基础支撑。

(三) 新加坡"监管沙盒"制度

新加坡的"监管沙盒"制度是 2016 年 6 月推出的，其主要的内容体现在实施的《金融科技监管沙盒指南》中。

1. 适用范围

主要是针对金融科技领域具有创新业务的金融机构或公司，或者是现有业务不能满足新加坡监管要求的企业。

2. 监管机构

新加坡金融监管局（MAS）对沙盒中可能产生的问题进行防范，在监控与评估的同时，采取一定的保护措施维护整个金融系统的稳定。

3. 评估标准

对申请人的评估主要判断是否是之前没有的新的办法或解决方案，是否能够给消费者或相关领域带来改变。

针对申请的测试应该有明确的测试场景和预期结果，设定包括服务人数和区域范围在内的限制，并根据约定计划向 MAS 报告测试进度。

允许金融科技公司尝试一些和当前法律法规不一致的情形及一些创新发展的业务。

---

① 董毅智. 解读新加坡金融监管（三）: 体制[EB/OL]. https://baijiahao.baidu.com/s? id = 1594891881990210241&wfr = spider&for = pc.

4. 退出机制

新加坡"监管沙盒"有规定的测试时间，到期就要退出。成功退出后，如果能够满足新加坡监管要求，则可以获得经营许可继续发展；如果在退出后还不能满足监管要求，则测试失败。

截至2018年底，已经有150多家公司受益于新加坡"监管沙盒"政策，40多个项目得以进行了测试。Policy Pal 是新加坡"监管沙盒"第一个成功的例子。

2019年8月，新加坡金融监管局发布了"金融科技快捷沙盒监管机制"（Sandbox Express），主要是针对那些风险较低、业务较简单的金融科技的创新产品，提高效率。

（四）新加坡的创业加速器

新加坡的创业加速器在政府支持下为创业者提供了一定的支持。新加坡政府推出的第一个区块链加速器"部落加速器"（Tribe Accelerator），为区块链创业者提供了良好的生态环境，推动区块链技术的发展。

由 Facebook 和新加坡信息通信媒体发展管理局（IMDA）共同推出的加速器项目"新加坡创业站"（Startup Station Singapore）于2018年10月正式成立。该项目从2019年2月开始，到8月结束，有11家数据驱动型科技公司进入该加速器项目。

三、新加坡金融科技产业发展经验

在政府的大力支持和适宜的发展环境下，新加坡金融科技企业取得快速发展，同时吸引了许多欧美等地区的金融机构、科技公司参与。

（一）以开放合作促进金融科技产业发展

目前新加坡有 600~900 家金融科技公司，金融科技从业者总数为 6500~10000 人。[1] 全球性跨国公司在新加坡建立了30多个金融科技创新实验室或研究中心，大约有490家金融科技企业在新加坡设立了总部基地。[2]

新加坡的金融科技企业所涉及的领域非常广泛，包括支付结算、数字货

---

[1] 新加坡金融科技业人才需求强劲 [EB/OL]. http://www.comnews.cn/article/international/201908/20190800015165.shtml.

[2] 三"位"一体:新加坡的金融科技监管艺术 [EB/OL]. https://www.iyiou.com/p/110903.htmlh.

币、智能投顾、理财类、证券保险等各类金融科技创新服务产品。2017年底，在金融科技贷款行业，新加坡已经占有了一半以上的市场份额。2019年前9个月，新加坡金融科技公司获得7.35亿美元的投资，比上年同期增长69%，其中支付和贷款类初创公司投资所占比重较高。①

（二）新加坡的典型金融科技公司

1. Grab

Grab成立于2012年，从打车服务平台起步，是东南亚最常用的线下到线上（O2O）移动服务平台。其于2016年推出了专有的数字支付平台GrabPay，为打车服务的支付提供便利条件。此后，Grab将业务扩展至个人到个人的基金转账、商户交易、保险和小额贷款等服务。② 2018年总共融资30亿美元左右。

2. Singapore Life

Singapore Life成立于2014年，是一家全数字保险公司，提供人寿保险、家庭保险、捐赠计划、财富组合服务等，产品主要在线上销售或通过第三方代理机构销售。2017年6月获得新加坡金融监管局颁发的人寿保险经营牌照。该公司提供的数字化产品还包括活动跟踪和健身计划、聊天机器人服务和闪存销售。在A轮融资中其已经筹集5000万美元资金。

3. Alpha Fintech

Alpha Fintech成立于2011年，是全球第一个FinTech供应商整合平台。通过该平台，银行、企业等可以访问全球各个类型的数字支付平台和解决方案供应商。

4. Deskera

Deskera成立于2018年，是一家中小企业云服务提供商。该平台主要是为中小企业在经营过程中的所有业务给予技术上的支持。在完成A轮融资后，最近一次完成了1亿美元C轮融资。

---

① 2019年前三个季度新加坡金融科技投资额达7.35亿美元[EB/OL]. https://xueqiu.com/7886851669/135108319.

② KPMG发布2018金融科技公司100强榜单：蚂蚁金服居首 前五名中国占三席[EB/OL]. http://finance.tom.com/money/201810/1500822163.html.

四、新加坡面临金融科技人才短缺的问题

新加坡官方统计显示，新加坡 1/3 的就业人口年龄都在 50 岁及以上，并且这种劳动力老龄化趋势还会持续。在目前的新加坡金融科技公司中，大部分企业面临着金融科技人才的短缺问题。

第四节 我国金融科技发展的历史经验与教训

我国金融科技发展迅速，金融科技企业在应用及创新等方面都处于世界先进水平，应用普及率居全球之首。我国金融科技发展主要集中在京津冀地区、长三角地区和粤港澳大湾区。

一、我国金融科技人才培养经验

我国金融科技人才的培养具有一定的集中性和代表性，在金融科技集中地区有许多值得借鉴的培养经验可以借鉴，以促进我国全面加强金融科技人才的培养。

（一）金融科技企业建立自身培训机构

由于金融科技人才需求的迅速增长，以 BATJ 为代表的金融科技企业都建立了自己专业的培训机构（见表 6-11），以培养中高级复合型人才，提高企业员工整体素质。

表 6-11 BATJ 金融科技企业的培训机构基本情况

企业	培训机构	基本情况
百度	百度金融学院	为百度金融全体员工进行高端、系统化培训的金融科技培训机构。根据层次分别设置"融英""融智""融道"课程
阿里巴巴	人才培养平台	借助技术百家讲坛、对外交流、回炉培训等平台，针对在职人才和新人的不同需要，提供不同的培训内容，建立了企业专属的培养模式与体系
腾讯	腾讯学院	培训分为干部培训、职业培训和新人培训，具有较完整的课程体系和经典的培训项目
京东	"JDATA 算法大赛"	定期开展大赛来发掘和孵化人才

（二）高等院校专业系统的培养体系

高等院校通过专业的设置、课程的开设、研究机构的成立，在人才培养方面进行了较为系统、专业的培养，为我国传统金融转型和金融科技企业的创业领域培养了大批人才。比如，清华大学不断完善的培养体系在拔尖创新人才培养方面就起到了示范作用（见表6-12）。

表6-12 清华大学在金融科技方面的培养措施

时间	培养措施	备注
2012年	五道口金融学院成立了互联网金融实验室	在金融科技领域进行了开拓性的工作
2017年	成立了清华大学金融科技研究院	由五道口金融学院联合清华大学交叉信息研究院、清华大学法学院和清华大学软件学院成立
2019年	"人工智能学堂班"首批招生30人	是清华大学在人工智能整体学科布局上的重要举措
	五道口金融学院高管教育"互联网金融高级研修课程"11期	面向寻求数字化转型的银行、证券、保险等金融机构高管；金融科技、金融服务公司高管及在相关领域布局的投资机构决策者；互联网金融机构高管
	在全日制金融专业硕士中开设"互联网金融方向"	从2013级金融硕士生开始设立，由学院互联网金融实验室提供课题支持

资料来源：根据清华大学五道口金融学院网站资料整理。

（三）校企合作的培养

为了更好地培养金融科技专业人才，深入研究相关领域，清华大学金融科技研究院联合金融科技企业，共同成立了几个研究中心，覆盖了金融科技发展的几乎所有领域，成为我国金融科技产学研创新发展的重要基地（见表6-13）。

表6-13 清华大学金融科技研究院研究中心基本情况

研究中心	合作企业	基本情况
区块链研究中心	腾讯、ObEN、高榕资本、水滴公司、凡普金科	致力于区块链及虚拟货币的跨学科技术及应用探索、政策研究、交流合作，以及人才培养
智慧金融研究中心	玖富集团	专注于大数据、人工智能、机器学习等智慧金融领域的研究交流合作平台

续表

研究中心	合作企业	基本情况
鑫苑房地产金融科技研究中心	鑫苑房地产	通过促进学术研究和金融业界不断地交流合作，进行金融科技方面的探讨
金融大数据研究中心	百融金融信息服务股份有限公司	研究方向涵盖金融、计算机技术和数据科学三个不同领域的融合发展，致力于建设国内外一流的金融大数据研究合作平台
润博数字金融研究中心	润博房地产有限公司	致力于推动IPv6、IPv9在金融创新中的应用；数字技术、区块链技术、生物识别技术等与金融服务深度融合
阳光互联网金融创新研究中心	阳光保险集团	推进我国金融学及相关领域的学科建设，开发和推广我国金融创新产品，为金融监管部门政策的制定提供咨询

资料来源：根据清华大学五道口金融学院网站资料整理。

二、我国金融科技政策支持经验

从2014年3月李克强总理首次在《政府工作报告》中提到"互联网金融"开始，在我国政府大力支持下，互联网金融发展迅猛，一直到现在的金融科技，都是技术驱动的金融服务模式创新。[①] 我国政府相继出台了一系列措施，北京、上海、杭州等金融科技引领城市也纷纷出台了相应的金融科技政策，以促进各地金融科技的发展。具体政策措施如表6-14所示。

表6-14 我国政府和主要地区金融科技相关政策措施

时间	政策措施	主要内容
2015年	《国务院关于印发促进大数据发展行动纲要的通知》	提出推动大数据发展和应用在未来5~10年逐步实现的目标和主要任务
2017年	《国务院关于印发新一代人工智能发展规划的通知》	提出发展人工智能的战略目标、总体部署、重点任务和资源配置等内容
	中国人民银行成立金融科技委员会	加强金融科技工作的研究规划和统筹协调

---

① 《腾讯智慧金融白皮书》发布:区块链将成为智慧金融基础设施之一[EB/OL]. http://www.pinlue.com/article/2018/04/1321/146076482539.html.

续表

时间	政策措施	主要内容
2018年	启动金融科技应用试点	重点围绕加强金融科技应用、做好顶层信息基础设施建设、推动数据资源融合运用、强化监管科技应用等四方面为金融科技服务实体经济提供实践经验和相关借鉴
	《北京市促进金融科技发展规划（2018—2022年）》	在北京建设"国家金融科技创新与服务中心"方面提出相关的要求
	《关于首都金融科技创新发展的指导意见》	提出发展金融科技的必要性、总的要求和任务
	《关于加快推进钱塘江金融港湾建设更好服务实体经济发展的政策意见》	杭州市政府发布的关于金融科技发展的具体的政策意见
	《广州市关于促进金融科技创新发展的实施意见》	提出具体时间要求，建设数字化、智能化的广州，强化金融科技发展
2019年	《关于促进平台经济规范健康发展的指导意见》	针对金融科技领域的数据安全、基础设施建设、"助贷"机构准入条件要求以及消费者权益保护等问题规范行业发展
	《金融科技（FinTech）发展规划（2019—2021年）》	是我国金融科技第一份较全面的规划，确定了未来三年六大任务
	《关于促进金融科技发展支持上海建设金融科技中心的指导意见》	提出关于上海国际金融中心建设的各方面建议

资料来源：根据网络资料收集整理。

三、我国金融科技产业发展经验

我国金融科技产业虽然发展时间不长，但已居于世界前列。一些优秀的金融科技企业成绩显著，金融科技用户渗透率迅速提高。在降低成本、提高效率、推动金融行业服务实体经济方面已取得明显成效。

（一）政策利好，整体产业规模增长迅速

在良好的政策环境下，我国金融科技企业数量增长迅速，金融科技企业的营收规模高速增长（见图6-1）。

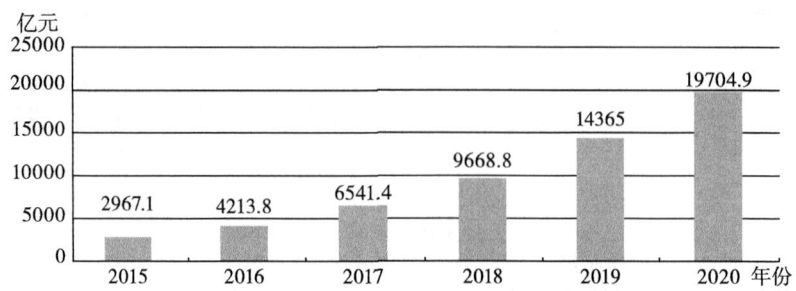

图 6-1　2015—2020 年我国金融科技企业营收规模

资料来源：前瞻产业研究院。

我国金融科技产业投资规模不断扩大。2018 年我国金融科技投资总额达到 205 亿美元，是 2013 年到 2017 年投资的总和。① 2018 年我国金融机构在技术方面的投入达 2297.3 亿元，其中投入大数据、人工智能、云计算技术等前沿科技的资金为 675.2 亿元，占总体技术投入的比重为 29.4%。②

（二）龙头企业带动整个金融科技产业的发展

我国的金融科技企业中具有代表性的是互联网巨头旗下的公司，这些企业充分利用其技术优势，带动了整个金融科技产业的发展。按市场估值来看，我国典型的金融科技独角兽企业有：

1. 蚂蚁金服

蚂蚁金服是阿里巴巴旗下的金融科技企业，2014 年正式成立。从支付宝起步，充分利用现代高科技，为全球消费者和小微企业提供快捷、便利、全面的金融服务。蚂蚁金融旗下的品牌包括支付宝、蚂蚁财富、芝麻信用和网商银行。③

2. 陆金所

陆金所是平安集团旗下的金融科技企业，于 2011 年成立，是一家互联网的投资理财平台，主要的业务是消费信贷。在平台业务中，充分利用大数据和 IT

---

① 资料来源：https://www.qianzhan.com/analyst/detail/220/190723-5eca8145.html。
② 艾瑞咨询：2019 年中国金融科技行业研究报告（附下载）[EB/OL]. http://www.199it.com/archives/953301.html.
③ KPMG 发布 2018 金融科技公司 100 强榜单：蚂蚁金服居首　前五名中国占三席[EB/OL]. http://finance.tom.com/money/201810/1500822163.html.

技术，构建先进的风险评估模型，实施风险控制，具有较强的优势。①

3. 微众银行

微众银行是腾讯旗下的金融科技企业。2014年12月获得由深圳银监局颁发的金融许可证，是由腾讯、百业源和立业等多家知名企业发起设立、国内首家开业的民营银行。② 该银行没有实体网点，通过互联网平台，利用金融科技实现贷款业务。主要产品有微粒贷、微业贷、微车贷等。

4. 京东数科

京东数科是京东旗下的金融科技企业，在2018年由京东金融发展而来，借助金融科技，主要为金融机构及实体产业服务。截至2019年6月，公司已累计服务4亿个人用户、800万线上线下小微企业、700多家各类金融机构、17000家创业创新公司、30余座城市的政府及公共服务机构。③

（三）传统金融机构助力金融科技产业发展

在互联网金融快速发展过程中，我国传统金融机构已开始积极应用现代互联网技术。随着金融科技的进一步发展，我国金融机构已和科技公司合作共建，加快实现传统金融机构数字化和线上线下业务的整合。同时，金融机构对金融科技的关注投资，也助力金融科技产业的发展。

在2019年上市银行公布的年报中，大部分都披露了金融科技投入的情况，一方面体现出金融机构在金融科技发展中的助力作用，另一方面也反映出金融与科技的深度融合。2019年我国国有大型商业银行的金融科技投入情况如表6-15所示。

表6-15　2019年我国国有大型商业银行的金融科技投入情况

银行	投入金额/亿元	占营业收入的比重/%
中国工商银行	163.74	2.2
中国农业银行	127.9	2.16
中国银行	116.54	2.12
中国建设银行	176.33	2.5

---

① KPMG发布2018金融科技公司100强榜单:蚂蚁金服居首　前五名中国占三席[EB/OL]. http://finance.tom.com/money/201810/1500822163.html.
② 资料来源:微众银行官网资料,https://www.webank.com/#/about。
③ 资料来源:京东数科官网资料,https://www.jddglobal.com/cn/abuoutUs。

续表

银行	投入金额/亿元	占营业收入的比重/%
交通银行	50.45	2.57
中国邮政储蓄银行	81.8	2.96

资料来源：第一财经，https://www.yicai.com/news/100598028.html。

四、我国金融科技发展的教训

我国金融科技发展主要集中在经济发达地区，存在着很大的地域差异及许多制约因素。

（一）我国金融科技人才短缺

我国在金融科技人才培养上具有滞后性，缺乏系统的人才培养模式，缺少实践性。金融科技人才存在严重的短缺，特别是一些三四五线城市的中小型银行和其他金融机构，人才短缺的情况更严重。

（1）企业自身的培训机构只针对内部员工进行培训，范围窄，作用力小。

（2）设立金融科技相关专业的高等院校数量少，专业数量少，综合型人才缺乏，缺少实际应用能力。

（3）出现结构性人才短缺，具备创新精神的高层次人才缺乏，区域分布不均。

（二）缺少基础设施的统一建设

我国金融科技在发展过程中存在很多问题的主要原因之一是各种标准不统一。大数据的建设、信用体系的建设完善，都需要具有统一的基础设施，才能充分地发挥作用。统一性的监管平台也需要完善的基础设施来支撑。

（三）法律法规和监管滞后性

我国金融科技发展日新月异，金融行业主体更加复杂多变，这催生了新的交易模式和交易方式，而相关法律法规和监管措施的滞后，在短期内会引发一系列的问题。

第五节　国内外金融科技发展的启示

前文美国、英国和新加坡在金融科技发展领域的经验及教训表明，金融科技的发展是没有固定模式的，由于各个国家历史因素、自然条件、政策重点及管理方式不同，金融科技发展也各自具有不同的特点与优势。

一、在对比中取长补短，促进共同生态优化

根据前文对英国、美国、新加坡和我国金融科技发展的经验借鉴，各自的特点和优势比较明显（见表6-16）。

表6-16　中国、美国、英国和新加坡金融科技发展主要特点和优势

国家	金融科技发展特点	突出优势
英国	数额大，成长速度快，覆盖领域广	政策
美国	科技创新快，企业孵化成熟	产业
新加坡	基础设施强大，政策主导	公共设施
中国	用户规模大，创新发展速度快，参与主体多元化	体验

根据毕马威与澳大利亚知名金融科技风投机构H2 Ventures联合发布的《2018全球金融科技100强》榜单，登榜企业最多的国家是美国，共有18家企业登榜，在前十位中占据三席。英国和我国分别为12家和11家，新加坡有6家。

2018年全球金融科技领域的投资总额达到1118亿美元，交易次数达到2196宗，主要集中于美国、英国和中国（见表6-17）。①

表6-17　2018年美国、英国、新加坡和中国金融科技投资总额情况

国家	投资总额/亿美元	投资交易次数/次	占全球投资总额的比重/%
美国	525	1061	47
英国	207	136	19

---

① 毕马威:金融科技脉搏——2018年下半年[EB/OL]. https://www.useit.com.cn/thread-22238-1-1.html.

续表

国家	投资总额/亿美元	投资交易次数/次	占全球投资总额的比重/%
中国	182	83	16
新加坡	3.47	61	0.3

资料来源：根据毕马威发布的《金融科技脉搏》数据整理。

二、良好的金融科技生态环境有利于金融产品或服务进行创新

政府为金融科技的发展创造了既宽松灵活，又全方位保护投资人的监管环境，出台了一系列金融科技监管规定。对于金融科技公司来说，能在有效的监管环境下发展是件非常幸运的事。

（一）将发展金融科技作为国家战略提出并组织实施

各国政府都认识到金融科技对经济增长的重要性，英国、新加坡都采取国家发展战略，通过政策支持使金融科技在投资方面快速增长，增加了收入，建设成世界金融科技之都。

1. 拟定符合本国实际的发展战略

把金融科技作为国家战略发展已经被各国认知。新加坡的发展历程，具有明显的"国家战略"特色：主要依靠金融监管局全面化、市场化的布局来促进本国金融科技的发展，政策性较强，基础设施扎实，引导整体向规范化方向发展。拟定符合本国实际的发展战略，有利于根据本国经济规律精准研究金融科技，促进本国实体经济的发展。

2. 政策支持要有侧重点

从各国金融科技发展的实际来看，不同国家都有其政策支持的重点。在金融科技发展的过程中，也要在不同发展阶段抓住侧重点，逐渐完善。我国最新提出的新基建领域中，5G基建、人工智能和大数据中心等都是直接对金融科技发展有积极影响的。这个阶段的这一侧重点将进一步加强和促进我国金融科技的稳健发展。

3. 建立专门的组织机构来协调政府与市场的关系

新加坡政府在建立专门的组织机构方面具有很好的经验。通过成立专门的创新机构，专门管理相关的金融科技业务，协调政府作用的发挥，充分发挥市场资源配置作用，为企业服务。

(二) 充分发挥高等院校人才培养优势并注重实践

金融科技属于典型的人才密集型产业，对各方面人才的要求都比较高。金融科技人才需要同时掌握金融专业知识和计算机专业知识，高层次人才还需要具备创新意识、实践能力、风险意识等，因此更为稀缺。正因如此，虽然人才的培养有多种渠道和方式，但是高等院校的培养具有专业、系统、全面的特点。各国的经验均表明，高等院校的培养优势是长期性的、连续性的。要保持金融科技持续健康发展，还是要充分发挥高等院校培养的优势，同时重视实践的应用与研究，实现高校、金融机构、企业的协同培养。

(三) 吸引长期资本投资

英国在金融科技领域的创新能力，以及其对国际资本所具有的吸引力，也是英国金融科技发展的一个重要因素。① 各国在金融科技创新发展中，也需要长期的、优质的资本投入，利用各种融资渠道，保持持续渐进的发展。

(四) 产业经济的引擎是供给方的规模经济

科技在自身发展的同时，为产业发展服务。开放银行和大数据产业是金融科技发展的趋势和基础。应避免过高估值、防范产业发展中的泡沫，保障金融科技产业的持续健康发展。

1. 开放银行是全球性产业大趋势

开放银行源于英国，通过开放 API，实现金融和生活场景的链接。

开放银行的重要性已经受到全球各国的重视。从国外的发展经验和教训来看，如何避免和应对开放银行发展中的问题，是国内银行需要注意的。英国在开放银行基础上提出的开放金融更进一步反映出共享共同发展的理念。

2. 高质量发展大数据产业

从美国大数据产业发展的经验来看，大数据产业是促进金融科技健康发展的基础。发展大数据产业应注意以下几方面的问题：

(1) 加强并保持对大数据战略和应用价值的重视程度，通过建立标准和法律法规为大数据发展提供制度保障。要规范数据开放的统一标准和应用法规，在保护个人隐私权的同时实现数据的真正共享和互通。

(2) 建设统一的数据共享平台，加强大数据发展的基础设施建设。互联

---

① 孙晓玲. 英国金融科技业爆发 挑战硅谷地位[N]. 中国证券报,2019-07-27(A06).

网金融的发展产生出大量的数据信息,但是这些数据信息存在着标准不统一、容易泄露、无法完全共享等问题,制约着大数据产业的发展。要真正解决这些问题,只有从政府层面建设统一的大数据平台和数据监测系统,进而实现全社会的数据共享。

(3) 重视大数据的安全性。数据的安全性一直令人担忧,直接影响了数据的互通和共享。在制定相关法规或使用要求的同时,要从技术上不断加强数据的安全性。

3. 防范金融科技公司高估值风险

随着金融科技的快速发展,有大量的金融科技公司成长起来,对这些金融科技公司的追捧,会在投资过程中造成部分公司高估值风险的产生。一些经营了一段时间的金融科技公司也存在着持续亏损的状态,还有一些上市的金融科技公司,对比初创时的高估值,股价出现持续下跌。对于一些高估值的公司来说,后期投资的问题严重影响了公司的持续发展。

三、重视金融科技监管,发展监管科技

监管在金融科技的健康发展中起着重要的作用,监管政策的合理性是一个关键的因素。

(一) 金融科技监管首先要保护消费者

英国和新加坡在"监管沙盒"制度中,都对消费者建立了完善的权益保护机制,创造了既宽松灵活,又全方位保护投资人的监管环境。任何一个市场,对于消费者的权益保障都要不断完善,不断出台相应的政策措施,在各个环节都要体现出来。要避免出现一些过度倾向便利性而损害消费者的情况,维护市场的正常秩序。

(二) 成立专业的监管部门

金融科技作为一个新兴的行业,创新发展的同时会出现许多不可控的因素,成立专门的监管机构,可以更有针对性地、更有效地对金融科技业务进行监测,提高测试效率。如果牵扯的部门太多,会降低客户的金融服务体验,不利于金融科技业务全流程的整合,对最终的测试结果或调整监管规定有较大的影响。

（三）实施监管科技，提高监管的效率和水平

针对金融科技的创新应用，将大数据、人工智能、区块链等科技和监管相结合，可以提升监管规则的识别度、透明度，有助于系统性风险的识别和处置。美国众议院金融服务委员会成立人工智能工作组，负责研究人工智能技术在金融监管中的应用；美国金融业监管局发起"改革数字平台计划"，整合简化与被监管机构之间的数字互动[①]；英国金融行为监管局使用新方法和新技术改进监管数据交互及提升反洗钱与金融犯罪监控的能力；新加坡金融监管局推动"数字化转型"，加强对金融领域技术风险的监管能力。中国人民银行与金融科技公司的合作可以提高效率、减少成本，更好地发挥监管科技的作用。

（四）加强完善征信系统，为风险控制提供基础保障

征信体系建设是有效实现金融监管目标的基础性保障。美国征信产业体系较完整，民众拥有极高的信用意识，个人征信市场有很强的垄断性。美国这种完善发达的信用体系在金融科技创新迅猛发展的过程中发挥了巨大的作用，征信市场由国内走向全球。

四、坚持国际化、市场化原则

金融科技在经济发展中的作用逐渐显现，世界经济发展的一体化也带动了金融科技发展的全球化进程。坚持市场化原则，规范市场准入和监管标准等，有利于国际化发展趋势。

（一）规范市场秩序

我国互联网在一段时间内发展非常迅速，导致金融市场监管不到位，出现了一些扰乱市场秩序的行为。金融科技在互联网金融的基础上发展起来，要保持金融科技市场健康发展，规范市场秩序势在必行。

（二）加强开放

虽然我国金融科技在有些方面已经走在了世界前列，但在总体的发展上还是需要进一步坚持开放，学习先进经验，从人才、资本、技术、领域等方面进一步扩大开放，坚持"走出去，引进来"。

---

① 肖翔,靳亚茹,周钰博.2019年上半年全球金融科技监管动态及趋势[J].当代金融家,2019(7)：57-62.

（三）国际协同合作

新加坡的创业加速器项目充分体现出国际协同合作的重要性，其与许多国家的金融机构、科技公司、研究院等建立了合作伙伴关系。通过开放的平台和合作机制实现信息传递、促进各国金融科技产业参与者间的交流沟通，为达成共同进步、促进就业、推动创新等提供了机会。

第七章 金融科技结合的技术应用基础

金融科技是金融与科技的结合,其侧重点在于把先进的技术应用于金融的各项业务中,使金融业务以先进的手段、先进的模式来实现,对传统金融市场、金融机构具有创造性的颠覆,同时也具有创新性的发展。大数据、人工智能、云计算、区块链等技术是金融与科技相互融合的技术应用基础,这些技术本身具有不同的特点、不同的发展现状,但是这些技术是相互联系的。本章主要针对这些技术分别进行介绍,并从应用角度说明这些技术与金融的结合及未来发展的趋势。

第一节 大数据技术

2010年前后,大数据技术伴随着云计算、互联网等技术,在传统的数据分析技术基础上发展起来。① 大数据技术的产生,实现了存储与处理大规模数据的质的飞跃,大数据技术是推动整个金融科技发展的基础技术。

一、大数据技术概述

对于大数据的具体定义,不同的机构有不同的表述,主要指的是对于超大规模的、复杂的数据,通过专业的、创新的处理办法和技术,能够快速、有效地获得我们需要的信息。

(一) 大数据技术的特点

不同于传统的在一些有规律的、有一定联系的数据中进行统计分析,大数据分析从整个认知上存在巨大改变,具有典型的特点。

1. 数据规模超大

数据规模巨大是大数据最基本的特点。现代信息社会发展不断产生巨大的信息数据,大数据容量级别也在不断扩大中。

2. 数据流转快

虽然数据的规模巨大,但是处理的速度快是大数据另一典型的特点。分布式的技术办法、云计算、智能分析等保障了数据快速流转的实现。

3. 数据种类多

从不同的角度,大数据可以划分为不同的种类。多样化的数据满足了多样

---

① 唐彬,吴晓光. 金融业大数据安全问题[J]. 中国金融,2017(23):77-78.

化的需求。从数据来源上分,行业种类有多少,大数据种类就有多少。

4. 价值密度低

通过现有的数据来反映现实中的一些问题时,因并不是专门采集的数据,所以只能是通过超过正常量的数据来满足我们的需求。

(二) 大数据技术的构成

大数据技术是一系列相关技术的集合,从数据采集开始,到数据预处理技术、数据存储技术、数据分析挖掘技术,数据可视化是大数据应用的最终结果呈现(见图7-1)。大数据可视化要贴近用户的需求,易于使用、易于理解,以最小误差传递大量的信息。

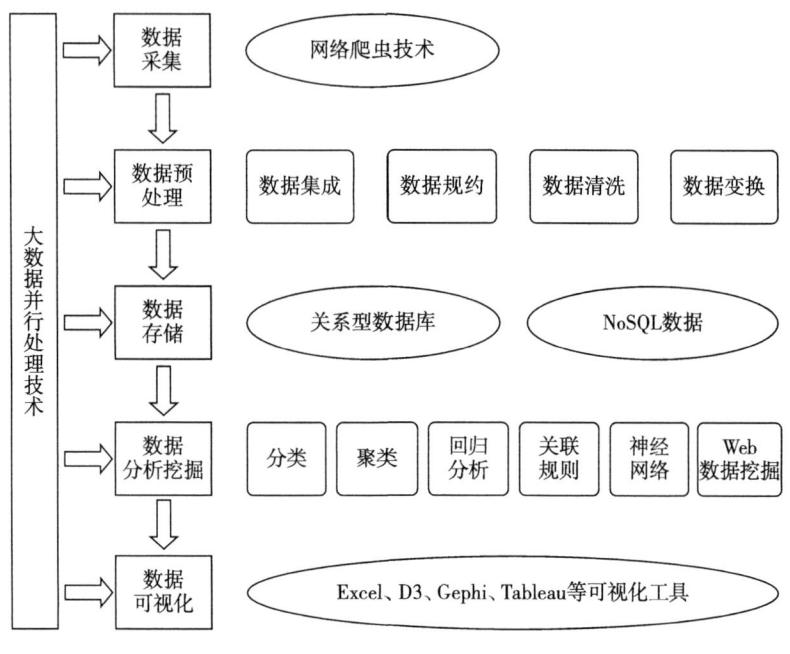

图7-1 大数据技术结构

二、大数据技术和产业发展

目前,随着技术逐渐成熟,大数据应用中的各种数据库、大数据平台发展速度快,能够提供的资源更加多样,应用场景也更加广泛,其价值和优势逐步被更多的机构所认可。

（一）政策支持大数据技术和产业快速发展

全球大数据呈爆发式增长态势，各国政府都非常关注，快速推出相关的政策来支持大数据的基础建设。我国在 2015 年发布了《促进大数据发展行动纲要》。2017 年，工信部发布了《大数据产业发展规划（2016—2020 年）》。[1] 各省市地区和各部门也立即行动起来，发布了地方和部门的大数据发展办法（见表 7-1），大数据政策已逐渐细化。

表 7-1　我国部分地区和部门关于大数据的相关政策

时间	发布地区或部门	相关政策
2015 年	贵州	《贵州省大数据产业发展应用规划纲要（2014—2020 年）》
2016 年	北京	《北京市大数据和云计算发展行动计划（2016—2020 年）》
	上海	《上海市大数据发展实施意见》
	广东	《广东省促进大数据发展行动计划（2016—2020 年）》
	环保部	《生态环境大数据建设总体方案》
2017 年	国家测绘地理信息局办公室	《智慧城市时空大数据与云平台建设技术大纲》
	水利部	《关于推进水利大数据发展的指导意见》
2018 年	中国气象局	《气象大数据行动计划（2018—2020 年）》
	教育部	《教育部机关及直属事业单位教育数据管理办法》
	天津	《天津市促进大数据发展应用条例》
2019 年	贵州	《贵州省大数据安全保障条例》
	湖南	《湖南省大数据产业发展三年行动计划（2019—2021 年）》

资料来源：根据网络资料收集整理。

（二）大数据技术成果

目前国内主流大数据平台技术中，大部分为基于国外开源产品的二次改造，研发的比例不超过 10%。

在人才和知识产权方面，2018 年我国的大数据产业相关人才数量占全球总数的 59.5%，排名第一；大数据领域论文被引用次数和相关技术专利数量在全球比例均超过了美国，并呈现持续上升趋势。[2]

---

[1]　工信部发布《大数据产业发展规划（2016—2020 年）》[EB/OL]．https://www.sohu.com/a/124658042_115035．

[2]　天府大数据：2018 全球大数据发展分析报告（附下载）[EB/OL]．http://www.199it.com/archives/881455.html．

在应用规模方面,我国已经完成大数据领域的最大集群公开能力测试,达到了万台节点。

基于非结构化数据架构的大数据平台应用最为广泛。大部分企业会选择非结构化的批处理架构(如 Hadoop)或者非结构化数据的内存架构(如 Spark)。①

(三) 大数据产业发展

大数据产业在技术支撑基础上,涉及大数据运行和应用的各个方面。全球整个市场规模快速增长,我国大数据产业在典型企业的带动下平稳增长,呈现出区域性的发展特点。

1. 市场规模

全球大数据市场规模年增长率达40%,2018年大数据市场总体价值约420亿美元,② 其中大数据软件市场规模处于高速增长阶段,大数据服务和硬件市场规模呈现平缓增长趋势。

我国大数据产业多年来保持平稳快速增长,根据国家工业信息安全发展研究中心发布的《2019中国大数据产业发展报告》统计数据,截至2019年,我国大数据产业规模已达到8000亿元(见图7-2)。

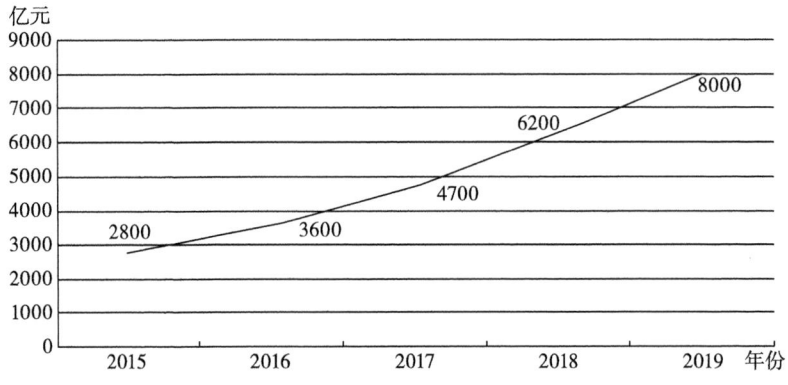

图 7-2　2015—2019 年中国大数据产业规模

资料来源:中国信息通信研究院。

---

① 《中国大数据发展调查报告(2018 年)》。
② 天府大数据:2018 全球大数据发展分析报告(附下载)[EB/OL]. http://www.199it.com/archives/881455.html.

2. 产业分布

我国大数据产业主要集中在经济发达地区,具有明显的地区特征。国家为实现大数据产业发展的区域优化,建立了国家大数据综合实验区(见图7-3)。

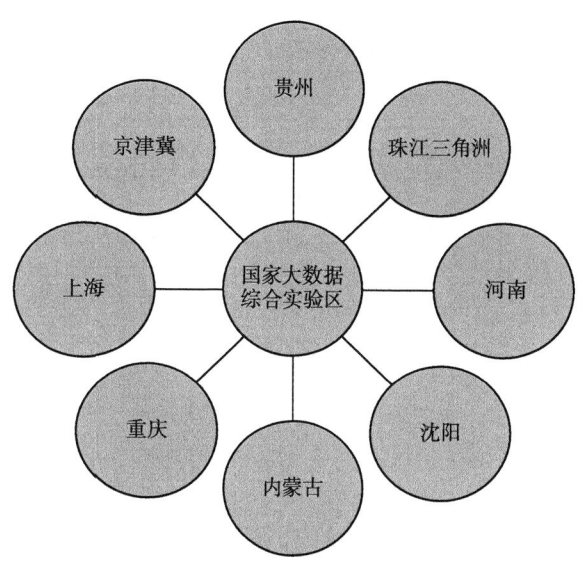

图7-3 我国八个国家大数据综合实验区

其中,京津冀地区主要是在北京中关村的技术优势条件下,在北京市相关政策支持下,逐渐产生了大量的企业,推出了我国第一个大数据交易平台,成立了"中关村大数据产业联盟",加强维护数据网络。贵州主要依靠三大运营商数据中心,建立了我国第一个省级政府使用的平台——"云上贵州"。上海以发展智慧城市为中心,将大数据与其他技术应用在一起,实现大数据的应用发展。其他综合实验区和示范基地也充分利用当地的资源与优势,共同促进我国大数据产业的发展。

在我国分批次建立的"国家新型工业化产业示范基地"中,大数据产业化示范基地逐渐增多。在最新的第九批名单中,大数据产业基地有9家(见图7-4)。

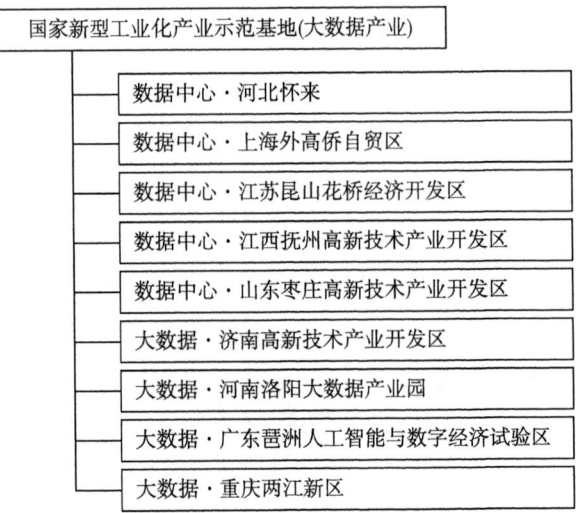

图7-4 我国第九批国家新型工业化产业示范基地（大数据产业）名单

3. 大数据企业

我国大数据企业分布在产业中的各环节。在公布的"2019中国数据企业50强"① 名单中，除了百度、阿里、腾讯（BAT）三大互联网企业外，还有华为、小米等技术性企业，浪潮卓数、美林等众多大数据企业。BAT公司在大数据方面都有突出的成绩，但是具有不同的发展战略和特点（见表7-2）。

表7-2 BAT公司大数据发展特点

公司	数据特点	主要的大数据产品类型
百度	公共数据、算法	数据存储与分析、统计与应用
阿里	电商数据、数据量	大数据基础服务、分析与应用
腾讯	社交数据、场景化	大数据分析、工具与平台

资料来源：根据网络资料收集整理。

大数据企业按类型可以分为技术型企业、咨询服务型企业和综合集成企业，其中综合集成企业占比最大，为43%（见图7-5）。

---

① 《2019中国大数据产业发展白皮书》中提到的。

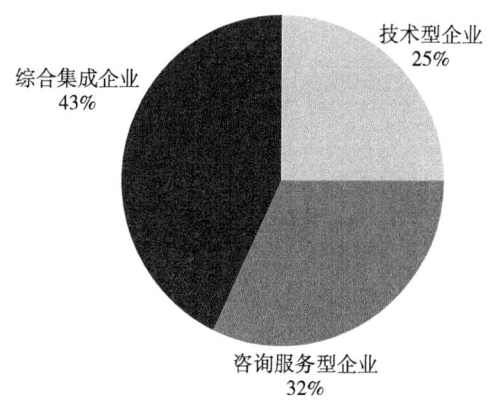

图7-5　2018年我国大数据企业类型分布

资料来源：天府大数据国际战略与技术研究院。

三、大数据与金融结合的应用

我国大数据的应用涉及的领域非常广泛，并实现了相关产业的深入发展。金融行业信息化程度高，大数据技术在金融行业领域的应用已逐渐细化和深入，如在客户分类选择、营销方式、风险管理等方面具有很大的作用，为金融机构科学决策、差别定价、业绩提升，提高整体竞争力提供了有力支撑。

（一）基本架构

大数据技术通过大量的、有效的、多样的数据，进行深度的清洗、整合、分析挖掘，可以得到数据内在的关联及所映射的风险信息。其与金融的结合也是在大数据基本平台上，通过大数据的核心技术，为金融领域提供成熟的大数据应用服务（见图7-6）。

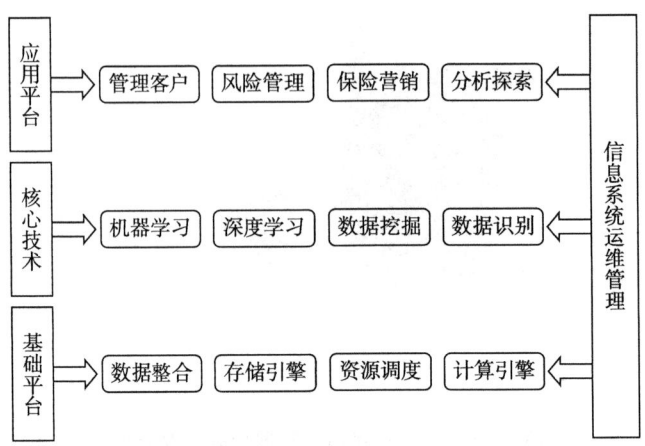

图 7-6 大数据与金融结合的基本架构

资料来源：根据平安云网站资料整理。

（二）应用基本情况和主要场景

大数据和金融的结合一方面表现在大数据企业直接进入金融领域的应用，另一方面表现在金融机构充分利用大数据技术来发展自身的业务。

大数据企业以 BAT 为代表，已经在银行、保险等金融业务领域进行了广泛的融合（见表 7-3）。

表 7-3 BAT 公司与金融结合产品

公司	金融业务产品
百度	度小满钱包、百度小贷、百度财富、百度征信、百度理财、百度有钱花
阿里	支付宝、芝麻信用、花呗、余额宝、蚂蚁保险、网商银行
腾讯	微信支付、财富通、微粒贷、理财通、微众银行

资料来源：根据网络资料整理。

金融科技更关注的还是现代金融机构通过应用大数据这一基础技术对自身的相关业务更深入、更准确地进行处理，提高效率和效益，降低风险。

1. 客户管理

金融机构主要通过采集非结构化行为等大数据来准确了解客户，减少不必要的程序，实现精准营销、打造良好客户使用体验，提高交易成功的概率，发现潜在客户，扩大客户量。

通过大数据技术应用，兴业证券较大地提高了客户数量；中国银行设计的

"中银开放平台"通过开发 API 接口,实现大数据的应用;中信银行在信用卡业务上大大缩减营销活动时间,并使交易量大增;招商银行通过大数据建立客户流失预警机制,大大降低了客户流失率。

2. 大数据征信

为解决传统征信的不足,将大数据技术运用到征信中去是必然的结果。大数据征信就是将海量数据信息经过大数据技术的处理后,用于证明一个人或企业的信用状况。大数据可以通过分析信息主体的互联网行为、社交行为、传感器监测记录等各种类型的数据,发现信息主体行为与信用之间的相关性,提供更为全面、真实有效的信息。大数据征信的成本相对于传统征信更低,可以应用于经济金融活动的各个方面。

3. 信贷风险管理

大数据风控在金融领域运用较成熟的场景可以说是信贷管理。大数据应用于信贷管理整个过程中,从获客、审核、授信到贷后(见图 7-7)。大数据能够在整个金融机构风险控制过程中提高准确性、预警性和效率。在贷款中和贷款后的管理中,大数据的运用可以大大降低成本,高效地追踪和监测每一笔贷款。

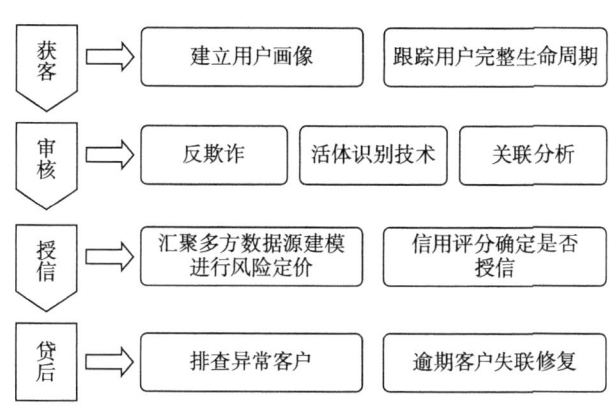

图 7-7 大数据在信贷风险控制中的应用

资料来源:人人都是产品经理,http://www.woshipm.com/data-analysis/1229072.html。

关系人图谱是现代反欺诈应用场景中最重要的手段。银行根据客户关系网络,利用大数据技术可以构建客户关系图谱,分析挖掘客户各类信息之间的关联性,实现客户信息从局部到全网、从静态数据到动态智能的跨越,发现潜在的风险并预判风险传导路径、概率、影响客群等各方面。

4. 反洗钱

随着互联网和移动支付等技术的发展，反洗钱的难度也越来越大。有效利用大数据技术，从各种信息中进行关联分析，对反洗钱等各种金融犯罪行为也具有积极的作用。

四、大数据的未来发展趋势

我国大数据发展已经逐渐走向成熟，未来大数据的发展趋势，主要表现在以下几个方面：

（一）追求高质量的大数据

大数据主要是对各种各样的信息数据进行全面的分析，这些信息来源复杂，质量有高有低，还会存在不真实的数据。一些专业人员提出，在大数据条件下，由于对错误识别的挑战，要将新的分析方法与成熟的统计分析方法结合起来，追求高质量的大数据。另外，还可以从信息数据源头、数据分析挖掘及产生的最终结果三个环节中的每一步去提高质量。高质量的大数据将会更有效地提高使用的权威性、准确性。

（二）追求共享的大数据

大数据只有在开放、共享的状态下才能实现数据整合，最大体现数据价值，促进大数据产业发展。但是现在无论是政府数据、互联网数据还是其他数据，数据拥有者往往不愿对其进行开放流通[1]。推动大数据开放、共享的政策措施一直在加强，但效果还不是很理想。

在技术上进行突破是大数据开放、共享的关键。在更多的技术上提高性能，与区块链等其他技术进一步紧密结合，数据共享和流通将会有质的飞跃。

要实现大数据的共享，还需要进行统一的规划。政府或监管部门制定明确的大数据战略，制定全行业统一的标准和规制，对各种数据进行统一的规划、组织和管理，消除信息壁垒，实现数据的高效综合利用。

---

[1] 何宝宏. 大数据产业进入提质增效关键期[J]. 经济, 2019(3): 98–101.

（三）追求安全的大数据

随着欧盟《通用数据保护条例》（GDPR）的发布和实行，个人信息安全的问题受到广泛的关注和重视。未来隐私和信息安全问题将是大数据发展的重要内容。由于大数据采集信息的渠道很广泛，现在的很多大数据处理方法都有信息泄露的可能性。

目前各国主要是在法律方面加强大数据的安全防护工作，出台相应的法律法规和标准规范。未来对大数据的安全问题还可以通过密码学、区块链、访问权限设置、数据脱敏等技术方法来解决，确保数据得到有效保护。

中国信息通信研究院正在着力推动的"可信数据服务"计划的目的就是解决大数据的安全问题。

（四）探索大数据新技术发展

1. 非结构化数据是研究的重点

大数据的数据信息来源复杂、结构多样，很多都是视频、图片等非结构化数据。在这些非结构化数据中，通过专业的分析，可获得非常有价值的信息。目前对这部分的研究还有很大的空间。

2. 发展多业务场景统一处理技术

随着互联网的进一步发展，智能终端的普及，多业务场景应用的范围越来越广，这就需要大数据技术以未来的多业务场景统一处理技术为重点，提高数据处理能力，满足应用的要求。

3. 专有高性能硬件适配

为助力某些大数据技术的突破性升级，相应的专用硬件也需要不断改进。对新型硬件的适配成为很多大数据企业未来研发计划的重点。

（五）探索大数据资产管理要求进一步提升

探索大数据资产管理将是企业大数据部门未来发展的趋势。随着大数据应用的不断深入，为了实现技术到业务价值的转化和变现，企业将越来越重视数据资产管理方法，在数据资产管理上不断寻求新的方法。

（六）大数据应用越来越广泛

大数据作为一种基础性的资源，已经融入越来越多的领域，也为产业转型升级提供了一条新的途径。在大数据技术不断成熟的过程中，更多的行业将与大数据进行深度融合，促进行业的进步。同时，大数据产业自身的发展也会衍生或分离出新的行业或领域，推动经济稳步发展。

第二节　人工智能

人工智能这一概念于 1956 年首次提出，其在发展中遭遇瓶颈期，近年来随着互联网和其他金融科技的发展，人工智能技术也有了重大突破，各国纷纷部署人工智能发展战略。人工智能成为金融科技发展的关键技术。

一、人工智能概述

人工智能（AI）是利用数字计算机或者数字计算机控制的机器模拟、延伸和扩展人的智能，感知环境、获取知识并使用知识获得最佳结果的理论、方法、技术及应用系统。①

（一）人工智能的特点

1. 涉及领域广泛，研究范畴复杂

人工智能研究领域非常广泛，不仅涉及计算机科学问题，还应用了心理学、伦理学等其他专业。研究范畴包括智能控制、深度学习、人工生命以及复杂系统等方面。

2. 为人类服务，与人互补

人工智能是为方便人的使用而产生的，代替人类完成一些固定化的、烦琐的，或者是不容易做到的任务。在节省人力的同时可以提高效率，为人类提供补充性的服务。

3. 思维融合，具有超强学习能力

人工智能模拟人的各种思维方式，并与人的思维融合发展，具有计算、认知和感知的主要特征。在固定的程序下还要有超强的学习能力，以应对在一些不确定因素下产生的随机事件，及时调整优化。

---

① 中国电子技术标准化研究院. 人工智能标准化白皮书（2018 版）[EB/OL]. http://www.cesi.cn/201801/3545.html.

（二）人工智能技术的构成

人工智能技术在基础硬件技术基础上，还包括语音类技术、尝试学习等算法、语言类处理技术和视觉技术等。这些技术相互作用，共同构成人工智能技术（见图7-8）。

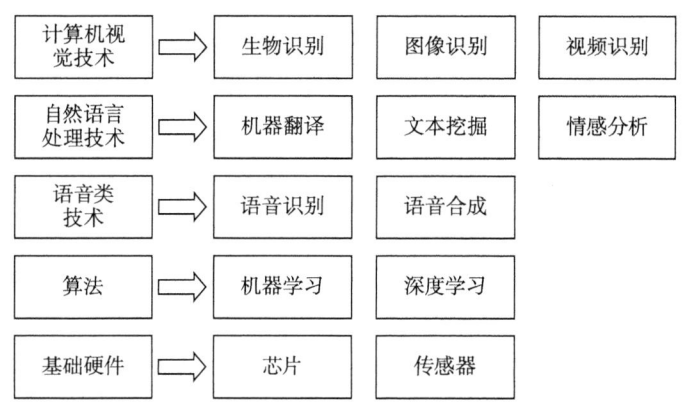

图7-8 人工智能技术构成

二、人工智能发展现状

人工智能正处于全球价值链的高端，世界各国都在积极深入进行人工智能的开发，我国人工智能发展的潜力非常大。

（一）政策支持

我国对人工智能发展极其关注，除了连续几年将其写入《政府工作报告》外，国务院、工信部等部门还提出许多直接针对人工智能产业发展的规划措施，有20多个省份也相继出台相关具体政策，形成良好的联动效应，促进人工智能产业应用的落地（见表7-4）。

表7-4 我国政府和部分省份关于人工智能的相关政策

时间	政策	主要内容
2016年	《"互联网+"人工智能三年行动实施方案》	提出人工智能发展的总体思路和目标，产业和产品创新的任务和重点工程

续表

时间	政策	主要内容
2017年	《国务院关于印发新一代人工智能发展规划的通知》	从战略高度提出发展人工智能的意义，明确总体要求和重点任务，分别设立了到2020年、2025年和2030年的目标，有全面的理论体系和制度保障
	《促进新一代人工智能产业发展三年行动计划（2018—2020年）》	为促进人工智能和实体经济的进一步融合，提出了较翔实的人工智能产品培育领域，发展智能制造，并提出相关保障措施
	《北京市加快科技创新培育人工智能产业的指导意见》	从人工智能产品应用及产业培育方面提出主要的任务、发展目标及具体的保障措施
	《关于上海市推动新一代人工智能发展的实施意见》	从人工智能与实体经济、创新创业、多元主体三个方面的深度融合来打造人工智能发展的高地
	《浙江省新一代人工智能发展规划》	指出到2022年建设成全国人工智能发展的引领区，并提出了人工智能核心与相关产业要达到的具体规模水平
	《智能贵州发展规划（2017—2020年）》	指出到2020年人工智能产业的发展目标
2018年	《人工智能标准化白皮书（2018版）》	对人工智能进行了全面概述，阐述了人工智能技术及产业发展的现状及趋势，提出人工智能标准体系
	《江苏省新一代人工智能产业发展实施意见》	简单阐述了江苏省人工智能产业发展现状，提出下一步发展的具体目标和重要任务，夯实发展的基础，培育龙头企业，加强应用及人才支撑
	《天津市人工智能科技创新专项行动计划》	提出到2020年的攻破、研制指标
2019年	《关于促进人工智能和实体经济深度融合的指导意见》	深改委会议审议通过，再次强调了人工智能产业应用的重要性
	《国家新一代人工智能创新发展试验区建设工作指引》	对人工智能开放创新平台的建设提出具体的条件、任务及步骤

资料来源：根据中国投资咨询网及网络资料整理。

（二）技术成果

我国人工智能技术在相关专利申请数量上总体呈稳定增长趋势，截至2019年底，我国的专利申请数量达到11万件，超过美国，位居全球第一（见图7-9）。

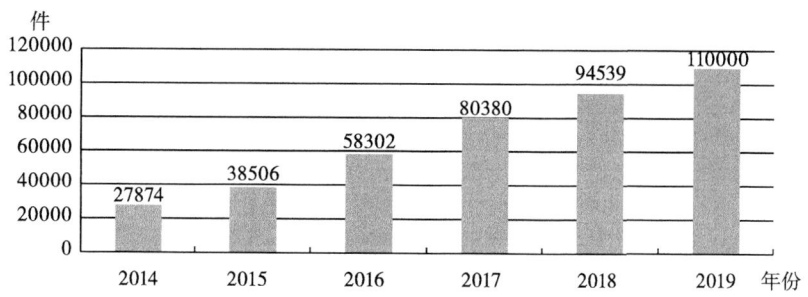

图 7-9　2014—2019 年我国人工智能技术专利申请数量

资料来源：前瞻产业研究院整理。

我国人工智能论文总量和高被引论文数量也不断增加，2019 年我国共发表人工智能论文 2.87 万篇。①

（三）产业发展

人工智能产业的市场规模较大，且具有较强的产业链带动性，主要集中在人工智能技术（机器学习、计算视觉、自然语言处理等）、芯片等底层硬件以及实际应用场景方面。人工智能核心产业链如图 7-10 所示。

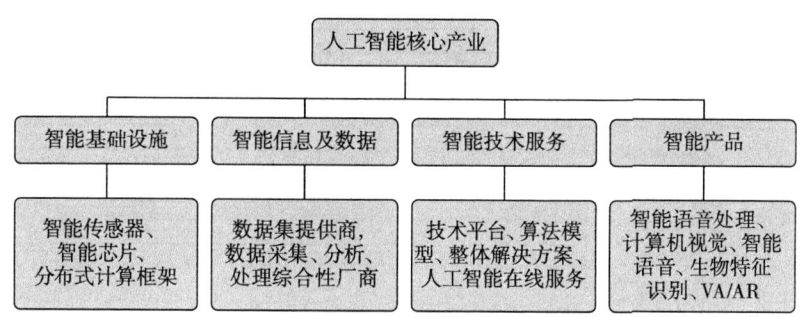

图 7-10　人工智能核心产业链

资料来源：《人工智能标准化白皮书（2018 版）》。

1. 市场规模

我国将人工智能纳入新基建重点建设领域，人工智能市场规模增长迅速（见图 7-11），预测到 2022 年将超过 2000 亿元。

---

① 《中国新一代人工智能发展报告 2020》发布[EB/OL]. http://www.chinanews.com/gn/2020/10-23/9320163.shtml.

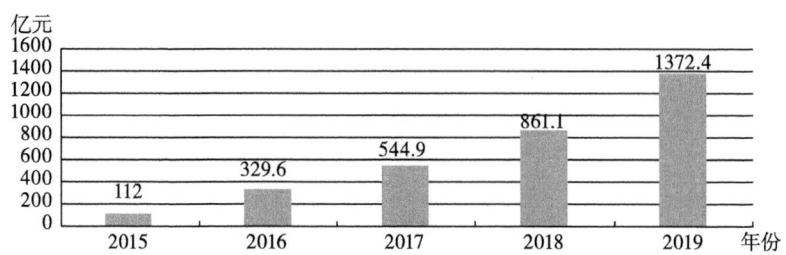

图 7-11　2015—2019 年我国人工智能产业市场规模

资料来源：前瞻产业研究院网站"中国人工智能行业规模情况"数据。

2. 产业投融资

自 2013 年以来，人工智能行业的投融资规模一直处于不断增长的状态。2018 年，全球人工智能企业共计融资 784.8 亿美元，其中我国的投融资总额达到了 157.54 亿美元，占全球融资总额的 20.07%。①

从我国 2018 年人工智能投融资资金集中区域来看，其主要集中在北京、上海、深圳等城市（见图 7-12）。

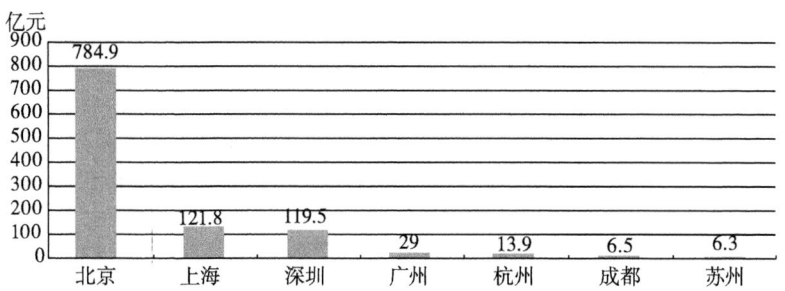

图 7-12　2018 年我国人工智能投融资金额主要地区分布

资料来源：前瞻产业研究院。

从融资资金企业领域来看，2018 年人工智能领域投融资集中在信息分发、计算机视觉、智能驾驶、机器人、智能芯片等领域；其中，智能驾驶领域的人工智能企业获得融资次数最多。②

---

① 乌镇智库发布的《全球人工智能发展报告(2018)》。
② 前瞻产业研究院《2018 年我国人工智能行业市场分析与发展趋势》。

3. 人工智能企业

截至 2019 年 2 月,我国共有 745 家人工智能企业,主要集中在北京、广州、上海等城市①(见图 7 - 13)。

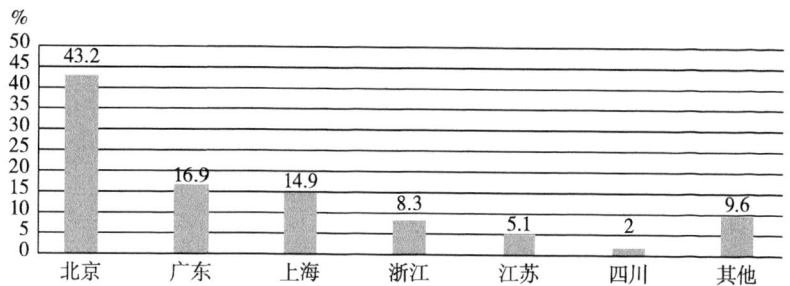

图 7 - 13　我国人工智能企业主要地区分布

资料来源:中国新一代人工智能发展战略研究院、前瞻产业研究院整理。

我国人工智能企业的应用技术领域主要集中在视觉和语音,基础硬件所占比重最小,如图 7 - 14 所示。

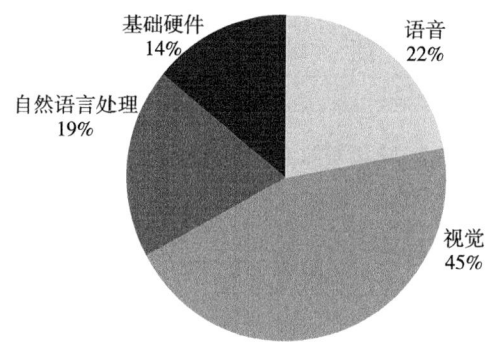

图 7 - 14　我国人工智能企业应用技术分布

资料来源:根据《我国人工智能发展报告 2018》整理。

---

① 我国新一代人工智能发展战略研究院 2019 年 5 月发布的《我国新一代人工智能科技产业发展报告(2019)》。

三、人工智能技术与金融结合的应用

我国人工智能发展迅猛，人工智能技术已经广泛应用于工业、农业、商业、医学、教育等多个领域，在提高效率和人民生活质量等方面发挥了广泛作用。其在金融领域的应用更加广泛，可以用于服务客户、网络金融安全、授信过程、风险防控和监督、投资理财等方面，增强金融服务的个性化和效率化，为我国金融行业健康快速发展提供了技术保障。人工智能与金融结合基本框架如图 7-15 所示。

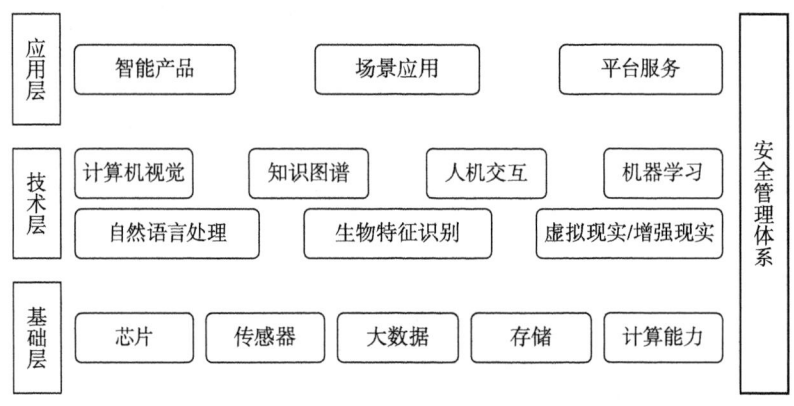

图 7-15 人工智能与金融结合基本框架

（一）智能投顾

智能投顾是利用人工智能技术，主要在线上为投资人提供一个对话场景，满足客户各种投资、理财或其他需求，提高效率，实现合理化的配置。智能投顾的优点主要表现在：最优的组合策略、差异化分析、效率高、服务范围广等。

智能投顾投资流程如图 7-16 所示。

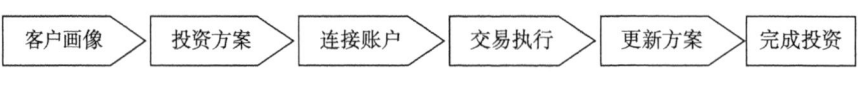

图 7-16 智能投顾投资流程

目前，市场上的智能投顾主要是与传统投资顾问相互补充，为用户提供建议或者自动配置产品。智能投顾将是一个巨大的潜在市场。

（二）智能客户服务

智能客服运用的人工智能技术通过不断完善和改进变得更加成熟，可以进一步深入地为更多的客户服务，满足个性化的要求，提高服务质量。发展智能客服能够使金融机构减少人力的使用，并提供每天 24 小时的服务。

智能客服的优点主要有：服务形式多样、服务时间长、服务成本低、服务效率高。

目前智能客服的应用主要为线上服务，线下则体现为智能机器人客服。我国六大国有商业银行线上智能客服的主要情况如表 7 – 5 所示。

表 7 – 5　我国六大国有商业银行线上智能客服的主要情况

银行	智能客服	服务情况
中国工商银行	工小智	可通过短信、融 e 联、融 e 行等 20 多个渠道为客户提供无缝服务
中国建设银行	小微	智能微服务，客户只需关注"建行客服"，即可随时随地体验建行提供的"一站式"方便、优质、高效的客户服务
中国农业银行	农农	采用灵云智能客服系统，为用户提供每天 24 小时及各种方式和平台的服务
中国银行	中行机器人智能客服	问答功能、情感分析、敏感词处理、拼音识别和错别字纠正等全方位智能服务、个性化定制服务
交通银行	信用卡智能客服	智能客服的"秒级服务"，提供猜你想办、智能播报、语音识别等智能服务，通过客户行为的辨别，对客户需求进行预判，主动提供帮助，最快 10 秒即能使问题得到解决
中国邮政储蓄银行	小邮	通过自我学习，可以提供更加智能化、个性化的每天 24 小时的服务

资料来源：根据各银行网站资料整理。

（三）智能监管

运用人工智能技术和大数据服务金融监管，反欺诈，实现金融风险的防范。其使用大数据、人工智能技术对客户的行为数据、非结构化数据进行整合分析，使风险防控能力更加强化与智能化，同时也提升了客户体验，利用事中反欺诈技术的支持，在提高风险防控能力的同时减少客户认证的方式。

腾讯云的保险反欺诈服务通过 AI 风险控制模型，准确定位在申保、核保、理赔等业务环节中所遇到的恶意隐瞒、过度投保等各种各样的恶意行为。

(四) 自动生成报告

投资银行与证券研究工作在日常业务中会有大量的具有固定模式的报告需要撰写。通过人工智能技术可将这一烦琐的工作模式化,自动生成报告。

自动生成报告主要利用了人工智能技术当中的自然语言处理技术,通过巨大异构数据的转换与分析,生成报告的基本内容。

(五) 人工智能辅助量化交易

在基金交易中,利用人工智能有关技术建立模型,通过学习预测证券的未来趋势,组成一个最优的投资组合,实现整个交易过程。

四、人工智能的未来发展趋势

(一) 注重系统安全问题

人工智能技术及产业已从感知智能向认知智能发展,智能机器人的优化发展也是未来发展的趋势。在这些技术发展的过程中,人工智能的系统安全问题是未来关注的一个主要方面。应增强系统的稳定性,减少学习中的一些错误可能,提高警惕性,尽快实现技术上的突破,更安全的人工智能会获得更加广阔的市场。

(二) 智能化应用场景多元化发展趋势

目前人工智能的应用方式还是以单一场景为主,为完成某一具体任务而设置。随着社会经济的发展,企业或个人实践应用需求也变得更加多样化,智能化应用的场景也将会是多元化发展的方向。

(三) 人工智能和实体经济深度融合

在前文提到的政策措施中,大都提到人工智能和实体经济的深度融合。党的十九大报告中明确提出了"人工智能和实体经济深度融合",所以为实体经济服务是科技发展的主要目标。为贯彻我国政府推动人工智能与实体经济深度融合的战略部署,工信部组织 2018 年人工智能与实体经济深度融合创新项目申报工作,并对入选的项目提出加强跟踪支持,做好项目经验总结推广的要求,以促进人工智能与实体经济深度融合,推动人工智能产业加快发展。[①]

---

① 工信部:切实推动人工智能与实体经济深度融合[N]. 经济日报,2018 – 09 – 18.

人工智能与实体经济深度融合的有利条件：一是政策支持；二是制造强国建设的促进；三是人工智能底层技术的开源化。

第三节 云计算技术

云计算是分布式计算的一种，它是大数据技术及人工智能技术的有力支撑。随着大数据及人工智能的战略性发展，云计算技术也必然成为不可或缺的重要技术而被世界各国重视。

一、云计算技术概述

云计算技术最早由谷歌于2006年提出。它提供的是一种服务模式，由专业人员进行管理，使用者只需要用少量的成本就能快速、便利地应用大量的资源，满足各种不同的需求。

（一）云计算技术的特点

1. 规模大

"云"的规模是超级大的，各个云计算服务商为满足需求，不断增加服务器数量，其规模也越来越大。同时，云计算服务商通过专业人员的维护和管理，为客户提供具有巨大规模的平台和资源。

2. 虚拟化

虚拟化是云计算最为显著的特点，其突破了时间、空间的界限，[1] 通过虚拟平台对相应终端操作完成数据备份、迁移和扩展等。虚拟化技术包括应用虚拟和资源虚拟两种。[2]

3. 弹性伸缩

主要体现在"云"的规模可以随时根据用户使用的需求而调整和选择，对于一些突然增加的需求也能够及时满足。用户可以利用应用软件的快速部署条件来更为简单快捷地扩展自身所需的已有业务以及新业务。

---

[1] 云计算有哪些特点[EB/OL]. https://www.lmonkey.com/t/pQEqak2Ez.
[2] 云计算有哪些特点[EB/OL]. https://www.lmonkey.com/t/pQEqak2Ez.

4. 成本低

对于使用者来说，将资源放在虚拟资源池中进行统一管理在一定程度上优化了物理资源，用户不再需要购置昂贵、存储空间大的基础设备，也不必花费过多资金去维护和管理，只需要花费相对少的资金即可通过云计算获得优质、高效的服务。

5. 风险性

网络存在着很大的安全隐患，不法分子可能会通过云计算技术对网络用户和商家的信息进行窃取，① 还有可能出现黑客的攻击、病毒等问题。云计算中储存的信息很多，同时云计算中的环境也比较复杂，云计算中的数据可能会出现被滥用的现象。

（二）云计算技术的构成

1. 云计算的服务类型

云计算服务主要分为公有云和私有云。公有云服务又可以分为三个层次：基础设施类服务（IaaS）、平台类服务（PaaS）和软件类服务（SaaS）。②

基础设施类服务：通过互联网为客户提供云端的硬件资源。

平台类服务：通过互联网为客户提供软件开发的平台，客户可以在这个云平台中开发和部署新的应用程序。

软件类服务：通过互联网为客户直接提供软件的服务。

2. 云计算技术的关键技术构成

云计算技术的关键技术构成如图7-17所示。

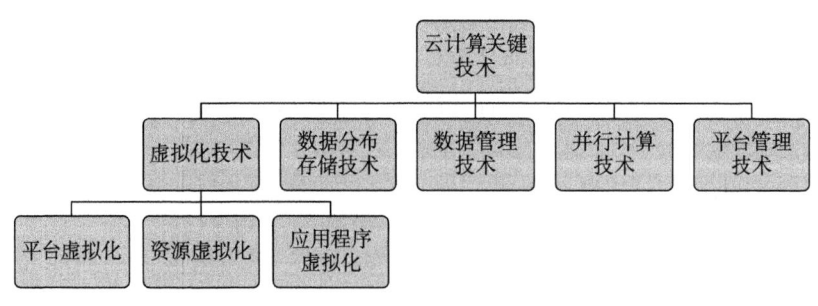

图7-17 云计算关键技术构成

---

① 赵斌. 云计算安全风险与安全技术研究[J]. 电脑知识与技术,2019,15(2):27-28.
② 云计算时代不可不知的IaaS、PaaS与SaaS[EB/OL]. 知乎, https://zhuanlan.zhihu.com/p/69420477.

二、云计算技术发展现状

随着大数据、人工智能的广泛应用,云计算技术的使用范围也在不断扩展,从政府政务平台、各产业领域到居民消费和生活的应用,在政策支持下,其产业规模和平台应用都在快速发展。

(一)政策支持

全球各国政府制定相关政策,支持云计算技术的发展。2018年,加拿大政府发布了更新后的《云优先采用》策略,美国政府重新制定"云敏捷"战略,此外,阿根廷、智利、新西兰、菲律宾等国家也发布相关政策。

我国在很多科技发展的政策措施中都有云计算相关的内容,科技部、工信部等部门也专门针对云计算技术发布了相关政策(见表7-6)。各省份在此基础上也纷纷出台了相关的企业上云的政策措施。

表7-6 我国云计算技术相关政策

时间	政策	主要内容
2012年	《中国云科技发展"十二五"专项规划》	从国家战略角度出发,提出云计算的发展目标、指标体系和关键性技术
2014年	《关于加强党政部门云计算服务网络安全管理的意见》	在加强安全保密方面进一步明确党政部门云计算服务网络安全管理的基本要求
2015年	《国务院关于促进云计算创新发展培育信息产业新业态的意见》	以市场为主导,在保障安全的基础上实现云计算产业发展提出的目标,探索新模式
2015年	《云计算综合标准化体系建设指南》	从国内外云计算发展的情况出发,提出我国云计算综合标准化体系建设的基本原则、主要内容和标准化体系框架
2017年	《云计算发展三年行动计划(2017—2019年)》	具体提出云计算发展的指导意见、重点行动计划
2018年	《推动企业上云实施指南(2018—2020年)》	明确了2020年全国新增上云企业数量为100万家的目标
2019年	《云计算服务安全评估办法》	对云服务商的各个业务状况进行评估,并提出评估的程序及提交的材料,加强云计算的安全可靠性

资料来源:根据网络资料收集整理。

(二) 技术成果

在云计算技术快速发展的过程中,技术研发也不断加深,各企业竞争加剧,全球云计算专利申请数量处于逐年递增的状态。德国专利数据公司 IPlytics 的统计数据显示:IBM、微软和谷歌在云计算专利方面居全球前三,我国仅华为排名第八。截至 2019 年 12 月,我国互联网企业在云技术领域的专利申请量共计 139780 件,其中腾讯公司专利申请量和专利授权量分别以 4899 件和 1892 件位列榜首。①

(三) 产业发展

我国云计算市场发展十分迅速,产业生态链处于进一步形成中。在政府的监管下,云计算上、中、下游服务提供商为个人、企业和政府提供云计算基础设施、云服务和云计算延伸产业及增值服务。

1. 市场规模

近年来,我国云计算市场总体规模持续增长。2019 年第四季度,我国云计算市场规模达 33 亿美元,继续保持高速增长。②其中公有云市场规模如图 7-18 所示。

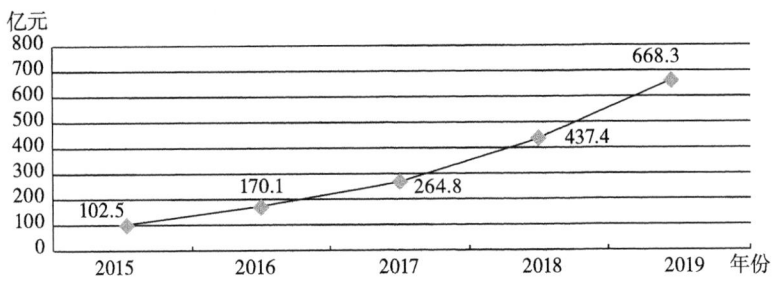

图 7-18 2015—2019 年我国公有云市场规模

资料来源:中国信息通信研究院。

我国私有云市场规模呈现稳定增长态势,如图 7-19 所示。

---

① 知识产权出版社 i 智库. 中国互联网云技术专利分析报告[EB/OL]. http://cloud.zol.com.cn/736/7367389.html.

② 英国调研机构 Canalys 发布的《2019 年第四季度中国公共云服务市场报告》。

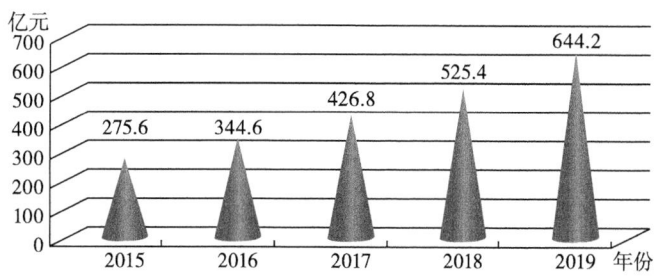

图 7-19　2015—2019 年我国私有云市场规模

资料来源：中国信息通信研究院。

2. 市场结构

从云计算服务类型来看，IaaS 市场在全球和我国市场占比均远大于 PaaS 市场和 SaaS 市场。2018 年 IaaS 市场在我国公有云市场中占主要份额，市场规模达到 270 亿元，占比为 62%；PaaS 市场规模达到 22 亿元，占比为 5%，但发展速度最快，增速为 87.9%。[①]

从云计算企业所占市场份额来看，亚马逊 AWS、微软、阿里云、IBM、Google 在公有云 IaaS 市场中位列全球前五名。[②]在我国市场，阿里云所占份额一直处于首位，2019 年第四季度达到 46.4%（见图 7-20）。

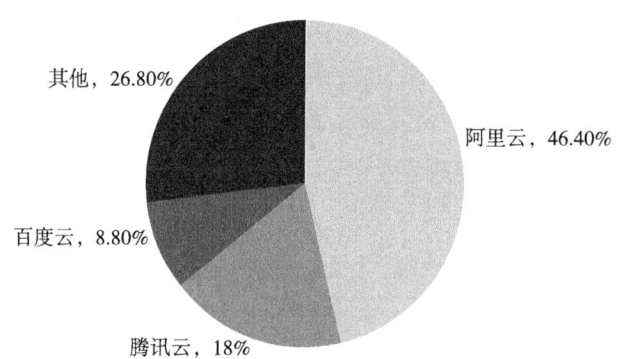

图 7-20　2019 年第四季度我国公有云 IaaS 市场份额占比

资料来源：英国调研机构 Canalys 发布的《2019 年第四季度中国公共云服务市场报告》。

---

① 资料来源：中国信息通信研究院。
② IDC：亚马逊 AWS、微软、阿里云占全球公有云市场份额前三[EB/OL]. https://www.bianews.com/news/flash? id=29946.

3. 典型的云计算服务商

（1）阿里云①。

阿里云创立于2009年，是全球先进的云计算及人工智能科技公司，在线提供先进的云计算服务，致力于让每一个人都能用上先进的技术和智能服务。阿里云在全球公共云市场份额中位居第三，服务客户超过230万，为全球客户部署200多个飞天数据中心，通过底层统一的飞天操作系统，为客户提供全球独有的混合云体验。其提供的主要产品如表7-7所示。

表7-7　阿里云产品分类情况

大类	二级分类产品
云计算基础	弹性计算、存储服务、CDN与边缘、数据库、云通信、网络
安全	数据安全、安全服务、身份管理、安全解决方案
大数据	大数据计算、大数据搜索与分析、大数据应用、数据可视化、数据开发
人工智能	智能语音交互、图像搜索、人脸识别、图像识别、视觉计算、内容安全、机器学习平台、大脑开发平台
企业应用	域名与网站、注册公司、知识产权服务、应用服务、智能设计服务、移动云、视频云、专有云、消息队列MQ、微服务、智能客服、区块链、SaaS加速器

资料来源：根据阿里云官方网站资料整理。

（2）腾讯云。

2013年9月9日腾讯云正式全面向社会开放，为客户提供全面的基于云端的产品和服务。腾讯云共获取了40多项专项认证，提供210多种产品服务，其主要产品分类如表7-8所示，服务客户超过200万。2016年腾讯云发布全球云服务版图，构建覆盖全球的数据中心，为我国出海企业以及海外本土企业提供最经济、安全的云服务。②

表7-8　腾讯云产品分类情况

大类	二级分类产品
基础	计算、网络、CDN与加速、中间件、云通信、数据处理、量子技术等
安全	网络安全、终端安全、金融风控、内容安全、营销风控、专家服务、安全管理等
大数据	云智大数据平台、云智大数据可视化、云智大数据应用

---

① 资料来源：阿里云官方网站,https://www.aliyun.com。
② 资料来源：腾讯云官方网站,https://cloud.tencent.com/about。

续表

大类	二级分类产品
人工智能	人脸识别、AI平台服务、自然语言处理、人体识别等
企业应用	域名与网站、物联网、区块链、企业应用、企业通信、办公协同
行业应用	金融服务、游戏服务、移动服务、建筑服务等
开发者服务	云资源管理、管理与审计、监控与运维、开发者工具

资料来源：根据腾讯云官方网站资料整理。

（3）金山云。

金山云创立于2012年，是我国最大的独立云服务商，在云计算产品方面进行自主研发，已经构建了完备的云计算基础架构和运营体系。金山云业务范围遍及全球100多个国家和地区，服务企业级客户超过4万。①金山云的主要产品分类如图7-21所示。

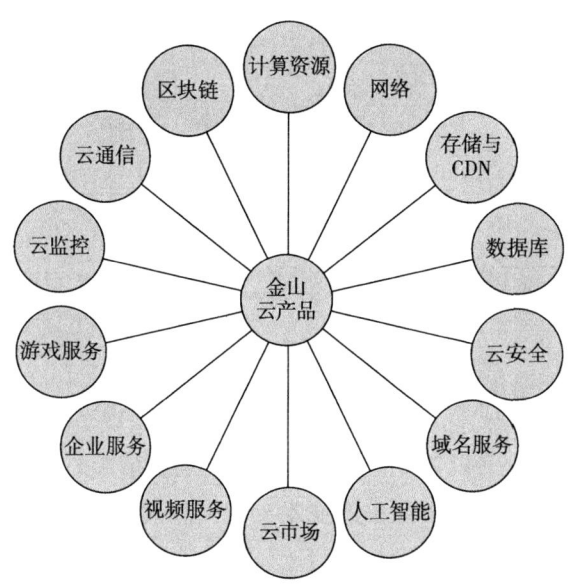

图7-21 金山云产品分类

资料来源：根据金山云官方网站资料整理。

（4）百度智能云。

2015年正式开放运营，专注于为所有客户提供ABC（人工智能、大数据、

---

① 资料来源：金山云官方网站,https://www.ksyun.com/。

云计算）技术相结合的平台服务。百度智能云已发布超过 130 款产品和近 40 个解决方案，助力各行各业实现智能化转型。①百度云的主要产品分类如图 7 - 22 所示。

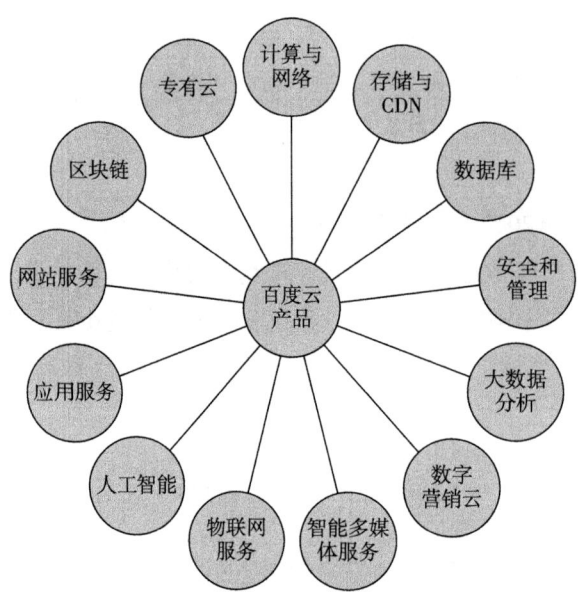

图 7 - 22　百度云产品分类

资料来源：根据百度云官方网站资料整理。

三、人工智能与金融结合的应用

金融科技企业大多以云计算技术为依托，主要结合大数据技术和人工智能技术，为金融机构提供主要业务的技术支持，从而改变金融行业的服务模式，实现高效、低成本的目标。

云平台基本架构如图 7 - 23 所示。

---

① 资料来源：https://cloud.baidu.com/。

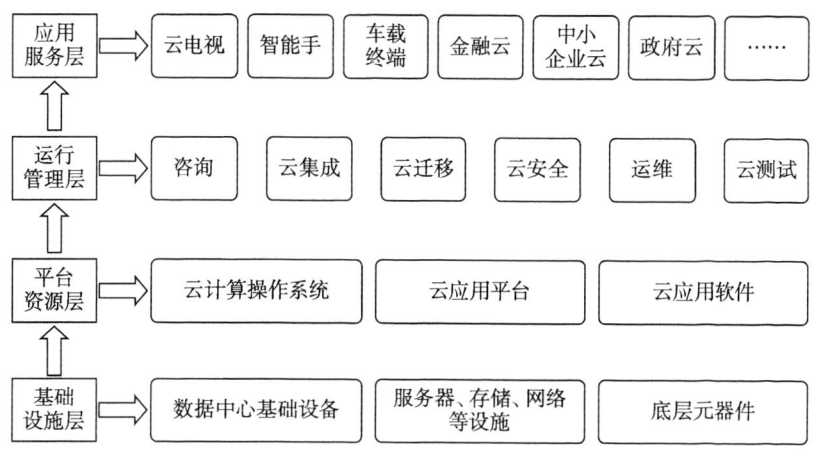

图 7-23 云平台基本架构

金融与云计算技术的结合，为客户提供了更加便捷的服务，只需要在终端上简单操作，就可以完成银行存款、理财等金融活动。阿里巴巴在 2013 年推出了金融云服务，还有很多金融科技企业推出了自己的金融云服务。

（一）金融云

以阿里云为例，金融云是专门针对银行、保险等金融机构提供服务的行业云，通过独自的网络集群给相关金融机构提供符合金融监管要求的云产品和服务。阿里金融云服务以云计算为支撑，在杭州、上海、深圳都有金融云数据中心，帮助金融机构的 IT 系统整合入云，实现快速交付，降低业务启动门槛。阿里金融云具有低成本、高弹性、高可用、安全合规等特点。[1]

阿里金融云整体产品行业图如图 7-24 所示。

---

[1] 资料来源：阿里云官方网站，https://www.aliyun.com。

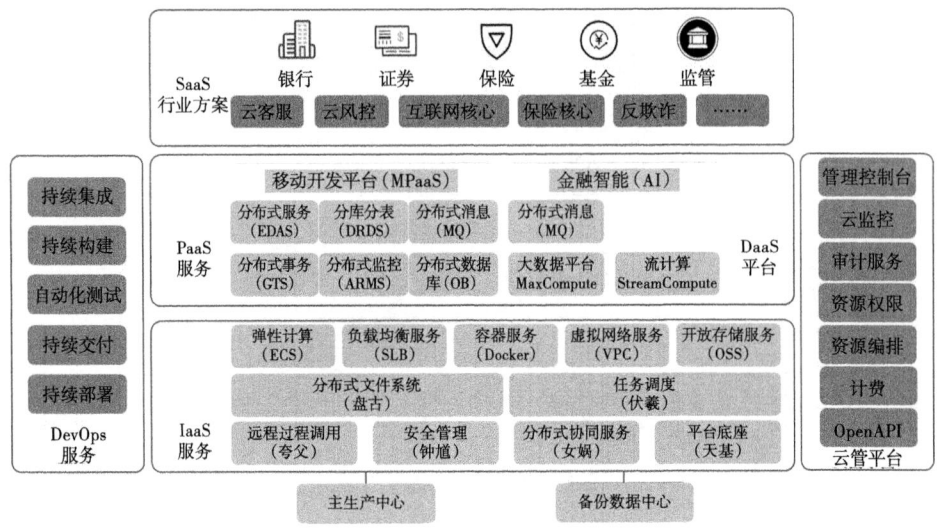

图7-24 阿里金融云整体产品行业图

资料来源：阿里云官方网站，https://www.aliyun.com/。

（二）提升银行业基础架构的弹性

云计算技术的推出，各个层次云平台的搭建，可以为银行业各项业务的创新发展提供便利，加快信息的共享速度。利用专业的云计算平台不仅可以大幅度地提高运行效率和质量，还可以充分体现云计算的特点，提升基础架构的弹性。银行业成功应用云计算推动业务和运营模式创新的例子有很多，如银行信用卡业务和征信系统，还有银行信贷业务，可以提高信贷数据处理能力，优化信贷业务操作。

恒丰银行金融云平台是基于开放开源的 OpenStack 云平台，2017 年将其核心银行系统以及其他的 100 多个应用系统全部转移到金融云数据中心，达到了全部应用整体上云和升级改造。工商银行 2010 年建立基础设施云，面向不同用户提供了多样的、强大的管理功能，并实现了面向应用的资源进行灵活调整的功能。上海银行搭建了基础设施云（IaaS）平台，在资源的运用上更加稳定、高效。

（三）助推保险业业务发展效率化

在《中国保险业发展"十三五"规划纲要》中，已经针对保险业的发展提出要利用云计算等互联网技术，扩大服务的范围，提高要素配置的创新效率。国内已有诸多保险企业将云计算应用于信息系统创新建设中。如国泰产险，在引入蚂蚁金融云 SOFAStack 云原生应用引擎后，金融级云原生保险中台落地实践，大幅提高了协作效率，增强了持续运营能力。

传统保险企业积极和新兴互联网科技公司合作，利用云计算开展全面的保险业务。腾讯公司与阳光保险合作，利用金融云平台为各种保险业务提供全面的、高效的、稳定的服务，实现保险业务的创新和发展。

保险业对于云计算在安全性方面以及标准规范方面具有迫切的需求。2019 年底，经过多家机构及专家的探讨，中国保险行业协会联合中国通信标准化协会发布了关于保险行业云计算的五项标准。这些标准的规范，对于促进保险科技的发展具有重要意义。

（四）助推证券业创新发展安全化

证券业利用云计算技术，可以降低资源浪费，随时扩充交易平台，满足证券交易增长的需要；可以防止病毒入侵，减少系统运行风险，提高交易和数据传输的安全性，提高业务效率；可以给客户提供账户管理服务，大大缩短开户时间，实现统一客户身份认证，获得更高的客户满意度；可以降低证券公司的运营成本，为网上证券业务的创新发展提供可能。

申银万国证券公司建立的企业云计算中心，将云计算作为公司 IT 发展策略，改变了公司的盈利模式。招商证券选择 Azure 作为唯一云服务供应商，构建企业云混合平台，促进业务创新，不断改进和推出新的功能模块及增值服务产品，创造更好的客户体验与价值。

四、云计算技术未来发展趋势

云计算在全球广泛发展中成为各领域大数据应用的重要支撑，在需求不断扩大中优化创新发展。

（一）云原生

未来云计算技术的发展倾向于采用基于云原生的技术，在动态环境中，充分展现云资源的优势，使客户能够快速、高效、低风险地开展业务。云原生不是仅仅开设云服务器账号，或者是把一些现有的应用或业务搬到云端，而是用一种全新的方式来构成和搭建的。

（二）云智能

云智能就是人工智能与云平台的结合。云计算的发展会产生大量的数据，人工智能核心的算法在云平台的应用会使两者互相作用、共同提升，产生"1+1>2"的效果。

（三）混合云

因为考虑到安全性的问题，目前金融行业运用的云平台以私有云为主。特别是金融机构的一些重要的信息数据和相关业务，使用私有云更加安全、可靠。但是私有云的弹性较差，不利于业务的创新发展。

混合云则结合了私有云和公有云的优点，以弥补不足。混合云有同构混合云和异构混合云，相对而言，同构混合云可以更好地满足未来发展的要求，是未来云计算的发展方向。

第四节 区块链技术

区块链是比特币的核心技术。随着比特币的发展，人们逐步关注比特币的底层技术——区块链技术，并对其进行深入研究，发现区块链技术的安全稳定性和不可伪造性可以应用于更多的领域。

一、区块链技术概述

2016年是区块链技术发展历程中关键的一年，区块链被大力关注与推广。区块链是基于多种技术融合的一个概念，在2016年由工信部发布的《中国区块链技术和应用发展白皮书》中，对区块链有如下定义：区块链是分布式数据存储、点对点传输、共识机制、加密算法等计算机技术在互联网时代的创新应用模式[1]。

---

[1] 工信部.中国区块链技术和应用发展白皮书(附PDF全文)[EB/OL].https://www.sohu.com/a/224324631_711789.

（一）区块链技术的特点

1. 去中心化

去中心化是区块链最突出、最本质的特征。点对点网络和分布式数据是区块链去中心化的基础，不需要第三方机构，所有节点通过特定的软件写入存储信息内容。

2. 公开透明

区块链技术本身具有开源性，区块链上面的数据大家都可以看到，都能够使用公开的接口获得相关的资源，因此使用区块链建立起来的系统具有公开透明的特点。

3. 不可伪造

区块链本身的加密技术和数据结构保证了其不可伪造的特点。每笔交易都是按照一定的时间顺序链接的，且采用非对称型密码学原理对数据进行加密。

4. 安全稳定

区块链的共识机制、加密算法等技术使区块链本身在安全方面有很好的保障，要改变相关的数据内容是一件很困难的事情。技术本身参与的节点越多，更改起来就越困难，安全性很高。

（二）区块链技术的构成

1. 核心技术

区块链技术是一个技术合集，区块链核心技术如图7-25所示。

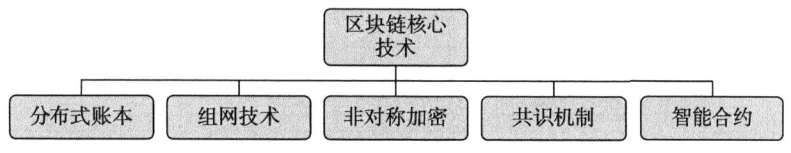

图7-25　区块链核心技术

2. 分类

根据区块链的开放程度，可以分为公有区块链、联盟区块链、私有区块链[①]。公有链是应用最广泛的区块链，无中心化服务器，所有参与节点不需要进行身份认证，任何人都可以参与其共识过程。联盟链的参与者是入盟协议特定人群或机构，在共同管理下一起进行系统的维护。私有链则是在某一具体的应用场景下，只有特定的节点被允许使用的区块链。

根据区块链的发展阶段，分为区块链 1.0、区块链 2.0、区块链 3.0 三种类型。

二、区块链技术发展现状

我国区块链技术及行业发展尚处于初步发展阶段，但随着国家政策的持续支持，各地政府落地政策的实施，区块链技术逐渐取得突破，产业下游应用领域需求不断加大，区块链行业也将会保持高速增长。

（一）政策支持

我国政府出台相关政策积极支持区块链技术的发展，各地区也都努力寻找区块链发展的契机，出台了直接针对区块链的专门的措施（见表 7-9）。2019 年各地政府出台的政策与地方特色相结合，寻求区块链技术服务实体经济的落地场景。

表 7-9 我国政府和部分省份区块链相关政策

时间	政策	主要内容
2016 年	《国务院关于印发"十三五"国家信息化规划的通知》	在总结我国"十二五"信息化发展现状的基础上，提出"十三五"发展的主要指标，提出区块链技术要求
	《中国区块链技术和应用发展白皮书（2016）》	关于区块链的一个较全面的应用场景分析和技术发展标准
2017 年	上海市《互联网金融从业机构区块链技术应用自律规则》	是国内首个互联网金融行业区块链自律规则
	《广州市黄埔区广州开发区促进区块链产业发展办法》	通过较为翔实的奖励政策支持当地区块链产业的发展
	重庆市《关于加快区块链产业培育及创新应用的意见》	通过对区块链产业基地和龙头企业的具体要求和支持来创新当地区块链发展

---

① 高登云,李露,卞卉.基于 BSC 的企业区块链财务共享中心绩效评价研究[J].财经界,2021(1)：86-90.

续表

时间	政策	主要内容
2018 年	《2018 年信息化和软件服务业标准化工作要点》	提出关于"全国区块链和分布式记账技术标准化委员会"建立的问题
2019 年	《区块链信息服务管理规定》	主要从安全角度对区块链信息服务提供者提出相关的要求和保障措施
	重庆市《关于进一步促进区块链产业健康快速发展有关工作的通知》	提出要加大区块链企业引进培育力度、推进重点领域区块链技术示范应用等内容
	《黄埔区、广州开发区加速区块链产业引领变革若干措施实施细则》	从设立区块链产业基金、突出区块链原始创新、补助区块链企业或机构等方面出发,对该地区区块链发展做出了详细规划

资料来源:根据网络资料收集整理。

(二)技术成果

我国在区块链专利申请方面具有一定的优势。2016 年至 2019 年 10 月,我国区块链专利申请总数从 745 条增至 12909 条,数量增长了 16.33 倍,而获得授权的区块链专利,从 102 条增至 480 条,数量增长了 3.7 倍,但是授权率从 18.09% 降至 4.48%。[①]我国还积极参与国际组织区块链标准制定工作,在 ISO/TC 307《区块链及电子化的分布式账本技术》标准制定中承担分类和本体的编辑以及参考架构的联合编辑职务。[②]

(三)产业发展

我国区块链产业在政策支持下快速发展,大量资金不断涌入,初创企业的涌现使整体市场规模都在快速增长,产业初步形成规模。截至 2019 年 5 月,全国已成立区块链产业园共计 22 家。[③]

1. 市场规模

我国区块链行业市场规模增长速度较快,未来发展空间较大(见图 7 - 26)。

---

① 2019 年全球区块链专利申请排行榜[EB/OL]. 零壹财经, http://www.01caijing.com/article/252809.htm.
② 工信部赛迪区块链研究院发布的《2018—2019 年中国区块链发展年度报告》。
③ 互链脉搏联合赛迪区块链研究院发布的《2019 年中国区块链产业园发展报告》。

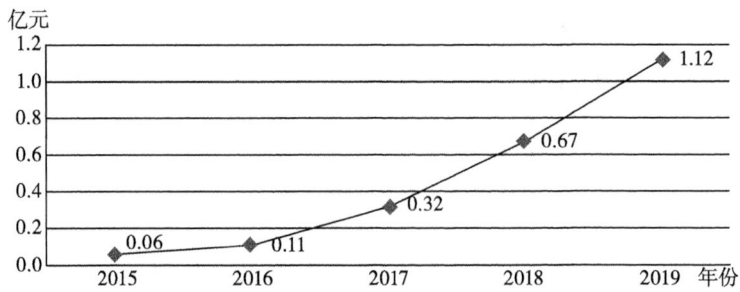

图 7-26 2015—2019 年我国区块链行业市场规模

资料来源：前瞻产业研究院。

2. 产业投融资

我国区块链行业投融资 2018 年爆发，融资金额是 2017 年的近十倍。2019 年回归理性，其融资数量和融资金额都出现了大幅度回落（见图 7-27）。

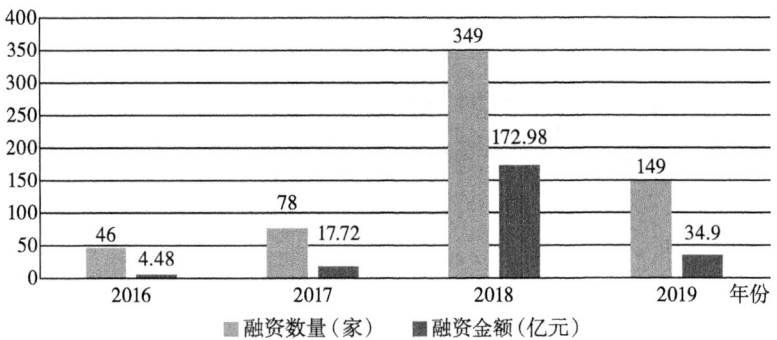

图 7-27 2016—2019 年我国区块链行业投融资情况

资料来源：壹零智库。

3. 市场结构

截至 2019 年 6 月，全国各地共有区块链企业 704 家。从区块链公司地域分布来看（见图 7-28），其具有明显的集中的特点。其中，北京的企业数量占比达到 33%，具有绝对的优势。

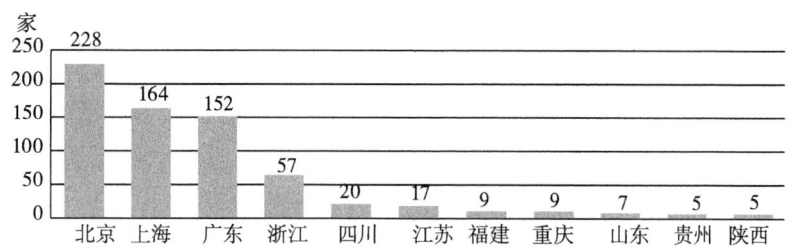

图 7-28　我国区块链企业地域分布情况（截至 2019 年 6 月）

资料来源：斯雪明. 区块链应用与产业现状及发展趋势 [EB/OL]. http://www.doc88.com/p-9909922489686.html.

三、区块链技术与金融结合的应用

区块链已经被作为一种底层技术，在与金融业结合的过程中，改变金融行业的底层技术架构，提升金融业的核心服务能力。区块链技术与金融的结合充分体现出区块链技术本身的主要优点，可编程智能合约，安全性高，从而在大大减少费用的同时，快速完成交易支付。

区块链技术与金融业务实现场景搭建，在国际汇兑、保险、信用证和证券等方面都存在着巨大的应用价值。区块链基本架构如图 7-29 所示。

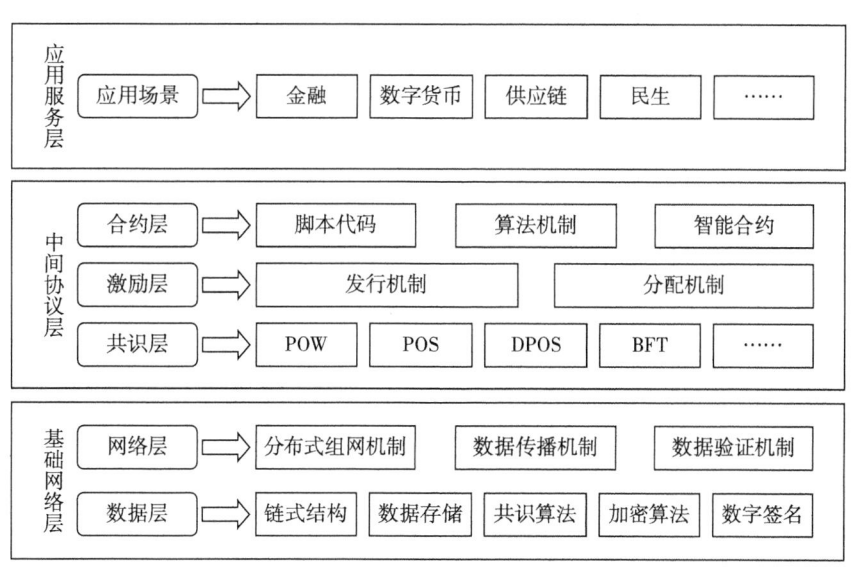

图 7-29　区块链基本架构

（一）票据市场

票据是一种依赖"可信第三方"的有价凭证。当前电子票据的应用虽然提高了票据的安全性和效率，但是票据市场参与机构众多，情况仍然复杂，信用风险高。区块链技术本身的优势特点可以有效解决票据市场的许多问题，实现智能监管和风险控制。

2016 年，我国利用区块链技术开发的数字票据概念被提出，国内对区块链与票据结合的研究也在不断深入。2017 年，中国人民银行数字票据交易平台运行成功。2018 年，深圳市税务局与腾讯联合开展区块链电子发票试点工作。招商银行也顺利投产区块链电子发票服务平台。

（二）支付结算

目前支付清算主要依赖于银行体系，每笔交易都需经过银行代理，过程复杂，特别是跨境支付成本高、效率低、风险大。区块链有效解决了这些问题，提高了支付速度，而且降低了成本，安全性更高。

2018 年 6 月，蚂蚁金服首先在香港实现了基于区块链技术的跨境汇款业务。Visa 推出的跨境支付，也是在区块链技术支持下实现的。

（三）保险业务

在保险业务中，区块链借助其分布式账本技术、去中心化和全网公开等特点，可以对投保个体进行分类营销，解决信息不对称问题、精简保险的销售理赔流程、降低核实管理成本、提高赔付效率。区块链保险不需要借助任何保险中介机构，保险资金的归集和分配也变得公开透明。

我国区块链技术与保险的结合首先是 2016 年阳光保险推出的"阳光贝"积分平台，推出积分互通方案，建立积分联盟链。同年阳光保险又推出利用区块链技术开发的微信保险卡单。中国人寿保险 2017 年与蚂蚁金服合作，使用区块链技术，尝试将信息公开；2018 年又与区块链支付管理公司 QatarPay 合作，目标是实现数字化转型。此外，民生保险、泰康保险、华安保险等保险公司利用区块链分别实现了积分功能、进行数据公开和建设了区块链保险平台等。

上海国际金融中心以"区块链 + 保险"为突破口，充分体现金融科技的功能，提升中心的服务质量。

目前来看，区块链在保险领域的应用主要体现在数据方面。

（四）信托业务

金融机构可以利用区块链技术从根本上解决供应链金融信托真实性的问题。针对信托产品风险防范的问题，可以采用区块链技术对信托计划在尽职调查和投后管理等环节的工作内容进行存证。针对信托业务中的担保问题，区块链技术可以实现动产担保资产的实时监控和确定保证，从而解除动产抵押信贷产品在实际中造假等问题。[1] 2017年北方信托与IBM达成合作，基于区块链的解决方案，将其应用于私募股权投资业务。北方信托运用区块链技术，利用去中心化的交易网络构建可信任的交易环境，解放了大量的劳动力，提高交易处理速度和资金利用率，实时追踪信托计划，用数学算法解决信任问题，满足投资者需要更多信息披露的需求。

（五）证券业务

区块链技术在证券发行、股权交易、交易所清算系统等方面产生了深远影响。区块链的分布式账本可以实现股票、债券与其他金融资产的登记、质押等业务的开展；上市机构及投资者可以在安全、高效的平台上自主完成交易。这些不仅大幅减少了交易成本，而且极大地提高了交易时效性，同时还能减少人工操作风险。

2015年美国纳斯达克推出的专门服务私人股权市场的Linq平台是区块链技术应用在股权交易领域的一个典型的案例。而且利用区块链技术，股权交易的结算时间大大缩短，从而大幅减少了结算风险。

四、区块链技术未来发展趋势

由于各国抢占技术优势的力度在不断加大，全球区块链发展的政策、技术和应用环境不断优化。未来区块链技术的发展和落地应用将会不断加速，进而会促使全球新一轮的技术变革和产业变革。

（一）跨链技术和侧链技术的发展

随着区块链应用在各个领域的深化，区块链的互联互通是未来发展的一个必然趋势。跨链和侧链技术都可以增强区块链的可拓展性，两者之间是相辅相成的。跨链可以实现不同链上的资产以及数据、功能互通，侧链则对实现跨链

---

[1] 鲁嘉宁. 区块链技术在信托行业的应用[D]. 济南:山东大学,2018.

起到服务的作用。

跨链技术未来的发展主要表现在交易验证问题、事务管理问题、锁定资产管理问题和多链协议适配等方面。[①]侧链未来发展主要在于管理和监管方面。

(二) 私有链和联盟链的发展

未来的区块链应用向实体经济发展，企业应用是区块链的主要场景，企业使用区块链技术来增加安全性，减少成本，服务实体经济更加有效。企业更多使用的是私有链，私有链在管控、监管合规、性能等方面更符合企业关注的内容和要求。但是私有链并没有真正地去中心化，有很多人质疑私有链到底能不能算是真正的区块链，未来能否发展下去。

联盟链更好地解决了企业应用的问题，未来发展的空间很大。如果要建立适合各个行业的联盟链，还需要解决共识的方式和参与共识的节点数量的问题、安全保障问题、联盟可持续性问题、高扩展性问题等。

(三) 产业应用的发展

近年来，我国区块链产业发展十分迅速，不论从宏观层面，还是从微观层面，无论是区块链底层的基础架构，还是产业领域的场景应用，都受到广泛的关注。当前，区块链技术使用的范围已经向更多的产业领域拓展，与实体经济产业进一步融合，促进产业的发展。

(四) 区块链标准化的发展

随着区块链技术的深入发展，区块链标准化工作对未来区块链技术的发展具有关键性的作用。区块链的标准化应在统一的认识下逐步完善，进一步加快标准化的进程，开发统一标准的研究成果。区块链的标准化有助于完善区块链产业生态、减少风险、扩大区块链技术的实际应用范围。

第五节 物联网技术

物联网技术属于互联技术的一部分，是信息产业发展的一个新的高点，也是金融科技的关键技术。互联技术的另一部分移动通信技术从1G、2G、3G、

---

① OK资本. 区块链3.0：侧链与跨链行业趋势报告[EB/OL]. https://blog.csdn.net/starzhou/article/details/81155836.

4G 到 5G，不断地升级和优化，移动终端的硬件和软件功能也在不断优化升级，智能手机功能不断强大，带动着整个互联技术的发展。

一、物联网技术概述

物联网的概念最早出现于 1995 年比尔·盖茨的《未来之路》一书中。2005 年，国际电信联盟（ITU）发布《ITU 互联网报告 2005：物联网》，"物联网"被正式提出。①

《物联网白皮书（2011 年）》中对物联网的定义为"物联网是通信网和互联网的拓展应用和网络延伸，它利用感知技术与智能装置对物理世界进行感知识别，通过网络运输互联，进行计算、处理和知识挖掘，实现人与物、物与信息交互和无缝对接，达到对物理世界实时控制、精确管理和科学决策的目的"。②

（一）物联网技术的特点

1. 整体感知

利用红外感应器、二维码等感知设备来对整个物体进行感知，收集物体的全面特征。

2. 信息交互

通过感知设备使物体具有可识别、可感知、可交互的能力，通过互联网传递信息，从而达到物与物、物与人之间的信息交互。

3. 智能处理

通过使用智能技术，对感知设备接收到的各种信息进行整理、统计，输出结果，实现远程操作及监控。

（二）物联网技术的构成

物联网的技术并不是创新的技术，而是对已有技术的综合性应用，并在改进的同时实现全新的模式转变。

---

① 沈祥金.深度理解物联网[J].电子商务,2011(9):2-3.
② 工业和信息化部电信研究院.物联网白皮书(2011 年)[EB/OL].http://www.freewucan.com/index.php/1944.

从关键技术看，物联网主要有以下四种技术[①]：

①RFID 技术，也称为电子标签技术，是将无线射频技术和嵌入式技术结合起来形成的综合技术。RFID 通过射频信号自动识别目标对象，可以同时读取多个标签，可以在各种情况下使用。

②传感网络技术，主要是感知事物的传感器技术。另外，在传输网络的层面上包含有线传感网络技术、无线传感网络技术和移动通信技术。网络传输的速度和质量决定了设备连接的速度和稳定性。

③智能技术，是指思考事物的智能技术，让连接起来的物体具有学习能力，最终实现物体的智能化。

④纳米技术，是用于微缩事物的技术，使物联网中进行交互和连接的物体体积越来越小，从而更好地发挥嵌入式智能的作用。

从网络看，物联网技术主要有三种：

①蜂窝通信技术，就是指 3G、4G 或 5G 技术。

② LPWA 技术（低功耗广域通信技术），包括 NB‐IoT、LTE‐M、LoRa、Sigfox。

③局域物联网，通常定义为 100 米以内的互联技术，包括 Wi‐Fi、Bluetooth、ZigBee。

二、物联网技术发展现状

在"感知中国"计划提出后，我国正式拉开了物联网发展的帷幕。随着物联网相关政策的出台，技术创新研发成果显著，许多实际应用不断深入，整体的产业规模和相关产业的规模不断扩大。

（一）政策支持

世界很多国家都提出了关于物联网的相关计划和政策，把物联网发展看作一个重要的战略目标。如欧盟提出的"十四点行动"计划、新加坡提出的"下一代 I‐Hub"计划。我国关于物联网的主要相关政策见表 7‐10。

---

① 国际电信联盟报告提出的四种关键技术。

表 7-10　我国关于物联网的主要相关政策

时间	政策	主要内容
2011 年	《物联网白皮书（2011 年）》	明确定义了什么是物联网，阐述了物联网架构、技术体系、产业体系等方面内容
2012 年	《"十二五"物联网发展规划》	提出物联网技术发展目标
2013 年	《国务院关于推进物联网有序健康发展的指导意见》	对物联网技术的发展、标准体系的建立、平台建设等方面提出相关要求
2013 年	《物联网标识白皮书》	针对物联网标识的相关内容以及体系、管理等方面进行了阐述
2014 年	《工业和信息化部 2014 年物联网工作要点》	提出物联网在技术、应用、产业协调发展、体系建设等方面的工作重点
2014 年	《关于印发 10 个物联网发展专项行动计划的通知》	针对专项行动计划进行了详细说明，要求各地区务实推进相关工作
2015 年	《国务院关于积极推进"互联网+"行动的指导意见》	加快推动云计算、物联网等技术在生产过程中的应用
2017 年	《物联网"十三五"规划》	明确提出物联网发展目标
2017 年	《关于全面推进移动物联网（NB-IoT）建设发展的通知》	要求加快推进 NB-IoT 网络部署，到 2020 年，NB-IoT 网络实现全国普遍覆盖
2018 年	《物联网安全白皮书（2018 年）》	对物联网的安全风险进行了详细的阐述
2019 年	《关于开展深入推进宽带网络提速降费、支撑经济高质量发展 2019 专项行动的通知》	对 NB-IoT（窄带物联网）网络能力、网络覆盖、应用和产业发展提出要求，提出建立移动物联网发展监测体系
2019 年	《关于深入推进移动物联网全面发展的通知》	提出到 2020 年底的主要目标、重点任务

资料来源：根据网络资料收集整理。

（二）技术成果

一批重点实验室在我国物联网领域已经建成，在整合其他行业、领域的新技术基础上，芯片、传感器、智能终端等物联网关键技术取得了丰硕的成果，基本上涉及物联网技术各个方面的创新，表现在物联网专利申请数量上呈现不断增加的趋势。

"新华社智库江苏中心"在我国专利全文数据库（知网）中检索发现，截至 2019 年 6 月底，我国专利摘要中含"物联网"的共有 36142 个，较上年同期提高了 12022 个,专利关键词中含"物联网"的共有 21881 个。[1] 截至 2019 年 3 月,全球 5G 专利申请数量排行中,我国以 34% 的专利申请数量位居榜首。[2]

(三) 产业发展

物联网产业链从芯片/终端开始,具有设备提供、网络提供、软件开发与应用、物联网运营等较为完善的产业,并有实力强劲的龙头企业。物联网产业市场格局基本形成,核心技术成熟,初步建成一条完整的产业链(见图 7 - 30)。

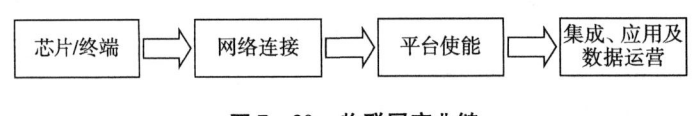

图 7 - 30 物联网产业链

1. 市场规模

全球物联网发展在整体上还处于初级阶段,物联网的关键技术还在发展成熟中,产业体系还需要进一步完善。根据目前的发展状况,未来整个物联网市场规模将快速增长。

在"中国制造 2025"、"互联网 +"双创等发展环境下,我国物联网产业迅速发展起来,产业规模呈现逐年递增的态势(见图 7 - 31)。

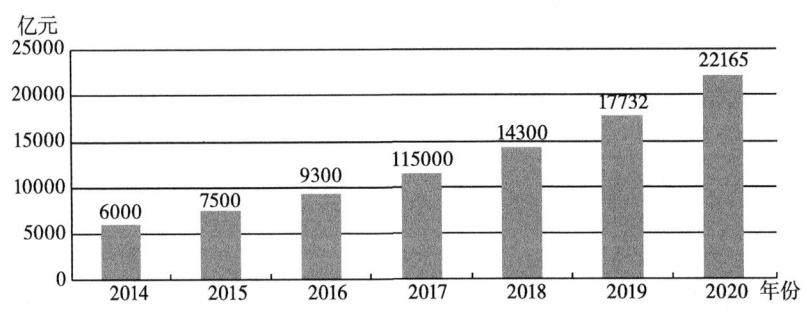

图 7 - 31 2014—2020 年我国物联网市场规模

资料来源:前瞻产业研究院及公开资料整理。

---

[1] 我国物联网创新成果相继涌现 5G 专利申请数量位居全球首位 [EB/OL]. https://baijiahao. baidu. com/s? id = 1644388332086447964&wfr = spider&for = pc.

[2] 资料来自专利分析公司 IPlytics 的研究数据。

2. 产业结构

从物联网的基本架构层次上分析其产业结构，可以发现目前感知层、传输层所占比重较高，参与的企业相对较多，竞争也相对比较激烈。物联网产业结构如图7-32所示。

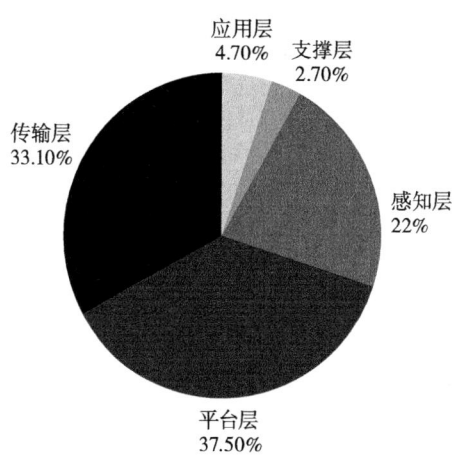

图7-32 物联网产业结构

资料来源：前瞻产业研究院。

3. 产业集群优势

物联网产业在我国形成了以环渤海、上海—无锡、珠三角、重庆—成都为核心的四大产业集聚区发展格局，重点企业的带动作用较显著。下面以无锡示范区为例进行简单介绍。

无锡示范区于2009年11月由国务院批复成立，作为国家传感网创新示范区，拥有大批互联网企业和大量的从业人员，产业链基本完整，研发专利申请量达几千件，在世界范围内承担了大量的物联网工程。无锡以物联网为核心的"智慧城市"品牌进一步升级：2018年入围全球智慧城市前20强；2019年获批建立全国首个国家级车联网先导区；[①] 2020年，已成为具有国际竞争力的产业发展集聚区，集聚和培育了一批国内领先的物联网企业。

---

① 《2018—2019中国物联网发展年度报告》在无锡发布[EB/OL]. https://baijiahao.baidu.com/s?id=1644070370978723655&wfr=spider&for=pc.

4. 物联网平台

2018年,物联网关于NB–IoT与LoRa技术之争成为重点,但是NB–IoT有国家政策支持,而LoRa属于企业私有技术。所以,国内三大运营商都积极部署NB–IoT建设,NB–IoT技术在物联网方面迅速发展,平台合作方面也在逐步完善(见表7–11)。

表7–11 2018年国内三大运营商的物联网发展情况

运营商	NB–IoT网络覆盖	物联网连接数	NB–IoT基站规模(个)
中国移动	覆盖346个城市	突破5亿	超过20万
中国联通	全国覆盖	突破9000万	30万
中国电信	城乡全覆盖	1亿	40多万

资料来源:根据网络资料整理。

物联网平台主要包括四大类:开放式云平台、连接管理平台(CMP)、应用使能平台(AEP)和设备管理平台(DMP)。国内三大运营商的物联网平台合作情况如表7–12所示。

表7–12 国内三大运营商的物联网平台合作

运营商	平台	提供服务
中国移动	OneNET物联网开放平台	围绕OneNET面向物联网行业市场推出我国移动"云管端"一体化产品
中国联通	与Jasper合作	为客户提供全面的物联网管理服务
中国电信	与爱立信合作	共同为所有客户提供全球范围的全方位的物联网连接服务

资料来源:根据网络资料整理。

三、物联网技术与金融结合的应用

物联网的基本架构可以分为感知层、传输层、管理平台层、应用层。[①] 感知层主要用于获取第一手资料,是物联网发展的基础。传输层通过网络进行信息的传递。管理平台层主要包括数据储存中心、信息查询技术、智能处理系统及中间件技术等各平台管理。应用层是物联网技术与各行业应用的结合,体现出智能化应用的实现。

---

① 伍德雁,陈胜华.关于物联网专业建设的思考[J].福建电脑,2014,30(11):79–80+19.

物联网的基本架构如图 7-33 所示。

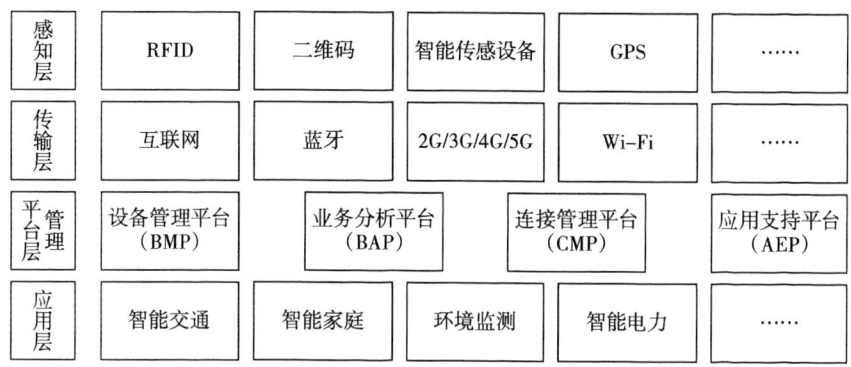

图 7-33 物联网基本架构

物联网在工业、农业、家居、交通、物流、安保、医疗、教育等领域已有广泛的应用，特别是在智能家居上的应用，使人们的生活水平得到质的提高。在金融领域，物联网与金融的结合也已经有了一定的探索，主要表现在以下几个方面。

（一）存单和支付

将物联网技术引入银行存单，在存单中植入 RFID 芯片，较好地解决了银行存单的造假问题。借助物联网感知功能，将消费与支付服务信息联系在一起，实现主动的、动态的支付服务。

农业银行的 RFID 存单，对办理一定数额的单笔储蓄存款客户，不增加客户成本，每张存单具有唯一的防伪标识，有效地解决了假存单的问题，维护了客户和银行的资金安全。

（二）银行金库管理系统

目前银行内部管理中，物联网比较典型的一个应用就是金库管理系统。金库管理对银行有着非常重要的意义，对现金管理来说不仅是安全问题（是否能够准确、及时入库和出库），还会影响银行服务的质量、效率及成本等方面。

运用物联网技术就是在金库管理系统中引入 RFID 技术，这是物联网技术的一个核心技术。对金库管理的各个环节都可以进行自动化的数据采集、处理，确保了金库数据的真实性、准确性，提高了管理效率。

（三）保险业务

保险公司利用物联网设备可以获得大量实时信息，使用其生成的数据，能够更深入了解客户的真实状况，降低风险。保险公司还可以通过数据，为客户提供有针对性的服务，创新保险产品提供方式和保险服务内容。

目前已有的较典型的应用之一是可穿戴设备：对保险客户发放穿戴式设备，通过设备获得被保险人健康状况的数据，为客户提供健康提醒，督促其做出改善，降低用户提出索赔的风险。另一典型应用是车联网的应用：通过物联网技术设备进行汽车与驾驶员的监测和分析，全面收集车辆行驶过程中的信息状况，依据综合数据资料为其提供相对应的保险产品和定价。

（四）银行贷款业务

银行贷款中，动产抵押物的监管一直是银行经营管理中的一个难题，银行需要对抵押物的真实情况进行了解和监控，信息不对称等问题加大了银行信贷的风险。利用物联网智能终端应用，可实现对动产的全环节监管，可以很好地防止重复抵押、不真实抵押等问题，减少风险。

在汽车金融中，采用物联网技术，可为汽车配备智能监管信息系统，通过单车定位设备，银行就可以监控汽车的销售或使用情况，从而掌握客户的还款能力。[1]

（五）供应链金融

供应链金融是现在在解决中小微企业融资问题的一种很好的方式。在这种融资方式中，存货质押品具有不稳定、不易变现、无法远距离监控等特性，还有一些产业供应链所形成的物流、信息流无法质押的问题。引入物联网技术后，可以使质押品不受资产特性影响，保证监管物品的品质，保证供应链融资的健康发展。

通过物联网技术的智能化、网络化改造，可以全面掌握实体经济的生产经营动态，形成客观信息数据，帮助银行建立起客观的风险评价体系，从而推动供应链金融的发展。

---

[1] 张丽霞. 物联网金融蓄势待发[J]. 金融电子化, 2018(2):33-34.

四、物联网技术未来发展趋势

物联网产业属于战略性新兴产业,随着 5G 的应用,物联网技术及产业也将会快速成熟起来。未来,要实现物联网的竞争优势,还需要注意一些问题,以使其朝更深入的方向发展。

(一) 统一的技术标准

各个物联网平台与终端的接口标准不统一,而现有的互联网标准与物联网又不能完全适用,限制了物联网技术的使用。物联网技术本身的特点要求形成一个更加规范化、标准化的物联网基础架构,以此来形成整个社会物联网的分工,以充分发挥物联网的优势,提高物联网的可扩展性。将物联网技术标准统一化、建设规范的体系架构,是物联网进一步发展的基础。

(二) 综合性的平台建设

平台的发展对物联网产业的构建有着较强的推动作用。目前独自发展的平台只是提供了物联网平台功能的一小部分。物联网平台要朝着合作、综合性的方向发展,它应该是终端连接、终端管理、数据采集分析、应用定制等多个方面能力的组合。[1]

(三) 边缘计算的驱动

物联网的快速发展产生了大量的个人及设备信息,对计算能力的要求越来越高。边缘计算在靠近实物的边缘上进行数据处理、存储、应用,可以提高连接的时效,解决设备与云端的数据传输问题。未来 AI、边缘计算将渗透于物联网的各个应用中,为物联网设备提供边缘智能服务,使得用户可以获得更好的体验,支撑更广泛的场景应用与价值创造。

(四) 安全问题的防范

在物联网快速发展的过程中,联网设备的数量飞速增长,同时,物联网的安全问题也日益显现。鉴于物联网安全事件的报告,未来人们会更加关注安全,加强监管,提高防范意识,降低物联网设备的安全风险。

要提高物联网设备的安全性,需要增加安全支出、实施安全分析、进行安

---

[1] 佚名. 物联网平台纷争,谁将脱颖而出?[J]. 信息系统工程,2017(9):8-9.

全部署。运用自动化可能会成为有效的解决方法。

第六节　安全技术

在金融创新的过程中,防范风险是首要的任务。安全技术在所有金融科技技术当中占据着核心地位。安全技术包括许多方面,本节主要介绍生物识别技术和密码技术。

一、生物识别技术概述

在创新发展日新月异的今天,网络充斥在我们的周围,密码验证成为我们的日常。传统密码逐渐被新的验证方法取代。生物识别利用计算机、生物传感器等技术,将人体互不相同的特征作为识别的标志,进行个人身份的验证。

(一) 生物识别技术的特点

因为人体特征的特殊性,生物识别技术具有不需要记忆、不易伪造或丢失、唯一、不易改变、使用方便等特点。

(二) 生物识别技术的分类

生物识别技术根据人体的可利用特性可分为指纹识别、人脸识别、静脉识别、虹膜识别、签名识别、语音识别等。[①] 主要生物识别技术对比见表7-13。

表7-13　主要生物识别技术对比

技术分类	识别特性	稳定性	是否接触
指纹识别	手指纹路	不稳定	是
人脸识别	面部特征	可能变化	否
虹膜识别	眼睛虹膜	稳定	否
语音识别	声音特征	不稳定	否
静脉识别	静脉模式	稳定	是

资料来源:根据网络资料整理。

---

① 2018中国人脸识别行业前景研究和分析报告[EB/OL]. https://max.book118.com/html/2019/1029/6130213235002120.shtm.

二、密码技术概述

密码学的数学原理与计算机算法技术相结合，产生了现代意义上的密码技术。[1]密码技术是综合了许多学科的一门交叉技术。现代密码技术不仅包含了传统密码学的功能，还包含了新的技术创新和内容。

（一）密码技术的特点

（1）使用加密和解密算法，具有机密性。

（2）保证数据的完整性。

（3）通过身份识别和口令确认进行鉴别。

（4）反拒绝。

（二）我国密码技术的标准化

密码可分为核心密码、普通密码和商用密码。[2]

2011年我国密码行业标准化技术委员会成立。截至2018年底，密码行业标准化技术委员会陆续组织编制并经国家密码管理局批准发布了64项密码行业标准（不含子项），部分标准已上升为密码国家标准，涵盖密码算法、密码协议、密码产品、密码应用、密码检测等多个方面，已初步形成较为齐全完备的密码标准体系。[3]

在我国最新的密码标准体系中，对密码标准从技术角度进行归类，由密码基础类标准、密码产品类标准、基础设施类标准、应用支撑类标准、密码应用类标准、密码管理类标准和密码检测类标准七大类构成，这七大类构成了密码标准技术体系框架的顶层设计。[4]

三、安全技术发展现状

生物识别技术和密码技术在国家政策支持下快速发展，在技术成果上不断

---

[1] 杨涛,贲圣林,杨东,宋科.中国金融科技运行报告（2018）[J].金融电子化,2018（8）:96.

[2] 资料来源于我国《密码法》的分类。

[3] 密码行业标准化技术委员会.密码行业标准列表[EB/OL].密码行业标准化技术委员会官方网站（2018-12-14）,http://www.gmbz.org.cn/main/bzlb.html.

[4] 田敏求,夏鲁宁,张众,等.我国密码行业标准综述（上）[J].信息技术与标准化,2019（3）:43-48.

有新的突破，产业市场规模也不断增长，应用广泛。

（一）政策支持

政策支持是技术发展的动力。在信息安全、生物识别及密码技术方面，我国连续发布了多项法规认证及技术标准要求，加强商用密码管理、开展公共安全领域身份认证、引入生物识别技术、加强信息网络安全。

机构方面，我国国家密码管理局组织贯彻落实党和国家关于密码工作的方针、政策，负责所有密码管理的相关工作。生物识别与安全技术研究中心（CBSR）是我国科学院自动化研究所成立的研究机构，是国内最大的专业从事生物特征识别的研究机构。[①]

在我国许多有关信息安全及人工智能、区块链等金融科技的政策中，都提到有关生物识别技术和密码技术的应用，这些政策的发布对安全技术的发展起到了积极作用。其中与生物识别技术和密码技术相关的主要政策法规如表7-14所示。

表7-14 我国关于生物识别及密码方面的主要政策法规

时间	政策	主要内容
1999年	《商用密码管理条例》	对商用密码提出相关的管理要求
2004年	《中华人民共和国电子签名法》	规范电子签名行为，保证信息安全，识别签名人身份
2007年	《信息安全等级保护管理办法》	要求三级以上信息系统要有更加严格的身份鉴别，如采用人体生物特征等特殊信息
2015年	《安全防范视频监控人脸识别系统技术要求》	对相关技术要求进行了规范，阐述了功能要求、性能要求及测试方法
2015年	《信息安全技术网络人脸识别认证系统安全技术要求》	是国家推行的强制标准，为金融、安防等关键领域的应用提供了安全后盾
2016年	《中华人民共和国网络安全法》	是我国第一部全面规范网络空间安全管理方面问题的基础性法律
2018年	《国家密码管理局关于进一步加强商用密码产品管理工作的通知》	对已发布的商用密码产品标准的深入贯彻实施提出要求

---

① 葛微．自动人脸识别的关键问题研究［D］．中国科学院研究生院（长春光学精密机械与物理研究所），2010．

续表

时间	政策	主要内容
2019年	《中华人民共和国密码法》	是我国密码领域的第一部法律，对密码的分类、管理和标准进行规定

资料来源：根据网络资料收集整理。

（二）技术成果

在算法创新和采集设备升级的基础上，生物识别技术中的图像识别、语音识别和虹膜识别等技术已经处于较为领先和成熟的状态。即使在识别难度较高的人脸识别技术方面，在政策和资金大力支持下，算法精度不断提高，识别准确率大幅度提升，技术专利数量不断攀升。从公开专利情况来看，2014年以来，我国人脸识别专利公开数量快速增长，2018年达到5200项（见图7-34）。

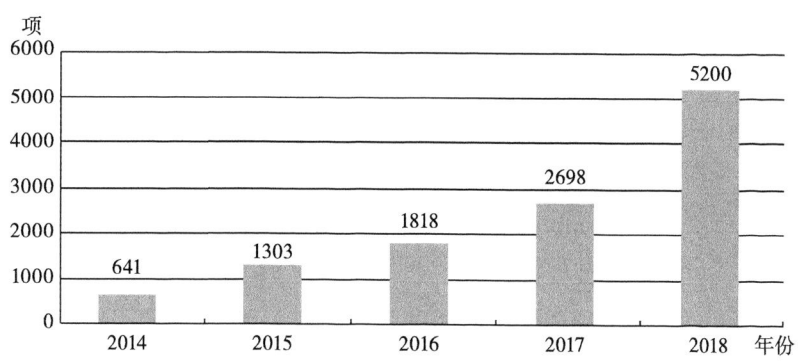

图7-34　2014—2018年我国人脸识别专利公开数量

资料来源：根据中商产业研究院和国家知识产权战略网整理。

密码技术中，量子密码专利申请近年来不断增长，我国主要的量子密码专利申请机构是中国科学院、中国科技大学和安徽量子通信技术有限公司。

（三）产业发展

伴随其他技术水平的提升，安全技术会越来越受到重视。生物识别技术和密码技术企业数量不断增加，产业市场规模不断扩大。[1]

---

[1] 2018中国人脸识别行业前景研究和分析报告[EB/OL]. https://max.book118.com/html/2019/1029/6130213235002120.shtm.

1. 市场规模

全球生物识别技术行业市场规模自 2013 年以来飞速增长（见图 7-35）。

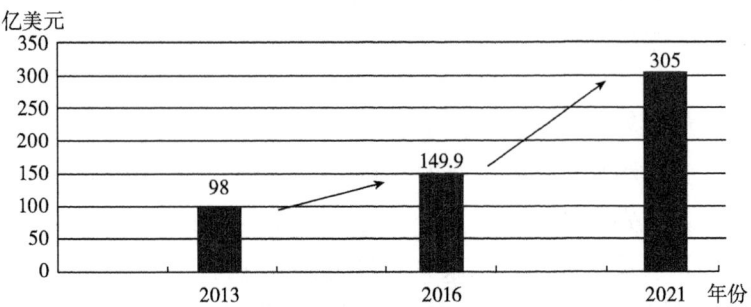

图 7-35　2013 年以来全球生物识别技术行业市场规模及预测

资料来源：前瞻产业研究院。

我国生物识别技术行业市场规模在 2012 年为 60 亿元，2018 年持续增长至 170.1 亿元（见图 7-36）。

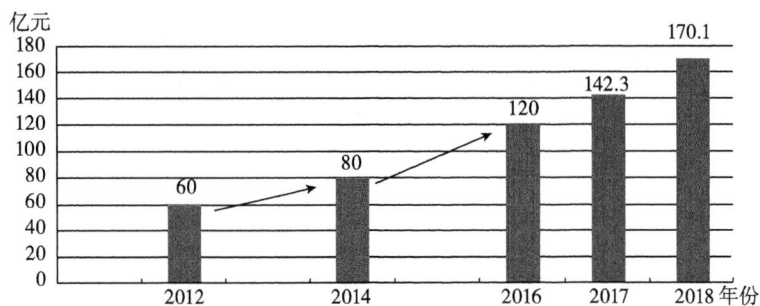

图 7-36　2012—2018 年我国生物识别技术行业市场规模

资料来源：前瞻产业研究院。

我国密码产业包括一些硬件产品、软件产品和衍生的服务类产品。其中商用密码产业市场规模在 2017 年达到 239.41 亿元（见图 7-37）。我国《密码法》的正式实施促进了网络安全的维护，我国商用密码产业将会得到进一步的发展。

第七章 金融科技结合的技术应用基础

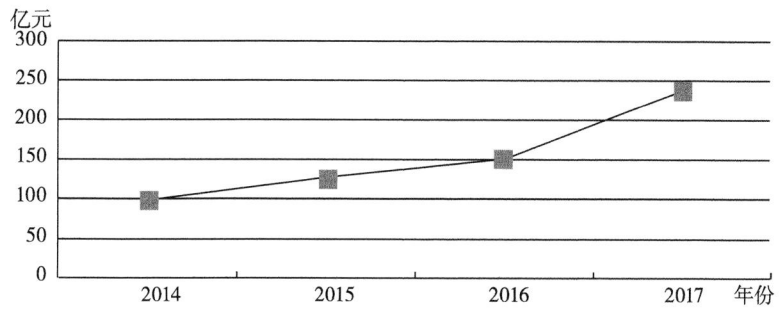

图 7-37　2014—2017 年我国商用密码产业市场规模

资料来源：数观天下、天风证券研究所。

2. 市场结构

在生物识别技术的类型中，目前较为普遍应用的技术有指纹识别、人脸识别、虹膜识别、语音识别。生物识别的各种技术在市场所占份额呈现一个不断变化的过程。指纹识别总体占的份额最高，但是总体呈下降的趋势，人脸识别的市场份额快速增长（见图 7-38）。

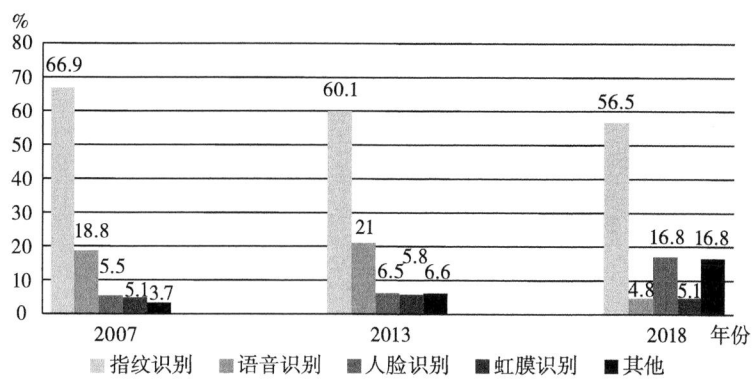

图 7-38　全球生物识别技术行业市场结构

资料来源：根据前瞻产业研究院和网上资料整理。

商用密码企业的地域分布处于集中的状态，经济发达地区的企业数量之和占整个行业的半数以上。卫士通在国内加密领域占有绝对优势，也是国内以密码为核心的信息安全设备的最大供应商。

四、安全技术与金融结合的应用

生物识别技术应用的范围越来越广。在各个应用场景，以人工智能为主导，通过生物识别技术进行身份识别和验证，较大程度上减少了成本，提高了安全性（见表7-15）。

表7-15 主要生物识别技术应用场景

技术分类	应用场景
指纹识别	支付、智慧城市、智能家居、解锁
人脸识别	支付、解锁、智慧城市、智能家居
虹膜识别	支付、银行金库加密、监控、国防
语音识别	社保、公安司法、刑侦、手机

无论在哪个领域，密码技术主要是为了保护信息的安全，其已被广泛应用于社会的各个方面。密码技术的应用结构如图7-39所示。

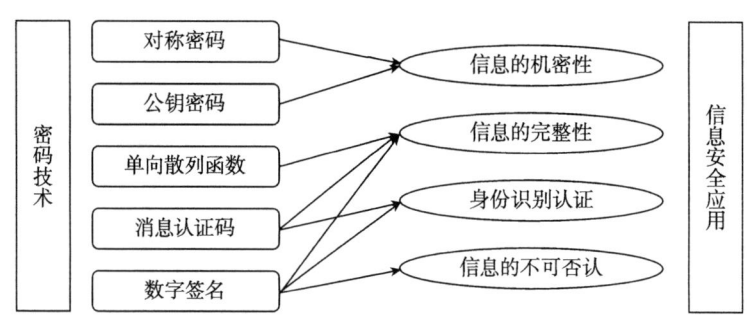

图7-39 密码技术的应用结构

资料来源：根据网络资料收集整理。

生物识别和密码技术等安全技术在金融领域的应用主要体现在以下几个方面。

（一）支付

移动支付在我国已成为主要的支付方式，其安全性是支付的首要保障。移动支付从人工密码识别、指纹识别到人脸识别，一直在利用生物识别技术不断加强安全保障。移动支付密码应用包括"云闪付"、条码支付等。支持SM系列算法的通用芯片和实现密钥分割、安全存储的软件密码模块的成功研发，为移动终端密码的广泛应用提供了基础软硬件环境。①

（二）身份验证

在金融安全领域，身份识别验证是一个很重要的环节，是金融交易操作者身份确认的一道重要防线。生物识别技术和密码技术在身份验证当中又都起到了关键性作用，可通过这些技术建立安全的身份认证系统。相对于实体银行，手机银行、网络直销银行等通过人脸识别技术进行实名认证、人证一致性验证。证券网上开户、网贷、保险等其他金融领域都在身份验证环节采用了生物识别技术和密码等安全技术。

（三）金融 IC 卡

金融 IC 卡即银行发行的芯片卡，主要应用了密码技术，采用 SM 算法，已经在我国推广形成规模化应用。金融 IC 卡的安全性主要来自芯片安全技术和算法技术。2015 年，中国人民银行发布了要求各银行发行的芯片卡应符合 PBOC3.0 标准的通知，随着 SM2 国产算法升级，我国进行了大面积的升级工作，有效提高了金融 IC 卡的安全水平，加强金融信息安全。

（四）智能柜台

智能柜台的发展大幅提升了银行营业网点的服务效率，也缩短了客户办理业务的时间。智能柜台和智能设备的使用已越来越多地代替了柜面业务。我国银行公开信息显示，其智能柜台业务已覆盖了 33 大类 132 个服务场景。其他各大银行的智能柜台也基本可办理 90% 左右的银行业务。智能柜台应用中，除了人工智能技术之外，生物识别和密码技术也起到了关键性的作用。

五、安全技术未来发展趋势

生物识别技术和密码技术都与云计算、大数据、物联网、人工智能、区块链等其他新技术在快速地交叉演进，这些金融科技技术的发展不断改变信息系统的架构，也不断带来新的信息安全问题。

---

① 霍炜. 新时代，促进密码与金融融合发展 [EB/OL]. https://www.mpaypass.com.cn/news/201805/08120041.html.

（一）密码管理规范化、科学化、法治化

未来需要引导和规范密码在这些新兴金融科技领域的标准和应用，加强各行业、各领域网络与密码技术标准的协调统一。

国产密码性能优越、国密算法可确保信息安全的自主可控，这一趋势将会进一步加强，加速国家信息产品国产化的科学发展。

《密码法》的出台使密码领域的法律逐渐完善，促进密码行业的法治化和健康发展。

（二）与区块链技术的结合，使密码技术越来越成熟

区块链与密码技术的结合虽然已经有了一定的突破，但是未来发展中还有一定的困难和挑战。区块链的性能受到核心技术弊端的影响，而密码技术底层算法、协议的突破能够起到补充的作用。区块链技术的发展将有效地为密码应用提供有力的支撑，使密码技术越来越成熟。

（三）与深度学习的结合，使生物识别技术应用越来越广泛深入

生物识别技术在应用中存在准确率的问题，而深度学习技术在识别上的精准度，可以有效解决生物识别中存在的问题，在实际应用中减少干扰环境因素的影响，使其应用更加广泛。

第八章 金融基础设施的变革创新

　　金融基础设施是金融体系的重要组成部分，是金融市场运行的核心支撑，在金融市场中居于枢纽地位，是金融市场稳健高效运行的基础性保障。

　　扎实稳固的金融基础设施建设，有利于金融市场稳健运行。金融基础设施越发达，越有利于金融市场发挥其资源配置的功能，越有利于金融机构服务实体经济，越有利于监管机构防控金融风险。

　　完善的金融基础设施是金融高效安全运行的基础。在我国经济新常态背景下，供给侧结构性改革不断深化，经济发展从要素驱动逐步转为创新驱动。利用大数据、云计算、区块链、人工智能、5G等新兴技术手段，打造数字化、信息化、智能化的完善的金融基础设施，有利于提高金融市场运行的效率，降低金融业运行的成本，一定会带来金融市场翻天覆地的变化，并能极大地提升我国金融业的国际竞争力。

第一节 信息基础设施的变革创新

信息基础设施是金融基础设施的重要硬件,现有信息基础设施存在信息化成本高、信息覆盖面窄等问题,不利于金融机构业务的顺利开展,迫切需要利用现代科学技术进行更新换代。金融科技运用于信息基础设施建设,可以拓展信息数据的边界,降低基础设施运行的成本,提高基础设施的运行效率,为金融市场功能的发挥提供基础性保障。

一、信息基础设施建设中存在的问题

(一) 信息覆盖面窄

传统金融体系下,信息基础设施的信息覆盖面窄,一般只涵盖传统金融部门客户金融活动的结构化数据,不包括人们在日常生产生活中的半结构化和非结构化数据。今天,人类生产、生活活动日益丰富,经济主体活动范围的边界不断扩大。据全球知名分析机构监测,人类产生的数据量呈指数级增长,大约每两年翻一番。我们过去几年创造的数据,比此前人类历史上所有时期创造的数据总量还要多。在信息大爆炸的今天,需要建设全面覆盖经济主体结构化、半结构化和非结构化数据的信息基础设施。

(二) 无法处理海量非结构化信息

随着互联网和智能手机的普及、5G和各种传感设备的发展,越来越多的人类活动信息被记录下来。海量的数据需要有处理海量数据的能力,而原有信息基础设施的计算能力远远跟不上,尤其是无法处理非结构化数据,造成信息资源的浪费,而这些非结构化数据却是经济主体行为特征的真实反映。

(三) 无法共享数据信息

原有的信息基础设施架构下各个部门获取并利用各自客户的信息，而各个部门之间的信息是无法共享的。金融机构如果要获得交叉信息，需要付出高昂的代价和成本，而且信息获取还存在滞后性和准确性的问题。

(四) 无法保证信息的安全性

原有信息基础设施架构具有中心化特点，形成了各自独立的信息节点，各经济主体为了经济利益，容易导致信息泄露。同时，通信工具的更新换代使得各个使用终端或使用者都被组织到统一的网络中，而网络容易受到外界的攻击，信息的安全性无法保障。

(五) 信息化成本高、效率低

传统金融机构的IT部署架构是专机专用式系统，一个金融机构应用系统部署在一个服务器上，再配套存储设备和网络连接。金融机构可以通过计算机业务外包方式构建，但是每年的外包费用昂贵；也可以自建，但是硬件设备购置的费用支出不少，还需要支付后期的维护费用。另外，专机专用式系统下，一旦搭载该应用系统的硬件设备出现故障，对应的应用系统随即便无法使用，严重影响业务的正常开展。而且，企业拓展IT资源时需要经历估算IT资源需求量、选配产品型号、购买基础硬件、部署底层架构等一系列烦琐的环节，一般需要耗费约6个月的时间，才可以使用新增的IT资源。

二、金融科技变革信息基础设施的途径

(一) 云计算在金融领域的主要应用

第一，云计算利用虚拟化技术，可以有效解决传统基础架构的问题。这种技术支持不同的应用系统实时地动态调整资源需求，实现真正的资源按需配置，不仅能提升IT资源的利用效率，而且还能有效降低应用系统对于硬件的依赖性，保障系统稳定。

第二，基于云基础架构的云计算服务能够按照金融机构的需求提供资源配置，金融机构能够自主选择相关产品的配置，并根据配置按年、按月或者按时付费。尤其是公有云，无须金融机构自己部署和维护IT基础设施，只需要按照需求灵活采购配置，及时调整需求，极大地节省了成本，提高了资源利

用率。

第三，云计算通过提供完整的产品服务，可以敏捷、迅速地响应金融机构的需求，提升金融机构运行效率。搭建云平台有利于金融机构制订合理的资源分配方案，形成整体的云平台安全体系，从而为金融服务提供全方位保护，降低安全风险。

但是，云计算技术的应用也面临着数据安全、信息安全、服务过度使用等方面的新风险。金融机构是金融服务的最终提供者，其承担的安全责任不因使用云计算服务而免除或减轻。金融机构运用云计算技术，应该根据业务重要性和系统的数据敏感性，对云计算技术进行充分科学的评估，确保金融机构业务的连续性，在保证数据安全和信息安全的前提下，选择合适的云计算服务类别、部署模式和架构体系，确保使用云计算技术的业务系统的安全性。

（二）区块链在金融领域的主要应用

区块链技术的主要优势是无须中介参与、过程高效透明、成本低、数据信息高度安全。区块链的公开和无法篡改的特点使其应用远远超出记账领域，可以应用于各种类型的记录管理。

区块链金融是区块链技术在金融领域的应用。基于区块链技术的支付架构体系，建立在去中心化的链条上，能够超越国家和地域的局限，利用全球互联网实现链条节点上数字资产流动与现实的现金支付之间的连接，提高效率、降低成本。使用区块链支付，每个参与者都可以在任何节点把自己的密码学钱包发展成一个"自金融"平台，完成即时支付、存款、转账、换汇、借贷，并且全网记账清算，也可以通过智能货币系统发行自己的金融合约产品和信用借条。当然这个过程中需要通过加密算法保证交易的真实可信。

但是，区块链技术在金融行业容易产生新的问题：一是不同种类区块链的处理性能存在差距，主要是联盟链及私有链比公有链有更强的处理能力，这也是制约区块链技术大规模应用的主要瓶颈；二是日益增加的节点数据记录对链上存储空间提出更高的要求，这就需要金融机构在使用过程中不断启用高性能的设备；三是公有链中各节点交易数据和信息的隐私安全与保护机制较弱，公有链中所有交易数据都是公开和透明的，每一个节点的参与者都能够获得所有交易的完整数据备份，这与商业机构保护商业机密的需求相矛盾；四是目前滞后的立法规范和制度建设还无法将区块链技术纳入有效监管，容易滋生区块链技术的不合规应用，也不利于金融科技的落地应用；五是区块链技术还存在很多未知领域，大多数的技术和应用还处于试验阶段，过度与无节制使用区块链可能会引发系统故障和程序漏洞等风险，给金融业的平稳运行带来过多不稳定因素。加密资产相关领域的安全事件表明，技术的不成熟会给用户带来较大的经济损失。未来，区块链技术风险仍然是我们重点关注的问题。

（三）大数据在金融领域的主要应用

随着大数据技术的快速发展，大数据也逐渐应用到了金融领域，集中表现在风险管理、金融创新、促进资源优化、打破客户信息垄断等方面。一是发现暴露金融风险并为风险控制提供参考，对经济主体的日常交易行为数据进行分析，判断其财务管理、经营状况及信用情况；二是促进金融创新，发现新的业务需求；三是有效整合互联网金融资源，促进资源优化，促进投资双方的信息发布、交流、匹配，尤其是能帮助小型企业以更快的速度筹集到资金，缓解小企业融资难问题；四是发现金融漏洞，维护金融安全，例如，利用大数据找出藏匿于网络空间的洗钱黑手，建立起智能的反洗钱体系。

但是，大数据应用于金融业还面临一些挑战：一是数据利用难以管控。大数据应用使数据生命周期增加了交易、共享两个环节，由传统的单链条演变成复杂的产业网络，复杂程度超出了消费者的理解能力，且数据的共享和利用很难实现全方位的管控。另外，大数据技术可能引起精细化决策带来的"数字歧视"等社会问题。例如，金融机构通过打标签对人群分类进而进行的价格歧视。二是隐私保护更加困难。个人隐私保护和大数据开放共享的要求存在天然的矛盾，如果一味想要实现数据价值最大化，片面追求更大的商业利益，容易导致信息过度采集和信息滥用。现阶段，多数大数据研究机构存在资金、技术和人力方面因投入不足引发隐私保护的问题。此外，由于缺乏道德自律，部分企业贩卖数据牟利，导致个人信息满天飞，网络诈骗、暴力讨债、网络盗窃、网络侦探等各类违法犯罪活动层出不穷。三是存在平台安全风险。大数据技术多采用分布式存储和处理方式，底层技术复杂，安全边界模糊，甚至还出现了针对大数据的新型的高级、持续性网络攻击手段。

（四）人工智能在金融领域的主要应用

人工智能在金融领域的应用可以促进金融业务智能化，给金融机构支付业务、个人信贷、企业信贷、财富管理、资产管理、风险控制、售后服务等带来颠覆性的变革，促进金融行业的蓬勃发展。一是金融服务方面。人工智能的发展打破了现有的金融服务模式,以智能客服、售后机器人等形式为客户服务。二是金融投资方面。人工智能应用于金融投资的指导与分析,如智能投顾,借助人工智能的技术和手段,可以对未来宏观经济形势、行业发展周期、企业经营状况等做出客观、准确的判断,并为客户提供更加合理的资产配置方法、投资组合品种和结构。三是金融风险控制方面。金融机构的经营对象是货币,但是经营过程无时无刻不与风险相伴,安全稳健运营一直是金融机构长远健康发展的前提条件和重要保障。尤其在互联网金融背景下,金融风险控制水平是其金融服务的整体水平以及其持续发展能力的体现。有效的金融风险控制可以降低成本支出,增强金融机构盈利能力,提升企业的核心竞争力,为金融机构正常经营保驾护航。

(五) 物联网在金融领域的主要应用

物联网以一种全新的架构体系,让实体世界实现有组织的、主动的感知互动,让虚拟经济从时间、空间两个维度上全面感知实体经济行为,准确预测实体经济的走向,让虚拟经济的服务和控制融合在实体经济的每一个环节中,并催生一种全新的金融模式——物联网金融[1]。物联网金融扩展了金融服务的边界,将原来面向"人"的金融服务延伸到"物",借助互联网技术使各种融资活动实现了智能化运作,并创造出更多新型的金融模式,如公共服务物联网金融等。

物联网金融是指建立一个实时无缝对接、互联互通的物联网络系统,即各类经济社会部门极大O2O化,电子商务、电子政务等获得极大满足和提升,并建构出一套避免信息孤岛、降低信息搜集成本、强化信息披露制度和促进信息对称性交易的场景,实现了经济社会各类资源、数据的互联互通和实时共享,是以客户需求为中心,实现全流程、多元融合服务,与各市场主体协同共赢的生态金融圈。

三、金融科技变革信息基础设施建设的发展趋势

(一) 发展多维数据库技术

传统的数据库多为关系数据库,关系数据库技术的数据整合思路是建立企业数据中心,将数据从各个系统抽离然后进行集中,再统一提供数据服务,但

---

[1] 邵平,刘海涛. 物联网与金融模式新革命[N]. 光明日报,2014-05-29(15).

是随着数据量的急剧增加，数据所具有的非结构化新特点让传统企业数据中心难以整合。

多维数据库将数据存放在一个 n 维数组中。与关系数据库相比，多维数据库增加了一个时间维，将多维处理技术结合到关系数据库中，使数据处理速度更快、反应时间更短、查询效率更高。这种 n 维数组形式的存储技术，可以更好地兼容不同来源的数据，也为基于多维数据库中的数据进行快速在线处理提供了可能。这样，多维数据库技术较好地解决了不同来源的数据存储及高效查询问题，从而使金融信息基础设施能够整合不同来源的数据。

（二）发展可编程的金融

数字货币的强大功能吸引了众多金融机构采用区块链技术开展业务，将"智能合约"添加到区块链，从而形成可编程的金融。目前，金融机构基于区块链的应用方向主要有以下四个方面：

一是链上各节点之间的点对点交易。如基于区块链技术的跨境支付、场外证券交易、金融衍生品合约的买卖等，货币、证券、衍生品等金融工具交易各方分布在区块链各个节点上，各节点之间可以快速、低成本、无纠纷地进行交易。

二是利用区块链交易平台进行交易信息的登记。区块链具有可信、可追溯的特点，因此以区块链为基础建立的交易平台可以永久性地记录、保存相关金融交易数据，例如可以存储客户身份资料及交易记录，用在反洗钱业务活动中。

三是利用区块链交易平台进行交易合约的确权。如基于区块链技术的交易平台可以记录和确认土地、货币、股权、衍生品等合约或财产的交易，对交易和合约、财产的转移进行真实性验证等。

四是将"智能合约"添加到区块链，可以利用智能合约自动检测各种不同的金融交易环境，然后根据需要自动启动交易。

（三）5G 推动金融场景再造

5G 在辅助各种新兴技术落地、优化现有技术应用的过程中，推动金融场景再造，为金融行业注入新的生机。一是不断优化现有的金融服务模式及体验，为加快金融创新提供更好的数据信息传输技术，完善产品形态、优化服务模式、丰富服务渠道等；二是在探索物联网发展的背景下，金融机构充分利用互联互通带来的信息和技术优势，不断推出金融服务和发展的新模式。

（四）人工智能嵌入金融产品

随着机器学习和深度学习算法的不断成熟，人工智能被金融机构打造成多元化金融产品和系统，并有机地融合到现有的金融产品和服务中，以增强其市场竞争力。人工智能将覆盖金融产品设计、销售、运行、终止的全流程，并不断积聚大量种类不同的样本和数据进行学习，促进金融产品迭代改进。

第二节　支付清算的变革创新

支付清算体系是现代经济、金融体系的重要组成部分，支付清算平台能够及时、全面、系统地揭示金融系统运行的数量和结构特征，支付清算体系的合规合理运行是保障经济金融平稳发展的关键性因素。

一、支付清算行业存在的问题

2000年以后，随着电商平台的发展壮大，以支付宝为代表的互联网支付、移动支付方式的优势逐渐显露，众多新的支付工具、支付渠道、支付机构、支付模式等不断涌现，打破了传统商业银行在支付体系中的垄断局面，支付清算行业迎来了新的竞争局面。同时，由于相关法律法规不完善，伴随着众多非银行机构支付工具的不断涌现，支付行业也出现了诸如经营不规范、收费定价不透明、风险防范措施不完善、行业主体分工不明确等问题。

（一）行业支付服务定价机制尚未形成

目前，支付清算行业定价标准还不统一，服务定价机制有待调整和优化，主要体现在银行卡刷卡手续费和网络支付的收费定价方面。随着跨行交易规模的扩大，银行卡刷卡手续费收费标准的差异不利于银行卡市场的长远发展。而网络支付的收费定价机制问题，主要源于商业银行和第三方支付机构之间在网上支付手续费分割的利益之争，双方通过各种手段进行博弈，这不利于支付清算业务的做大做强和支付清算市场效率的提升。

（二）行业各主体之间的互信合作机制有待巩固

目前，支付清算行业各主体之间的互信合作主要在银行与支付企业、支付企业与移动运营商、支付企业与电商企业等主体之间进行，合作形式多种多样。但是合作的深度和广度需要进一步拓展，特别是移动支付领域，迫切需要通过平台开放和业务对接实现产业链条的贯通，实现多方共赢[①]。同时，需要统一行业标准，完善支付行业系统规划，加快支付清算行业基础设施建设。

（三）行业风险防控水平参差不齐，有待提升

支付工具和支付手段不断推陈出新，逐渐由实体支付手段（如现金、票据、银行卡）拓展到无现金、无卡电子支付方式（如第三方支付、微信支付、移动支付），支付应用场景不断拓宽，支付规模不断扩大。在方便快捷的支付清算给客户提供方便的同时，支付系统承载的压力也不断增加，其低门槛的特征也给金融诈骗、盗刷等违法活动以可乘之机。因此，亟须结合新型金融科技，建立新型风险监控模型和预警体系，完善支付清算体系的风险防控手段，克服风险隐患和薄弱环节，特别是加强对一些具有突发性、关联性和不可逆转性风险的控制。

（四）行业主体分工需要进一步明确和提升

在目前的网络支付和移动支付中，参与方主要包括商业银行、第三方支付机构、移动运营商（中国移动、中国联通和中国电信）、终端设备制造商等，它们都是支付清算产业链上的重要组成部分。但是，在支付产业发展过程中，各经济主体为了获取相应的经济利益，展开了较为严重的、多重低水平竞争，业务模式、竞争方式、盈利模式基本相同，这不利于支付行业产业链条的衔接，更不利于支付产业的长远发展。各市场主体应从长计议，专注于自己最为擅长的领域，充分发挥比较优势，形成较为良性的产业链分工，每一方参与主体都能够在属于自己的产业链节点上精耕细作，提高产业链条的衔接程度和产业链条整体效益，才能推动支付行业更快更好地发展，各行业主体也能从中获取更多利益。

二、支付清算行业变革的技术基础

（一）大数据支撑支付清算业务海量化

支付清算系统运行及业务处理为客户交易提供资金的通道和媒介、资金划转结算的中介，商业银行及第三方支付机构都拥有大量的客户信息和海量的支

---

① 蔡洪波. 国内外支付清算行业发展及自律管理[J]. 中国金融电脑,2013(2):21-23.

付清算数据。而大数据技术可以带动信息处理技术的提升,使得商业银行和第三方能够顺利实现跨界数据信息共享。

大数据与支付业务深度融合,有利于各部门支付信息和跨界信息的搜集、分析、存储和挖掘,可以为支付清算行业提供更加合理的客户行为分析,提升客户精准分层的科学性,制定更加个性化的财务管理、营销规划。而大数据和人工智能快速融合,在海量数据的基础上,通过深度学习提高算法模型的数据处理效率和准确度,建立基于客户全面信息的信用分析,并为支付清算的风险防控提供强有力的数据支持,有利于快速建立并完善实时支付风险预警和防控体系。

(二) 区块链支撑支付清算架构去中心化

区块链技术具有不可篡改的属性是确保去中心化的信任机制得以建立的基础,也为支付清算体系的重构提供了技术基础。随着区块链在金融领域应用的逐步深入,区块链技术将为支付体系的搭建、支付风险的防范提供强有力的技术支撑,确保支付业务的安全性和支付体系的稳定性。

以区块链技术作为底层技术构建支付清算网络和体系,一是可以有效防范交易对手间的信用风险和由此带来的系统性风险,避免交易各方发生意外损失;二是可以降低支付成本,提高支付效率。尤其是在跨境支付领域,可以大大缩短支付到账时间,有效规避汇率风险以及相关操作风险等,还可以优化信息传递和资金转移的方式。

(三) 云计算支撑支付清算行业服务云端化

由于支付市场交易规模随人们生活特点的变化而变化,支付清算系统的处理压力也会随之出现较强的波动性,尤其是在节假日期间,会呈现爆发式增长,而原有的支付清算技术缺乏快速反应能力。

云计算技术具有高弹性、互通性、开放性等特点,将云计算技术应用于支付清算平台,一是可以为海量的支付清算交易和服务需求提供动态化弹性支持,极大地提升支付清算业务系统的承载力,同时又能大大节约资源[1];二是云计算技术与支付服务相结合,其虚拟化技术可以虚拟出多个隔离的支付服务器,大大降低用户成本,提高资源利用效率;三是云计算的分布式文件系统可

---

[1] 杨天松. 论金融科技在支付清算产业融合发展中的应用[J]. 中外企业家, 2019(8):39-40.

以保证支付信息数据的可靠性,实现资源弹性扩容;四是云计算的资源管理技术能够使大量的服务器协同工作,方便进行业务的快速部署和实施,快速发现和恢复系统故障,通过自动化、智能化技术实现大规模支付清算系统的可靠运营①;五是云计算的能耗管理技术使支付计算仅依托规模庞大、拥有几万个计算节点的数据中心,就可同时实现资源集中和降低能耗的目标。

(四) 人工智能支撑支付清算过程智能化

人工智能技术运用于支付领域,提高了支付的便捷性、安全性,促进支付业务创新,提升用户体验,提高运营效能,强化风险控制。未来,人工智能技术参与支付体系的要素整合,将会促使支付机构更加公平、有效地扩大服务范围。首先,人工智能通过人脸识别、语音识别、生物识别技术等创新手段改变传统支付方式,促使银行、非银行支付机构创新智能支付服务。其次,人工智能通过智能语音服务、智能投资顾问等方式为客户带来更快捷、更便利、更智能的操控体验,提升用户支付体验,提高客户黏性。再次,人工智能通过真人人脸图像与联网核查图像、客户身份证图像交叉比对,完成身份认证,缩短支付时间,提高支付行业的效率。最后,人工智能还可以通过将相关技术应用于账户管理、支付风险的智能控制、支付行业监管等领域,为支付行业的稳定发展提供保障。

> **案例:旷视科技的面部识别**
>
> 旷视科技是一家应用面部识别系统的典型公司,其在深度学习、机器视觉领域进行了深入的技术研发,并专注于泛金融、泛安防等领域的研究。其开发者平台 Face++ 成立于2011年底,个体应用开发者通过免费接入 Face++ 的 API 为自己的应用赋予面部识别功能,同时 Face++ 利用 AP 接口不断地搜集人脸数据,打磨其深度学习模型,进一步提高识别精度。目前,旷视科技已经和蚂蚁金服合作,实现了支付宝的"刷脸支付",并开始应用于医保、养老金等多个需要验明身份的领域。

---

① 罗治国,孙少陵. 云计算生态系统与大云开发者社区[J]. 电信技术,2011(1):12-15.

(五) 物联网支撑支付清算感受泛在化、感知化

5G 应用于支付领域，可以提供拥有更加智能化的支付清算的移动互联基础设施，推动第三方支付公司不断创新产品种类、革新支付模式、改善支付行业生态，为客户提供更加便捷、智能化的支付清算服务，优化用户体验，提升客户满意度，提升支付服务效率，提高自身运营效率等。

同时，5G 促使支付清算行业数字化程度加速提升，"互联网支付"升级到"物联网支付"，拓展支付服务边界，创新支付方式，推动感知支付的发展。一方面，5G 通过覆盖连接支付清算主体各个层面，使得支付服务逐步达到无处不在、无所不能的境地，即泛在化。通过开立支付账户，可登录物联网的身份验证和综合信息管理平台，关联一个物联网账户即可实现多平台登录。另一方面，利用指纹、虹膜、掌纹、掌静脉、声纹等进行个人身份鉴定的生物识别技术将使密码支付向识别支付过渡，即感知化[1]。物联网结合大数据等技术，将支付行为与客户基本信息和财务状况等的动态变化相关联，可实现动态调整支付额度，帮助市场主体防控风险。

三、金融科技变革支付清算设施的路径

(一) 通过网联平台推进支付行业"断直连"

随着互联网金融的快速发展，众多的非银行支付机构通过与商业银行两两直连实现跨金融机构的资金清算，相当于支付机构变相从事跨行清算业务。这种支付机构和银行之间两两直连形成的支付市场相对封闭、相互割裂，交易过程中资金和信息不透明，容易形成监管真空，而且规模不断增加的备付金"息差"收益吸引众多支付机构参与。这种"直连"模式造成各商业银行的业务平台的重复建设，再加上支付机构风险管控水平良莠不齐，缺乏完备的风险防控体系，存在着潜在的金融风险传递链条，对金融业的稳定运行造成威胁。

网联是中国人民银行为非银行支付机构搭建的统一的网络资金支付清算平台，其建立和上线运行结束了原来的多头直连清算运行模式，克服了原先支付机构和银行之间"直连"清算模式的弊端，有助于建立开放性、整体性的非

---

[1] 叶小玲,张怀玲,黄丹丹. 金融科技推动支付业务创新:路径、场景与机遇[J]. 金融纵横,2019 (10):74-80.

银行支付市场，进一步优化支付市场的竞争环境，形成更加和谐的创新格局。中国人民银行建立的与此配套的备付金存管制度，取消了支付机构的备付金利息收入，结束了支付机构"息差"式盈利模式，引导其回归主营的支付业务。非银行支付机构也加大了创新力度，逐渐实现向技术服务提供商的转型，利用自身技术优势，为企业用户提供技术支撑和服务；依托各种丰富场景朝金融化方向转型，多渠道为商户、个人客户提供泛金融化服务，通过"场景+支付+金融"不断开拓创新服务内容，开辟更多市场空间。

网联清算平台是国内首个全面采用分布式云架构体系搭建的重要金融基础设施，其通过北京、上海、深圳三地建设的六个数据中心，实现平台系统交易数据高速、集中处理，规范化程度高、处理性能强。网联清算平台支持协议类支付和认证类支付两大类五大项基础支付业务功能，可实现从应用、服务器、数据中心到城市地域的多层级横向扩展，以适应网络支付规模的高速增长态势，并具备数据一致性等全面高标准技术特点，保障支撑海量网络支付业务并发处理①。根据中国人民银行数据，早在2018年"双十二"当日，网联平台处理跨机构交易11.38亿笔，相应跨机构交易处理峰值超过4.7万笔/秒，网联平台成功实现全网全链路平稳运行，有效支撑了整个支付体系的稳定运行。2019年末网联平台已经接入534家商业银行、115家持网络支付牌照机构，新接入102家村镇银行。2019年，网联清算平台处理业务3975.42亿笔，金额259.84万亿元。② 日均处理业务10.89亿笔，金额7118.97亿元。③ 网联清算平台运行平稳，向支付行业上下游参与者交出了满意的答卷。

（二）支付领域身份识别技术多样化、智能化

1. 以二维码技术为主要支撑的条码支付

二维码支付技术是一种基于账户体系搭建起来的新一代无线支付方案。二维码技术利用二进制0和1作为代码，同时使用若干个与二进制相对应的几何形体表示文字数值信息。条码支付是以二维码技术为主要支撑的，具有支付快捷、应用门槛低等优点，能够为线下实体商户提供快捷、安全的现场支付解决方案，无须安装POS机，只需一部智能机直接扫描用户手机上的二维码即可

---

① 国家金融与发展实验室. 中国金融科技运行报告（2019）[M]. 北京：社会科学文献出版社,2019.
② 中国人民银行官网.
③ 资料来源：http://disc.static.s。

向用户发起收银。

二维码包括静态条码和动态条码。利用静态条码进行支付的,其风险防范能力最低,而且同一客户单日累计交易金额有上限;利用动态条码进行支付的,在使用条码收付款时,手机电子屏上的动态条码是更新的,不容易被替换盗用,风险防范能力比较强。

2. 以人工智能技术为主要支撑的刷脸支付

刷脸支付是基于人工智能、机器视觉、3D 传感、大数据等技术实现的新型支付方式,主要通过生物识别、机器学习等技术提高便捷性、安全性。而生物识别技术具有精、准、快等优点,进而提高客户体验和使用的安全性,能够有效降低欺诈和盗用风险,目前在手机解锁、身份验证、支付交易等领域应用广泛。根据中国支付清算协会发布的《2018 年移动支付用户调研报告》,85%的用户能够接受使用生物识别技术进行移动支付身份识别和交易验证。[1] 例如,国内部分商业银行引入无卡取款业务,用户通过人脸识别验证成功,辅之以手机号、身份证号、交易密码等核验身份,无须带卡就可以在 ATM 上完成取款操作。非银行金融机构通过与商场超市合作,推出基于人脸识别技术的"刷脸"支付销售模式。早在 2013 年,芬兰创业公司 Unique 就推出世界上第一个"刷脸"支付系统,整个交易在 5 秒以内完成。2017 年支付宝与肯德基店合作,在杭州推出"Smile to Pay",只要客户在支付宝 App 进行注册,并启用面部识别功能,不需要使用智能手机来操作,显示屏上的3D 摄像机对顾客的面部进行扫描,即可完成身份验证。2018 年,腾讯微信支付推出"青蛙"支付设备,介入 POS 机后可代替原有的扫码支付,还支持微信刷脸支付,而不需要对 POS 机进行改造。

(三) 跨境支付

1. 香港内地互通的"微信香港钱包"

2018 年 9 月,在中国人民银行和香港金管局支持下,腾讯与中国银联联合推出"微信香港钱包",这是首个为香港用户提供的到内地跨境移动支付服务的电子钱包,香港同胞仅需携带一部智能手机到内地,使用微信香港钱包,即可轻松解决衣、食、住、行等领域的支付需求。香港居民在内地消费,只需

---

[1] 张莫,陈雨涵.移动支付用户对生物识别接受趋稳定[N].经济参考报,2020-01-09(6).

打开微信香港钱包就可以直接进行扫码支付,所消费的金额按照实时汇率转化为港元再从消费者绑定的银行卡中扣除,省去了以前香港居民在内地消费时需要频繁兑换货币的麻烦。如果消费者想办理退款,资金会按照消费者支付时的汇率原路退回。微信香港钱包极大地优化了香港居民在内地的消费环境,使香港居民同样可以享受移动支付带来的便捷性和舒适感。2019年春节期间,微信香港钱包收发红包近100万个,香港用户到内地消费热情高涨,交易笔数达平时的2倍多。①

2. 区块链技术支撑的跨境支付场景多样化

(1) 传统跨境支付。

跨境支付是指两个或两个以上国家或者地区的经济主体之间因国际贸易、国际投资及其他方面所发生的国际资金跨国和跨地区转移的行为。各国货币不同,经济主体的开户行不同,因而需要通过一定的结算工具和支付系统实现两个国家或地区之间的资金转换,最终完成交易。传统的跨境支付清算方式主要有电汇、托收、信用证,一般是通过SWIFT进行,整个支付过程参与方比较多,环节多,整个业务流程比较冗长,从资金汇出到收款人收到资金需要2~3天,而且费用很高,使一些较小额的跨境支付显得很尴尬,其成本和效率问题成为跨境支付的瓶颈。同时,传统跨境支付清算还面临资金收付双方的信用风险、金融机构人员因素产生的操作风险、互联网安全性问题等。

(2) 区块链支持的跨境支付。

区块链具有去中心化、信息不可篡改、开放透明、风险低等特性,跨境支付区块链充分发挥了这一分布式记账技术的特点,将跨境支付的参与方连接起来,建立互信链接平台,实现互联互享,可以提高交易透明度,降低资金风险,减少交易环节和成本,加快结算和清算的速度,从而极大地提高跨境支付的效率。

跨境支付引入区块链技术,首先汇款人根据需要向汇款行提出汇款申请,汇款行根据汇款申请、收款人信息选择链上最佳汇款路径,确定收款行,并发起清算,包括汇款行账户行、清算行、收款行账户行在内的链上相关节点均会同时收到汇款和清算的请求,然后它们再根据汇款指令确认资金转账,完成清算,最后收款行向收款人发出资金到账通知,完成跨境支付。

---

① 李冰. 微信红包"境外开花"香港用户到内地支付笔数倍增[N]. 证券日报,2019-02-13(9).

跨境区块链支付的特点主要有：①区块链建立在一种全新的信息网络架构基础上，克服了传统支付方式过度依赖中心化系统的弊端，资金收支两端客户都能随时自主掌握资金收支的相关信息，极大地提升了两端客户在链上的地位和话语权。②由于区块链是一种全新的分布式账本技术，链上每个支付节点都是参与方，都是账本的记账人，都可以随时查询资金跨境支付的信息，都可以共有、共享每个相关节点上的信息，并能够检测、验证资金划转和清算的过程和结果。也就是说，对相关节点来说，整个跨境支付过程都具有很高的透明度，汇款收、付涉及的金融机构对相关汇款责任一经确认，无法更改。③整个支付流程更加简单化，而且不需要第三方参与，大大节省了汇款费用。④各参与机构只有达到跨境区块链要求才能上链成为链上节点，才能参与资金跨境支付与清算，并同步获取资金支付、清算的信息。⑤跨境支付区块链可以实时自动完成账本信息的核对，保证链上资金转账信息的准确性，而且信息公开，具有很高的透明度，无须对账。当然，链上各参与方也可以随时查询、检测、验证这些信息。⑥跨境支付区块链具有很强的兼容性，可以兼容以往的资金支付与清算的模式，金融机构能够快速以较低成本上链参与交易。⑦跨境支付区块链具有很强的包容性和抗干扰性，整个系统的运作不受某一节点运行状况的干扰。⑧监管机构也是链上一个节点，可以对链上资金清算等进行实时监督，保证资金支付和清算过程合规化。

（3）国内外典型案例。

从国外来看，Circle 是最早在跨境支付领域应用区块链技术的公司，主要是在区块链技术支持下，以比特币作为中间代币实现低成本兑换货币及跨国汇兑，使不同国家货币之间的资金转移更加简单和便宜。Circle 目前支持美元、英镑和比特币的兑换；在社交支付方面，主要是在手机 App 中，用户在向好友分享图片、表情、GIF 动图的信息中即可完成支付，还可以在无手续费的情况下，实现转账、收付款。Circle 推出的跨境支付平台已经在 150 多个国家开展了服务，年交易金额 10 亿美元。Ripple 公司的主要业务是帮助银行实现更加便捷的跨境支付，其核心产品是 Inter Ledger Protocol 协议，本质上是一个基于分布式开源互联网协议、共识总账（consensus ledger）和原生货币 XRP（瑞波币）的实时结算系统和货币兑换与汇款网络[①]。Ripple 公司同时提供两种产

---

① 冉叶兰."Ripple"区块链移动支付先驱[J].大数据时代,2017(2):62-64.

品：一种是以货币 XRP（瑞波币）作为中间代币的跨境支付产品；另一种是在合作银行安装清算网关，合作银行（包括速汇金、运通、桑坦德银行、MoneyGram 等）协同完成跨境支付为 B 端提供服务。

在国内，招商银行是最早使用区块链直联跨境支付应用技术的金融机构。2017 年 3 月，招商银行通过该技术实现总分行之间的清算，为南海控股有限公司通过永隆银行向其在香港同名账户跨境支付，这一事件标志着国内首个区块链跨境领域项目的成功落地应用，在国内该领域具有里程碑意义。目前大多数国有商业银行均设计并推出区块链跨境支付系统，如 2018 年中国银行设计的区块链跨境支付系统，实现了河北雄安与韩国首尔客户间的美元国际汇款，这也是国内商业银行首笔应用自主研发区块链支付系统完成的国际外币汇款业务。

第三节　征信科技的变革创新

信用是现代商业社会的支柱，现代经济是信用经济，信用关系错综复杂，建立高效快捷的社会信用体系，可以极大地缓解金融市场中资金交易的信息不对称问题，减少由此带来的逆向选择和道德风险可能引起的损失。近 20 年来，我国不断加强社会信用体系和征信系统建设，并取得了较好的成效。但是，由于我国征信体系建设起步晚，征信技术相对落后，征信行业发展无法满足大数据时代的需求。而基于金融科技的大数据征信则克服了传统征信技术的弊端，能够为金融市场提供全面、多样的信用服务。

一、我国征信体系存在的问题

（一）征信行业主体构成单一

金融信用信息基础数据库是我国征信体系的核心组成部分，2006 年该数据库上线运行，形成了全国集中统一的企业和个人征信系统。同时，我国信用行业也开始走向市场化经营，出现了前海征信、腾讯信用、芝麻信用等多家商业性信用评估机构，但是市场上有经营执照的个人征信机构目前只有百行征信一家。2018 年 3 月 19 日，百行征信有限公司落户深圳，这是中国第一家，也是目前唯一一家获得个人征信业务经营许可的市场化征信类科技金融公司，由市场自律组织（中国互联网金融协会）与 8 家市场机构按照共商、共建、共享、共赢原则共同发起组建。百行征信主要专注于征信、信用评估、信用评级、数据库管理等业务，从事个人征信、企业征信及相关产业链开发的信用信息产品与服务供应。该机构成立的主要目的是纳入传统金融机构之外的、中国人民银行征信中心未能覆盖到的个人客户金融信用数据，构建一个国家级基础数据库，实现行业信息共享。

由此，我国已经逐步形成公共征信和社会征信相互补充的信用体系，但政府主导的中国人民银行征信中心仍然占据核心地位。随着信用行业市场化程度的不断加深，会有越来越多的商业性信用机构出现，并发挥越来越重要的作用。

（二）存在信息孤岛现象存在

金融信用信息基础数据库已收录了超过 2600 万户的企业、其他法人组织和近 10 亿自然人的信用信息，① 这些信息数据来源于众多的传统金融机构，基本覆盖了国内传统信贷市场，共同构成我国信用体系的根基。但是，小额贷款公司、保险公司和融资租赁公司等众多的非银行金融机构的相关信用数据尚未全部接入征信系统，征信体系信贷信息的采集范围仍有待进一步拓宽。

百行征信是对中国人民银行征信系统的补充，收集国家征信基础数据库空白领域的信用信息，满足非银行金融机构的信用产品需求。国内如芝麻信用、中诚信、冰鉴科技等众多的第三方征信机构和信用评估商不断涌现，其不断创新的信用服务模式对完善我国信用体系起到极大的促进作用。

但是，金融机构、政府其他部门和生活服务类数据分别属于不同的经济主体、行政主体，这些数据出于各种原因还没有实现信息资源共享，数据获取难、成本高，征信体系存在信息孤岛，而众多分散的新兴公司的线上数据采集系统又无法保证信息的质量。

（三）征信数据库管理技术落后

一方面，各征信分中心在实际运用"两端核对"及"定点监测"机制方面存在技术手段落后和能力不足的问题，无法保证不同渠道获取数据的一致性，可能导致征信中心获取的辖内征信数据与金融机构信贷业务实际数据存在

---

① 刘茜.浅析金融科技背景下我国征信体系建设进展[J].商讯,2019(6):15-18.

一定差异①。另一方面，征信系统数据基于结构化数据类型的处理技术，制约了外围非结构化海量数据的导入，无法满足对海量的语音、图像、视频等数据进行采集、清洗、加工和使用的需要。

（四）征信产品单一，有待提升增值

我国传统征信行业产品比较单一，一般仅是征信机构采集原始数据所形成的格式化报告这类初级产品，而不包含信用评级和信用评分等增值产品，无法满足客户个性化、多样化的高级需求。征信产品亟需对各类信息展开深度挖掘，为客户提供丰富多样的征信产品，提升产品价值。

（五）征信法律体系建设滞后，信息安全无法得到有力保证

信息安全一直以来都是各经济主体关心的问题。

第一，信用服务机构服务质量有待提高。在信用服务市场上，实际提供征信服务的公司有数千家，服务质量良莠不齐。而且，数量众多的各类信用机构、征信平台缺乏监管，社交软件鱼龙混杂，大量的信用服务机构内部治理机制不健全，容易引发内部人员道德风险和业务操作风险。个人信息的使用仍然存在安全隐患，存在未经客户授权或在客户不知情的情况下对外出售个人信息的现象，增加了信息泄露的风险。

第二，存在监管漏洞。目前，我国征信行业仅由中国人民银行集中监管，难免有监管不到位的情况。而且我国征信行业缺乏系统的法律法规，信用制度不健全，难以形成对征信业行业主体行为的强约束力，客户个人信息得不到明确保障，信息的合法使用与保密仍然存在隐患。如何能在保证客户信息安全性的同时便于大家使用数据创造收益，仍然是亟须思考的问题。另外，征信活动涉及他人信息安全，信用评级对企业、个人的经济活动乃至金融市场的稳定性具有重大影响，各国都要求征信机构在监管法律框架内开展业务，严格保护被征信对象的信息。我国征信行业需要建立健全包含行政监管、司法监管及行业自律在内的完善的现代征信行业监管架构，完善征信行业法律法规，为征信行业的健康发展保驾护航。

---

① 谢金静,陈学军. 央行履职视角下我国征信业管理热点问题分析[J]. 征信,2020(3):39-44.

二、金融科技变革征信体系的逻辑

征信技术是征信体系的重要保障,传统征信体系的技术架构不利于金融行业的长远发展。在金融科技快速发展的今天,推动人工智能、区块链、大数据、物联网等新技术在征信行业的应用,发展信用科技,将改变传统征信行业的服务模式,推动信用评估的智能化,提升信用价值。借助机器学习和人工智能等技术手段可以对征信数据进行深度挖掘和风险分析,借助云计算和移动互联网等手段可以提高信用服务的便捷性和实时性。深度挖掘互联网大数据信息,开发大数据风控模型,更加精准地评估风险,逐渐成为新一代信用风险识别领域的核心问题。利用科技创新,金融机构可以实现精准营销、高效获客、有效风控、标准定价等,显著提高运营效率。

(一) 大数据、云计算等技术提升征信数据挖掘的广度和深度

大数据征信是将大数据技术应用到征信活动中,利用互联网信息技术优势,将经济主体在金融活动、场景消费及其他各种社会活动中的海量非结构化数据整合起来,经过数据挖掘、清洗、分析后,利用信用评分模型将其加工融合成信用评估分数,作为衡量经济主体的还款能力、还款意愿、欺诈风险等的依据,进而判断其信用风险水平的高低。

1. 扩大信息来源覆盖人群

传统征信主要覆盖银行类等持牌金融机构有信用记录的人群,而大数据征信还覆盖了其他人群,包括来自法院、税务局、社会保险、公积金管理中心等政府部门,以及来自电信运营商、物业公司、医院、互联网企业、电商平台等第三方服务机构的客户,不仅可以利用传统征信数据,还采用大数据技术获取了用户日常行为方面的信息,数据信息范围更广泛、更全面,满足P2P网络借贷、第三方支付以及互联网保险等金融新业态对身份识别、反欺诈、信用评估等多方面的征信需求。

例如,考拉征信的数据既有拉卡拉十年积累起来的金融、电商及百万线下商户经营数据,还有来自拓尔思、梅泰诺、蓝标和旋极四家上市公司的数据,此外,还有法院、通信、工商、公安、航空等公共部门及其他行业合作的信息,通过多元化数据构建了更有说服力的信用数据库。

2. 拓展信息来源维度

大数据征信具有数据量大（Volume）、种类多（Variety）、速度快（Velocity）、有价值（Value）、准确性（Veracity）的特征优势。大数据征信的数据信息来源不仅包括金融机构、政府机构和电信部门提供的个人基本信息、账单、信贷记录、违约记录等，还囊括了人们的互联网行为轨迹、社交和信用评价等信息，包括人们的网上购物消费记录、网贷、缴费、签证等。如腾讯信用数据包括QQ、微信、财付通、QQ空间、腾讯网、QQ邮箱等多种服务渠道的海量个人用户，通过用户在腾讯系产品留下的大量有价值信息，同时凭借其在人群覆盖、用户活跃度及产品特点上的显著优势，依托社交、支付、金融、社会等多个维度，一定程度上反映了信息主体行为习惯、消费偏好、社会关系等，很好地弥补了传统征信体系的不足。同时，这种内部交易信息获取或外部数据库接入等方式，成本较低，取得的数据经过动态筛选、实时跟踪、数据清洗与加工，其信用结论更有针对性和时效性。

3. 应用场景更丰富

大数据征信不单单用于传统的信贷等经济金融活动，还逐渐延伸到生活领域，例如，芝麻信用已经用于信用卡、消费金融、融资租赁、酒店、免押租房、免押出行、婚恋、分类信息、学生服务、公共事业服务等上百个场景。考拉征信推出了面向政务、商务、社会、法务、个人的全方位信用服务体系，可应用于信用卡申请、投资理财、衣食住行等场景。

4. 信用评估技术更全面

大数据征信在数据采集、存储、分析和模型构建环节利用新技术，对数据进行创新应用。利用网络爬虫技术实时抓取信用主体的互联网数据；利用区块链技术存储复杂的数据信息；利用数据挖掘技术探索变量之间的相关关系；采用机器学习方法打造个人信用评分卡[1]。运用大数据技术，通过建立征信模型，对信用主体的各种金融信息、生活信息等进行深度挖掘，能够比较准确地发现经济主体的行为规律，预测其信用活动的履约能力、违约概率、履约意愿等信用指标，得到实时计算的结果，提升量化风险评估能力。中诚信征信将传统建模与大数据建模结合起来，对个人信用信息进行评分；利用丰富的信息资

---

[1] 张健. 大数据征信的创新特点、问题及优化路径[J]. 电子商务,2018(1):17-18.

源，从不同维度对数据进行信用信息认证；利用大数据技术融合和分析多维信息，形成综合性的个人信用报告；建立"数据+规则+模型"的大数据风控云体系，让风控系统更加精细和智能。

（二）区块链技术提升征信数据的共享度和准确性

我国现有征信行业已经具备一定的市场规模，征信机构达200多家，但仍然不能满足市场需要。由于我国征信法律法规不健全，信用信息割裂，信息孤岛等问题严重，征信机构之间没有实现信息共享。而区块链技术的出现，可以提供解决信息孤岛问题的方法。

区块链技术的核心特点是通过密码学、共识机制、时间戳等技术手段，在分布式的网络下，构建一个安全可信的运行环境，实现全局一致的共识账本。区块链通过技术来保证各方拥有完整一致的信息数据副本，保证任何数据的变更都能够及时同步到各方，同时防止任何一方私自篡改数据。由此，可以实现多方对等的点对点交易、协调和协作，消除单点依赖的数据安全、协同效率和风险控制等问题。所有能够参与的信用主体，必须获得区块链联盟成员的认可，在准入要求和可信度以及管理方面都得到很大提升。经过多年的发展和演化，区块链技术的独特优势不断显现，它实现了分布式对等网络的多方平等、共享记账，并且保证所有账本信息一致、不可篡改。[①]

区块链在征信行业应用的优势体现在以下几个方面：

1. 打破数据孤岛

以用户作为数据的聚合点，连接各个企业与公共部门，在各机构、各行业间安全地共享数据，解决数据孤岛问题。

2. 加强隐私保护

区块链是一个分布式共享账本，征信区块链上各节点共享信用信息，但交易尤其是一些大额交易涉及商业机密，交易主体的隐私保护一直是区块链技术发展过程中的难题。经过近几年的发展，以密码学技术为基础建立的各种用户可以自控的隐私保护方案，可以使征信链上各个金融市场主体在共享信用信息的同时，避免数据被恶意攻击或窃取，保证数据的高安全性，由此加强个人隐私保护和风险控制，提高整链协同效率。

---

① 姚前.中国区块链发展报告（2019）[M].北京:社会科学文献出版社,2019.

3. 降低人工与柜台等实体运营成本

区块链技术能够将征信链上每个节点的信用信息自动同步到链上其他各个节点账本，数据无法篡改、伪造，无须对账，而且具有可追溯性，这样就可以彻底消除传统征信方式成本高、信息不对称、客户信息泄露等问题，在提高效率的同时，避免使用人工所带来的操作风险、低效率、高成本等弊端，为征信各方提供了一个有技术保障的、可信赖的共享信息平台。

三、金融科技变革征信体系的路径

（一）信链——基于区块链的去中心化征信平台

信链（Trust Chain）是一个基于区块链去中心化技术建立的低成本、无边界、自主可控的数字信用共享生态平台。用区块链奖励机制鼓励用户数据上链，在区块链上建立一个可信任的网络，让各个行业的大数据都可以互相交换，实现互信、共享，远离数据垄断，让个人信用信息在去中心化的链上完美展现，不缓存数据，而且保护个人隐私、保护数据所有权，并通过区块链不可篡改技术有效遏制造假及匿名交易。

信链征信平台安全性能高。非付费查询者、非授权者不可访问；各方征信数据库不与链上系统项联通，联盟成员亦无权访问，确保商业机密及个人隐私不被泄露；采用数字签名及区块链技术确保安全性，可避免服务器受攻击、数据泄露。

信用模型产品模型主要由风控系统、代扣系统、企业数据库、IAPI接口、数据记录区块及查询付费系统等组成。其中，风控系统、代扣系统、企业数据库、IAPI接口属于链下系统，数据记录区块（记录机构放贷记录、借贷者还款记录）、查询付费系统（包含智能合约）属于链上系统。

信链通过点对点交易去除不必要的中介环节，降低经营成本及协作成本，有助于构建多方对等参与的价值共享生态。信链可以为小微贷企业提供更加可靠的风控信用结果，记录放贷信息，提供代扣资金还款通道，并记载还款记录，为其资金安全及业务运营提供强有力的支持；为银行、保险等金融机构提供专业第三方的风控信用数据，供其进行业务审核使用；链接其他金融机构的风控系统与信誉评价系统和自选使用的借贷资金代扣系统，通过构建强大的金融评估数据库，助力传统金融机构向金融科技方向转型，为借贷双方提供快捷的借贷企业代扣资金服务通道。

(二) 信联——区块链与个人征信的结合

2018年5月,百行征信(俗称"信联")挂牌成立,这是一家市场化个人征信机构,是对以中国人民银行为中心的征信系统的补充。百行征信既拥有传统征信中心的结构化金融数据,又有生活、电商、小贷、网络图片、视频、聊天记录、互联网金融机构的非结构化数据,为金融机构、网贷平台、互联网公司、民间借贷等借贷业务风险评估提供依据。[1] 百行征信机构产品设计更加丰富,不仅仅是数字信息,除征信报告外,八家征信机构都有自己的评分,还有更深层次的模型、精准营销、大数据服务等。

由于涉及多家信用科技类参股公司,如果各个公司之间分享数据,就会带来更大的数据泄露风险。百行征信积极探索区块链技术与个人征信的结合,以联盟链、公有链的形式维护与储存个人数据,有效防止篡改信息,保证信息的真实可靠,并在保证信息主体个人隐私安全的基础上,自主控制上传数据和信息。

百行征信的出现,是我国个人征信业发展史上具有重要意义的事件。随着更多符合要求的个人征信科技机构的出现,我国将构建起功能互补、多层次的个人征信市场体系。

第四节 监管科技的变革创新

2015年11月,英国金融行为监督管理局(Financial Conduct Authority, FCA)首次提出"RegTech"这一概念,将其定义为"采用新型科技以有效传导监管要求"。2017年4月,FCA在《2017—2018年度商业计划书》中再次对"RegTech"进行了定义,认为其"运用技术帮助金融服务机构更有效地理解并达成监管要求",能促进金融机构"增强合规的同时,降低成本""更经济有效地理解FCA Handbook并提交所需信息"。

随着金融创新日新月异,监管对象综合化、多元化经营,金融风险复杂性增加,使得监管难度不断提高,监管成本日益增加,传统监管方式和数据处理

---

[1] 杨东,徐信予.百行征信发展的几点思考[J].中国信息安全,2018(2):59-62.

手段越来越不能满足监管要求。而云计算、区块链、人工智能等为金融监管提供了新型技术，即监管科技，监管科技的诞生与发展降低了监管的成本，扩大了监管覆盖面，减少了监管者和被监管者之间的信息不对称，提高了监管的透明度，提升了监管的效率。

一、我国发展监管科技的必要性

（一）监管任务繁杂与监管体系力量薄弱之间存在矛盾

随着我国经济的发展，金融机构发展壮大，金融机构的业务规模不断扩大，业务范围不断扩展，业务复杂程度不断提升。尤其是 2007 年上海拍拍贷成立以来，种类繁多的互联网金融机构的数量暴增，而且还有很多线下机构开展线上业务，互联网金融领域的监管压力大大增加。

而负责互联网金融领域的地方监管力量相对薄弱，省级金融工作办公室一般只有几十名人员，还要负责地方政府融资等工作。虽然 2015 年 7 月成立了中国互联网金融协会，在一定程度上规范了从业机构市场行为，保护了行业主体的合法权益，但是，与暴增的互联网金融机构相比，监管力量总体来说相对薄弱，存在监管任务繁重与监管体系力量薄弱之间的矛盾，各机构间还未形成监管合力，还存在监管滞后和监管真空现象，迫切需要利用新技术提升监管合力。

（二）金融风险"全程动态化"与传统监管"结果静态化"之间存在矛盾

众所周知，金融风险多种多样，而且随时可能发生并给金融机构带来损失，即风险具有全程化的特点。

但是，传统的金融监管是结果监管，是一种静态监管，仅仅在规定的报告期末，金融机构向监管部门提交其相关的财务指标，这样导致金融机构可能只选择在报告期末这个单一结果时间点满足监管要求，而在其他时间无视监管要求，即"橱窗粉饰"（window dressing）[1]，或者说过程风险无法有效监控。这也迫切需要有新的监管技术对金融机构经营过程进行全程动态监管。

---

[1] 在报告期末进行一系列操作以粉饰财务报表的行为被称为"橱窗粉饰"（window dressing）。

（三）金融风险交叉性、隐蔽性与传统监管方式的行政化之间存在矛盾

随着"互联网+金融"的不断深入，金融创新程度不断加深，互联网金融机构不断涌现，业务种类和规模不断增加，传统金融机构也纷纷创新业务发展模式，开展业务经营网络化过程，直销银行数量大增。在这个发展过程中，交叉性、关联性风险急剧增强，风险结构日益复杂，金融风险隐蔽性增强，传统行政化的监管方式很难及时发现、监控和规避这些隐蔽的风险，迫切需要引入新技术提高监管水平。

二、监管科技发展的技术基础

随着金融科技的发展，金融创新层出不穷，随着云计算、大数据、生物识别、人工智能、区块链等新技术在金融领域的探索与应用，金融机构利用新技术，不断优化业务流程和服务手段，推进技术架构转型升级。与此同时，由于监管法律缺位和监管技术滞后，基于互联网的 P2P 融资平台、商品交易平台、投资理财平台等群体事件的爆发，也说明金融行业蕴含很大风险，监管部门也需要与时俱进，积极利用先进的技术，提高金融监管的效率。在众多支撑应用的技术中，云计算、大数据、区块链、第五代移动通信技术（5G）等可以为监管科技提供核心技术基础。

（一）云计算应用于监管科技

云计算是一种通过网络将可伸缩、弹性的共享物理和虚拟资源池以按需自服务的方式供应和管理的模式[①]。云计算与金融监管相结合，应用于构建自动化监管机制，提升金融行业合规程度。从部署的方式以及服务客户范围来看，云计算可分为公有云、私有云以及混合云三大类别。而金融监管机构出于对消费者数据隐私的保护以及网络安全的担忧，一般不接受通过公有云的方式访问自身数据，很多情况下仍需将服务器部署在自身机房，私有云可满足其监管信息保护的需求，在使用云服务的同时兼顾自身数据安全，避免公有云可能带来的信息泄露和网络风险。

---

① 引自云计算概念与词汇国标委标准——GB/T32400-2015。

(二) 大数据应用于监管科技

互联网行业从诞生起就是充分应用大数据的行业，近年来大数据技术在金融机构营销、风控、业务运营领域均发挥了重要的价值。

在传统的监管体系下，对金融业数据呈现的碎片化现象缺少必要的分析工具，只能依赖人工判断，难以发现潜在的风险，很多时候只能事后监管，难以预先防范风险。对于金融监管机构而言，依托大数据技术可提升监管决策水平与防范金融风险的能力，同时降低被监管机构的合规成本。首先，监管机构从不同的数据源头、不同的数据表头、不同的数据格式中进行数据萃取，萃取过的金融数据要进行清洗加工和数据转化，并将转化好的金融数据上传至监管数据库。其次，利用分布式计算技术，可存储监管部门的海量金融数据。最后，利用编程模型可快速、实时计算监管对象相关监管数据结果，还可以将复杂的大容量金融数据计算问题分解成多个子问题进行处理，数据处理难度大幅降低，计算效率也很高。

(三) 区块链运用于监管科技

区块链赋能监管科技，在应用层面结合智能合约（一种旨在以信息化方式传播、验证或执行合同的计算机协议）的技术可以极大地提升监管效率、显著提升数据报送的准确性、强化 AML（Anti Money Laundering，反洗钱）与 KYC（Know Your Customer，了解你的用户）的效率、构建实时自动化的监管模式、加强金融监管的统筹能力。

1. 可以保证监管系统获取全链信息

区块链技术应用于金融监管，建立监管区块链，仍然是以中央银行为金融监管中心，以商业银行等金融市场主体为链上节点，每个节点都平等地参与到各种金融活动中，这些结构化和非结构化的交易信息都会全面、准确地记录在账本中，每个节点都进行了备份，而且全链共享，无法伪造和更改，可以有效克服原来数据孤岛、数据分割带来的监管真空等问题。而且由于区块链技术的兼容性和容错性特点，即使监管区块链上某个节点信息遭到破坏，也可以快速及时地从其他节点获取真实信息，保证整个监管区块链系统的正常运行，为监管系统获取全链信息、提高监管速度和监管效率提供保证。

2. 保证了信息数据记录时间的不可篡改

监管区块链使用公私钥加密算法，保证了信息数据的不可篡改。区块链采用的共识协议机制可以保证链上各节点交易信息的真实性，而且只有得到全链认可才能记录在链上每个节点，保证信息数据记录时间不可篡改。这种提供永久存储和加密信息数据的监管共享执行系统，通过加快速度和自动化，大幅降低监管成本。

3. 区块链各个节点的信息公开透明

除私有链外，区块链的设计是透明的。监管区块链上参与金融活动与交易的主体的账户信息都在链上得以登记，并永久记录、保存下来，这些信息对链上所有节点都是公开透明的。与传统监管方法相比，各级监管机构可以更及时、更全面、更准确地实施监管，有利于降低监管成本。

4. 自动化编程技术实现实时监管

监管机构监管区块链上的重要节点，链上金融市场参与主体的一切活动尽收眼底。通过与大数据、人工智能技术的结合，借助智能合约，监管区块链通过设计访问数据共享的模式，无须其他组织或机构干预，可以自行完成相关信息的收集、存储、协调和汇总，打造能够实现事前、事中、事后的实时、动态、全流程监管科技架构，降低监管成本的同时提升监管效率。

（四）5G应用于监管科技

传统监管方式下，监管机构主要依据金融机构的历史数据进行风险预判，缺乏进行实时跟踪了解的手段，而互联网拥有丰富的线上大数据，尤其是5G时代万物互联，通过物联网，能够解决这些问题。

通信的本质是互联互通，5G应用于监管科技，通过虚拟经济和实体场景链接，突破之前依赖存档历史数据的限制，获取更广维度的金融监管数据，通过构建可信度更高的金融监管评价体系，对金融机构进行动态监管，可以更加精准地识别风险，进一步提升监管的准确性。

第九章 金融科技结合的应用变革创新

　　金融科技是金融和科技的融合体，是金融行业的创新和变革，对金融行业的发展产生了深远的影响。它以科技创新为支撑，利用先进的管理技术和方法，提升客户体验，提高经营效率，优化风险控制，降低营业成本，增加利润来源。金融机构依靠金融科技手段，通过场景化金融、精准化营销、智能化服务、智能化风控等变革创新，挖掘服务深度，拓宽服务广度，增加了抗风险手段，提高了经营效益。2020年新冠肺炎疫情的暴发更加凸显了金融科技的作用。

第一节　新兴金融科技公司

互联网科技类公司从一开始就主导了金融科技行业的发展，随着其金融业务的不断深入开展，传统金融机构原有的市场逐渐被占领，经营优势被取代，其固有的经营模式的弊端不断暴露，不断产生的新的金融业态也表现出越来越大的竞争优势。

为了更好地在竞争中立于不败之地，大型国有商业银行纷纷出资设立金融科技公司，为银行体系提供技术支撑，同时又能为其他中小银行提供技术输出，金融科技市场主体呈现多元化的局面。互联网系和银行系金融科技公司展开多种形式的竞争与合作，双方充分发挥各自的竞争优势，实现优势互补，有力地带动金融业的跨越式发展。

一、主体创新

（一）互联网系金融科技公司

早期的金融科技企业多半是互联网领域的相关科技公司，即互联网系金融科技公司，如塔塔信息集团、蚂蚁金服、京东数科、度小满金融等。整个金融科技行业，初创企业众多，涉及金融科技众多细分领域，特别是2013年以来的互联网金融热潮，吸引了大批企业进入市场。2015年以后，互联网金融科技行业高速发展，市场竞争越发激烈，互联网金融机构"爆雷"频发，监管机构频频出手，推动行业整合，市场集中度得到提升。

1. 创新优势

互联网系金融科技公司在自身互联网技术的支持下，率先实现了线上领域的突破，而低廉的线上运营成本使得其充分利用线上优势为发展线下领域提供捷径成为可能，在这种逆向发展模式的创新型思路指导下，早期的金融科技公司获得了独特的发展基础及优势。

一是管理机制更为灵活。早期的互联网公司的内部审批决策等环节，操作更为灵活，效率更高。

二是依托场景的产品设计更有实用性和创新性。场景化的消费、信贷、交易不仅生动形象，还能满足客户的各种生活、消费和投资需求，不断提升客户体验，从而提升获客率。

三是技术优势凸显。互联网系金融科技公司依靠技术发家，拥有得天独厚的互联网技术优势，可以快速建立现代底层架构，通过在技术上叠加金融场景实现进军金融行业的目标。

2. 发展劣势

一是大众接触不多，容易引发信赖度不足。互联网系金融科技公司最初都是名不见经传的小型科技公司，在短期内借助自身技术优势快速发展起来，如京东金融、蚂蚁金服等。虽然它们推出了一系列理财等产品，但是大众对其不熟悉，大多持观望态度，或者仅仅投入少量资金，而且一有风吹草动就快速收回投资，并没有将其作为重要的长期投资对象，客户黏性小，可信度低，不易建立稳定的现金流和客户群。

二是不具有品牌优势。由于互联网系金融科技公司最初都是在某个技术领域具有优势的创业型公司，因而市场知名度低，不具品牌优势。

三是缺乏众多的线下客户资源，而仅有的线上客户信赖度又不高，导致客户增长缓慢、数量有限。

（二）银行系金融科技公司

互联网系金融科技公司的不断发展壮大对传统银行固有的经营模式产生了巨大冲击，越来越多的传统金融机构感受到来自金融科技的挑战，大型商业银行纷纷直接出资自建金融科技公司，即银行系金融科技公司，进军金融科技领域，研制数字化、智能化、个性化的产品和服务，搭建金融服务云平台，建立智能化风控模型，很好地克服了原有业务办理过程中耗时长、流程多、成本高、风险大、效率低等缺点，将外部竞争和冲击内部化，又有利于摆脱母公司的体制束缚，引入创新机制，推动银行实现"内涵式"驱动发展。

先进稳定的金融基础设施是商业银行创新的技术基础，我国商业银行通过主动创设金融科技公司，与科技公司开展产品、技术和战略合作等，不断加快金融科技落地，这必将对金融机构的长远发展产生深远影响。

1. 创新优势

一是先天的信用基础和品牌优势更突出。利用母公司在金融业的品牌知名度，银行系金融科技公司自设立时就"自带光环"，很有品牌优势，而且这也是母公司加速转型的契机，可以推动自身产品和服务价值链向外快速扩张。

二是线下客户数量大、黏性高。传统金融机构经过多年运营，具有大量的线下客户资源，银行系金融科技公司可以更有针对性、近距离地推出适合线下客户的金融产品和服务，从而保持较高的客户黏性。

三是科技服务范围更广。一方面，银行系金融科技公司的产品覆盖面更广，涵盖商业银行业务经营全部领域，不仅包括客户身份认证、营销，还包括风控、客服等，实现全方位、多维度技术创新。另一方面，银行系金融科技公司不仅为集团公司或母公司提供服务，还对同行业其他的金融机构进行技术输出，提供技术外包服务，科技服务范围更广。如金融壹账通，通过搭建国内最大的金融云服务平台，在服务本集团的同时，还为其他金融机构提供全方位、立体式技术支撑与服务。如兴业数金为村镇银行、城商银行和民营银行等提供银行云、普惠云、非银云、数金云等全方位科技解决方案。

四是产品适应性更高。银行系金融科技公司熟知银行各项业务，了解监管政策的导向，其推出的各项技术更加契合银行业务的开展，更能适应监管机构的要求，在自身强大的资金实力支撑下，能快速开发出适应传统金融机构需要的技术方案。

2. 创新劣势

一是银行系金融科技公司容易受母公司牵制和影响，市场化程度低，管理机制灵活性差。虽然银行系金融科技公司是市场化独立运营的法人机构，但发展初期，在很大程度上仍受母公司金融机构管理机制的影响，虽然风险小，经营稳定，但相对缺少灵活性。

二是不具有技术优势。传统金融机构原来就有IT技术部门、研发部门，具有电子支付清算、结算系统和全面的业务处理能力，但是由于基础设施的更新和维护需要花费高昂的费用，再加上对新技术潜在风险的担忧，银行系金融科技公司早期的技术研发和应用往往比较滞后，技术优势不足。

三是产品设计缺乏个性化、多样化。传统金融机构往往根据客户的结构化数据设计金融产品,缺乏对客户有关消费偏好、交易习惯等非结构化数据的深度挖掘和分析,导致银行系金融科技公司研发的产品往往有较高的同质性,缺乏针对性、个性化和多样化,这不利于客户数量的提升和客户黏性的增加。

四是业务操作方法容易落入俗套,业务流程烦琐。传统金融机构对传统业务的办理容易依赖历史路径,导致银行系科技公司对原有组织形态的过分依赖,不利于技术手段的革新、业务质量的提高和效率的提升。

二、合作模式创新

金融科技公司从诞生之日起,与金融机构之间就具有千丝万缕的联系。早期,金融科技公司以技术服务为主,商业银行和互联网系金融科技公司通过电商平台进行初级合作。随着互联网系金融科技公司势力的崛起和金融市场的不断深入,二者之间更多存在竞争关系,传统金融机构的市场被挤占,收入来源减少,切实体会到金融科技带来的冲击和挑战,开始布局金融科技领域,设立金融科技公司,争夺市场份额。随着金融科技的全面落地应用和金融监管手段的提升,金融科技公司又开始强调自身定位,重新开启与金融机构之间更高阶、更广泛、更深度的合作关系,实现优势互补,以谋求实现共赢发展。

一是开展产品合作、服务合作。金融科技公司和商业银行拥有不同的优势,双方可以开展合作,共享科技成果。国外如富国银行和 Paypal 合作开拓电子支付业务;英国巴克莱银行与比特币合规公司等开展区块链技术合作,开展产品和服务的合作,双方优势互补,实现共赢。

二是技术研发合作。商业银行与高校或者金融科技公司进行合作,成立了金融科技研发实验室或者金融科技孵化基地,研究金融科技在金融业务场景中的应用,推动商业银行快速、全面转型。如中国银行与腾讯携手成立金融科技联合实验室,交通银行与苏宁共同设立"交行—苏宁智慧金融研究院",杭州银行和科技公司共同组建杭州金融科技创新实验室,这种双方合作共建的模式加快了商业银行发展金融科技的进程。

三是建立战略伙伴关系,开展长期深度合作。金融科技公司强调自身科技为立身之本,与商业银行等持牌金融机构签订各类框架性的战略合作协议,建立更深层次、更高级别的长期战略合作伙伴关系。例如,中国工商银行与京东金融签署了金融业务合作框架协议。

第二节 传统金融机构的科技变革

金融科技应用于金融机构的客户身份认证、精准营销、风险控制、售后服务等，能够为金融机构赢得更大的竞争优势，尤其是 2020 年新冠肺炎疫情的暴发，使传统金融机构更深刻地体会到利用新技术进行智能化、线上化业务办理的重要性，拥有了金融科技，就会拥有更多优质的客户，就会拥有更好的未来。

一、商业银行的变革与发展

商业银行是一国金融体系的主体，商业银行经营状况直接影响到国民经济的稳健运行。在互联网金融飞速发展的背景下，金融科技作用凸显，银行业竞争环境复杂，商业银行的市场逐渐被蚕食，利润空间被压缩，迫切需要进行金融科技改革创新，实现新的飞跃。

（一）商业银行发展中存在的问题

经历了"风吹雨打"的银行业已成为我国国民经济的重要组成部分，银行业快速发展，为国民经济的发展发挥了不可估量的作用，但与此同时，其在新时代背景下也进入了发展瓶颈期。

1. 竞争复杂化

改革开放以来，商业银行积极摸索体制改革的规律。在特定的经济政策和收入政策的影响下，商业银行迅速发展壮大，成为主要的存贷业务周转单位，为我国实体经济的发展和社会进步做出了重大贡献。但随着经济全球化的趋势加剧，金融市场风险加剧、竞争加剧。在金融脱媒愈演愈烈之际，各种提供资金需求信息的金融科技平台纷纷涌现，使得小额资金划转和支付不再需要通过银行，融资模式更加高效便捷。金融市场形形色色的金融工具不断推陈出新，丰富投资品种的同时，也吸引了资金盈余者把存款变成其他各种各样的金融资产，这都对商业银行资金来源的稳定形成了巨大的压力，使银行面临越来越大的竞争压力。以余额宝为例，作为一只货币市场基金，自 2013 年推出以来，其以低门槛、零手续费、操作简单、高收益率等优点吸引了众多投资者。即使

2017年以后该基金多次下调个人账户持有额度和单日申购额度，2018年底依然拥有5.88亿客户，资产规模达1.13万亿元。2019年4月，余额宝取消个人交易账户持有额度和单日申购额度的限制条件，2020年第一季度，余额宝基金资产规模达1.26万亿元。

2. 时间成本高

从客户群体角度进行考察，限制商业银行发展的最直观的因素就是其时间成本高。一方面是受时间、空间的限制，很难满足客户的即时现金业务需求；另一方面则是业务办理程序烦琐，需要层层递进。在办理业务时，大部分业务都需要客户亲自到银行的指定网点办理，这就极大地限制了业务的高效、快速办理，不利于银行的长远发展。

尽管传统商业银行为迎合当前的发展趋势，积极地推广其在互联网方面的应用，如网银App等，但这些都难以填平商业银行与互联网金融企业之间的沟壑。大多数业务，如开户、转账、贷款等都可以运用互联网技术摆脱时间、空间的限制，但是部分业务的办理却无法在网上完成，如客户要使用现金，必须去银行的指定地点存、取。

又如银行贷款，在申请银行贷款时，申请者不仅需要提交各种资料报告，而且在申请者提出申请后，经过繁杂的程序，银行才能放款。安全性提高的同时，时间成本也提高了。同时，业务办理的程序越多，人为因素带来的操作风险也越大。

3. 风险效益低

在行业竞争压力加大的同时，商业银行经营过程中的各种漏洞也频频被揭露。在2017年爆出的兴业银行被骗案中，兴业银行通过东吴证券向建设银行购买理财产品，这笔交易本该万无一失，是双方共赢的交易，可偏偏在理财产品快到期时，才发现是产品造假，结果被骗近10亿元人民币。另外"萝卜章"事件、齐鲁银行金融诈骗案等骗贷、"飞单"事件频发，都说明我国商业银行各项业务在开展过程中存在各种风险。风险不仅给商业银行带来难以挽回的经济损失，也给银行声誉带来负面影响。

而这些风险产生的主要原因在于：一是现阶段各银行业务的正常开展在很大程度上受人为主观因素的影响。包括内部工作人员的素质和外部人员的欺诈。二是缺乏有效监管。查看中国农业银行各年的财务报表发现，中国农业银行的不良贷款率从 2013 年开始就一直居高不下，一定程度上反映出商业银行在贷后监管方面存在着严重的问题。三是信息不对称和信息孤岛现象严重。在银行的正常经营管理中，客户的信息并非完整地存在于商业银行中，要想了解客户的真实信息，就要从政府、税务等各单位"调档"，这些单位分别归属于不同的部门，相互之间信息交流渠道不畅，工作人员在审核的过程中容易出错，造成对申请人的信息了解不准确，容易出现重复质押、信息错误等问题。在已知的齐鲁银行金融诈骗案中，案件的由头就是一封伪造的"存款证实书"，但在正常经营过程中却并没有仔细查实该票据，这才造成了银行的巨大损失。

（二）"科技+银行"在业务中的应用

"科技+银行"，即金融科技赋能银行业，主要体现在商业银行能够把金融科技充分运用到业务流程中，利用人工智能进行客户身份的识别、验证，为客户提供多渠道优质服务，提高客户黏性，利用大数据技术构建新型风控体系，利用区块链等技术平台实现资金快速安全的支付清算，利用云计算搭建底层架构，切实解决商业银行发展过程中遇到的问题，在场景、客户、服务、风控等方面抢占制高点，占领市场，提升效益，增强竞争实力。

1. 通过生物特征认证客户身份

传统模式下，客户的身份认证一般都是通过实体银行卡加密码输入进行，业务办理受到银行网点设施布局和服务人员多寡的限制。移动互联网时代，可以通过指纹识别、人脸识别等客户的生物特征，同时结合短信验证码等进行身份信息的认证。认证策略规则可以从用户、终端、访问位置、App 等不同维度进行组合定义；身份认证提升用户体验的同时又有安全保护，其应用场景贯穿从登录 App 到发生交易的各个环节。目前，各家大型银行均推出刷脸取款业务，客户不用随身携带银行卡，也可在自助取款机上取出现金。

客户身份生物特征认证技术也可以应用于银行其他业务中，以全面推动银行业务流程电子化。目前，很多银行已推出智能贷。2020 年 5 月，定州农商银行推出线上智能信贷项目"开元 e 贷"，以缓解新冠肺炎疫情暴发导致的小微企业复工融资难题，优化信贷流程，助力企业复工复产。

2. 智能化客户服务

智能客服是人工智能技术在银行服务方面的应用。传统商业银行的在线客服都是由人工客服实现的，需要耗费大量的人工费用。而智能客服可以通过

App、微信等实现多渠道、全方位、全天候、低成本服务。如工商银行的智能客服"工小智",就是通过短信、App、微信等多种服务渠道为客户提供"7×24"的全方位在线服务,并且识别率高达95%以上[①]。

此外,很多银行营业网点通过推出智能客服机器人等完成线下智能化客户服务,主要是凭借多项人工智能技术,完成回答客户提问、指引客户、向客户介绍银行业务等多项服务。

目前,商业银行的在线客服都是人工客服和智能客服共同承担,这种双重服务方式使银行实现"线上+线下""人工+智能"的智能化、全方位的客户服务,随时满足不同社交习惯客户的服务需要。

3. 客户画像、精准营销

大数据时代,大数据技术使银行不仅可以根据自己的结构化数据进行客户分析,还可以利用客户生活行为各方面海量的、看似杂乱无章的数据信息,深度挖掘隐藏在这些非结构化数据背后的客户个人偏好,即为客户"画像",通过智能匹配系统,将银行用户进行群体分类。同时通过银行App、短信、微信等渠道,推送迎合用户需求的银行服务和产品,适时地、智能化地提升客户体验,提高转化效率,实现低成本精准营销。

一是实现实时营销,即根据客户的实时状态,通过基于大数据的精准客户画像来推测客户的身份,并推荐相应的金融产品和服务。例如,根据客户所处环境、近期消费信息等有针对性地进行营销。

二是实现不同业务、产品的交叉营销。银行可以通过大数据技术对客户交易等数据的分析和定位,为个人客户和对公客户适时推荐互补产品或者业务关联的其他服务,为客户提供多样化、全方位的产品服务,实现交叉营销。

三是个性化推荐。根据客户所处年龄段、资产规模大小、风险偏好等,预测客户金融服务需求,对客户群进行精准定位,进而向其推送适合的银行产品和服务,有针对性地进行营销推广。

4. 优化运营,防控风险

构建高效的风控体系是商业银行进行有效风险防控的重要条件。金融科技的应用可以为银行提供全方位的风险防控手段和技术。利用金融科技布局风险

---

① 靳毅. 金融科技在银行业务中的应用[J]. 金融博览,2020(2):14-15.

防控,一般包括信用评分、反欺诈、贷中监测、催收等环节,覆盖商业银行信贷业务的前、中、后整个过程。① 如百融云创的信用评分模型,利用客户基本信息,判定客户信用风险,评估客户还款能力;反欺诈模型,结合海量多维客户信息,在信贷审核环节判别客户信息,精准甄别贷款申请人风险,有效帮助银行风险前置,及时防止客户欺诈,降低信贷审核成本。贷中预警模型通过制定贷中监控任务,对已经放贷的客户进行贷中监控,定期发起查询,通过规则集、评分等模块对其进行风险分级,为银行贷中环节提供策略支持。

5. 低成本、实时跨境支付

区块链技术应用于跨境支付,可以实现实时、低成本的双重目标。利用区块链跨境支付,首先把汇款人汇出的货币转换为指定的虚拟货币(代币),然后再转换成收款人所在国的法定货币,并支付给收款人,最终完成跨境支付的过程。这种方式可以实现每天24小时全天候不间断实时、自动服务,成本也比较低,汇款方和收款方都能很快获取汇款信息,这种跨境支付能够为客户提供更加方便、快捷的服务。

6. 云平台底层架构有利于降低成本

基于云计算的底层架构,能够降低银行成本。一是这种云平台底层架构具有资源弹性伸缩能力,可以为商业银行提供强大的计算功能,尤其是业务高峰期,可以迅速扩容,支持大流量、高并发的金融交易场景;二是为人工智能在银行业的应用提供技术支撑,满足智能风控、智能营销对海量数据进行分析与处理的技术要求,促进其高效、低成本地落地使用。

二、证券公司的变革与发展

2015年7月18日,中国人民银行等10个部门联合发布《关于促进互联网金融健康发展的指导意见》,旨在加强对互联网金融的监管。与此同时,以云计算、区块链、大数据、人工智能为代表的金融科技的出现,使证券行业由此迈入了金融科技时代。

随着金融科技时代的到来,证券行业发生了翻天覆地的变化:第一,金融科技使证券行业回归其中介本质,"服务"成为比"牌照"更重要的竞争力;

---

① 靳毅.金融科技在银行业务中的应用[J].金融博览,2020(2):14-15.

第二，金融科技打破了区域限制，让证券公司的服务范围更加广泛，也使竞争更为激烈；第三，金融科技大大提高了服务效率，也增加了精准服务的可能，同质化竞争逐渐减少，证券公司必须注重线上与线下的融合，才能立于不败之地，并实现长远发展。

（一）证券公司现有业务经营面临困境

我国的证券公司业务类型主要有四种：代理客户买卖证券的经纪业务、帮助股份公司承销有价证券的发行与承销业务、利用自有资金买卖证券的自营业务和受委托运营客户资产的管理业务。经过多年的发展，行业低水平竞争使证券公司的业务经营面临重重困境。

1. 经纪业务收入不断下降

证券公司发展经纪业务的过程中，营销模式单一，传统的降低交易佣金、向客户赠送小礼物、开户降低手续费用等营销模式和促销手段并不能使客户长期保持兴趣；老客户的关系营销不到位，服务营销主要还是传统的股票推荐、基金选择等，内容缺乏创新，无法长期保持客户的忠诚度和黏性；证券经纪人数量有限，不能及时、有针对性地满足各种客户的不同需求；证券公司目前的营业网点主要集中在经济发达的城市和地区，无法抓取大量长尾用户等。此外，行业竞争加剧，网上开户的普及使得交易成本降低，随着信息互通效率和精确度的提升，行业佣金不断下降，经纪业务收入在营业总收入中的占比不断下降。

2. 发行与承销业务量持续降低

一般地，证券公司能从一次 IPO 承销中收取 3%～10% 的手续费，这是一笔不菲的收入。但近年来，由于国际投行巨头的介入，投资银行业内出现兼并重组、强者恒强的竞争格局，国内券商尤其是中小券商生存环境更加严峻。2018 年以来，IPO 发行家数和再融资规模显著减少，IPO 所带来的收入下降。2018 年 11 月科创板推出后，IPO 承销募集资金增加，对证券公司承销业务的提升起到一定的正向带动作用。

同时，发行与承销业务还存在着比较大的风险：一是券商的高成本与高风险并存。主要是在核准制下，根据证监会的要求，券商承担了挖掘、筛选、培育、辅导和推荐企业上市，以及股票发行、承销、保荐责任，前期需要投入的人、财、物等经济成本比较高，一旦哪个环节出现不合规现象，券商就要承担巨大的法律责任。二是人员因素的操作风险，主要是投行业务人员的风险。券商投行业务的风险防范主要依靠投行人员的尽职调查和信息披露，其专业技能和职业操守直接影响到券商风险。

3. 自营业务风险上升

证券公司的自营业务中，证券交易的种类、交易方式、交易价格具有自主性，证券公司可以根据自己的资金情况、市场风险状况等自主决定。自营业务资产规模近年来不断增长，但业绩波动比较大。一方面，自营业务的收益来自买卖证券的价差，而证券市场的价格具有随机性，所以自营业务具有的风险性高于其他业务。另一方面，因为新会计准则的采用，券商资产项目下的可供出售类金融资产被取消，权益资产的浮亏将更加直接地体现在利润表上，加剧了自营收入的波动。证券公司需要利用先进的数据模型和科技手段强化风控体系，标准化风控流程，提高风控水平。

4. 资产管理业务比例不断上升

资产管理业务，是证券公司作为资产管理人，接受投资者的委托，根据资产委托管理合同规定的方式、条件、要求与限制，签订资产管理合同，对客户（委托人）委托的资产进行经营运作，并为委托人提供证券和其他金融产品的投资管理服务的行为。

证券公司资产管理业务的推出，一是可以为客户（投资者）提供合理的投资建议和服务，有利于减少客户因专业知识匮乏和经验不足而产生的投资损失；二是有利于降低客户盲目投资导致的市场波动性；三是可以给券商带来收益，实现多样化经营，有利于分散风险。

近年来，证券公司资产管理业务比例不断上升。但是，整体上看，主动管理业务比例不高，呈现以非主动管理为主导的基本特征。资产管理产品比较单一，产品线不够丰富，难以满足不同资产结构、不同风险偏好的客户需求。而且资产管理业务人才缺乏，资产管理产品收益率有待进一步提高，在资产配置风险管理方面的能力还有上升空间。

（二）"金融科技 + 券商"模式

金融科技赋能证券行业，为证券公司的发展带来了新的机遇。在监管越来越严格、传统业务缩水、业内竞争压力增大的环境下，各大证券机构开始投入大量的资金和人力，借助金融科技来增强综合实力。中国证券业协会从2017

年开始将信息系统投入金额作为考核证券公司业绩的一项指标，2018年有超过30家证券公司投入亿元级资金建设自己的信息系统。同时，证券公司纷纷开启了与金融科技公司的合作。2018年12月26日，财通证券与蚂蚁金服开始了全面战略合作，助力财通证券实现金融科技能力的提升和财富管理的转型。

1. 智能投顾

所谓"智能投顾"，是主要以算法驱动的财务规划服务的数字化平台，用机器和程序代替人力，把复杂的被动投资决策变得更加自动化、主动化。

智能投顾的优势：

第一，降低门槛，捕捉"长尾"客户。传统投顾的门槛比较高，美国最低是100万美元，由此那些资产规模达不到最低要求的客户就被排除在外，但是这个群体数量最大。降低门槛，可以吸收"长尾"客户，增加投顾客户数量，增加业务来源。

第二，服务费用低廉。智能投顾就是"机器人理财"，不需要招聘庞大的线下理财顾问团队，人力成本比较低。传统投顾由于人力成本高，管理费用普遍大于1%，而目前智能投顾管理费普遍在0~0.5%。随着理财规模的增大，边际成本将进一步降低，规模效益逐步显现，其成本优势将更加明显。

第三，信息透明。智能投顾为客户服务时，信息披露更加充分，金融产品选择范围、收取费用等方面的信息，客户登录即可一览无余。客户利用智能投顾，可以随时随地了解其全部投资信息和损益，而且智能投顾是利用编程软件，按照客户的要求为其理财，可以避免出现人工理财因私利而误导客户操作的情况，从而有利于降低道德风险，提升客户对投顾产品的信任度。

第四，投资建议更客观。智能投顾利用大数据分析、量化金融模型及智能化算法，将人工智能技术引入资产管理领域，将算法、大数据作为投资建议的依据，根据投资者的风险承受能力、财务状况、预期收益目标及投资风格偏好等，为用户提供智能化、自动化和动态化的资产配置建议，让机器代替传统的理财顾问，帮客户配置和优化投资组合。在给出投资建议时，可以消除感情、情绪等人为因素，也消除了不同投资顾问因经验、能力不同带来的服务非标准化问题。依据数据和算法，给出投资建议，可以在更大程度上保持投资过程的客观性，更能在任何情形下都做出正确的逻辑推理。①

---

① 资料来源：http://finance.jrj.c。

证券公司应用智能投顾，能够基于客户的风险偏好、交易行为等个性化数据，采用机器人收集和分析客户资料、制定和执行投资方案、进行后续维护等，实现智能系统自动化，为客户提供低门槛、低费率的个性化财富管理方案。智能投顾可以帮助客户简化理财流程，使其享受更方便快捷的服务，让用户足不出户，在移动端或者 PC 端用最短的时间找到适合的投资标的，快速完成整个理财流程。2016 年 6 月广发证券推出智能投顾"贝塔牛"系统，专注于中小投资者的财富管理诉求，吸收大量长尾用户。"贝塔牛"通过对投资者的风险偏好、投资风格进行深度分析，为投资者个性化地定制、推送操作策略，包括短线智能、综合轮动、价值精选、灵活反转等，客户数量不断增加。[1]

2. 在线服务云平台

智能投顾在线服务云平台是"证券＋大数据＋云计算"的体现，是智能投顾平台提供的直接面向终端投资者的在线服务，让客户足不出户就能享受智能机器人的理财服务，服务内容、投资方法千差万别。智投平台主要通过客户情况调查、大类资产配置、投资组合选择、投资交易、自动调仓、资产情况和投资收益反馈等环节为用户定制个性化的理财计划。国内的大多智能投顾云平台选择的投资组合以境外 ETF 为主，再加上平台自身研发或代销的理财产品。

同时，配合大数据技术的分析能力，智能投顾在线服务云能够让投资者捕捉市场活动的规律，提前做好调仓等与投资相关的准备工作。[2]

智能投顾在线服务云平台支持弹性的扩展，既能够在客户使用高峰期实现快速扩容，释放资源，以支持众多数量投资者同时在线实现金融投资交易，也能够在投资业务数量减少时收缩和节约资源。

但是很多平台仅拥有咨询资格，没有相应的牌照，不能接触用户的资金，只能托管至第三方，代替客户进行交易指示。

3. 测试云体系

面向证券机构企业内部的开发测试云是"证券＋云计算＋人工智能"的典型代表。开发测试云体系是在对现有开发测试的跨平台基础资源进行整合的基础上，利用云管平台的能力对软硬件基础资源进行按时、按需分配，以实现

---

[1] 资料来源：http：//zzkh.gf.com.cn/。
[2] 国家金融与发展实验室. 中国金融科技运行报告（2019）[M]. 北京：社会科学文献出版社，2019.

开发测试环境的弹性伸缩。① 在系统测试的高峰期压力过大时，测试云体系自动迅速扩容资源，在系统测试的低谷期压力过小时，测试云体系能够自动收缩资源，防止资源过度配置，实现弹性伸缩。

同时，结合人工智能技术，测试云体系可以对系统的故障节点进行自动补充，实现事前预警、事中恢复、事后存档分析。既可以减少人工重复性、低效率的干预，也可以降低成本，提高测试云体系的性能。

测试云体系的开发和推出，克服了原有证券机构内部测试体系庞大、杂乱、运维压力大、基础设施资源浪费严重的弊端，降低了运维成本，提升了证券机构整体的系统测试水平。

4. 基于区块链的证券交易

区块链应用于证券交易，其典型的应用场景是证券场外交易。

该交易涉及证券的登记、转让、抵押或质押等环节，整个过程更加复杂，涉及交易主体更加广泛，包括股票持有人、银行、券商、交易所、登记机构等，材料流转环节比较多。在传统的证券场外交易中，流转规范化程度较低，交易的成本高、速度慢、交易透明度低，容易发生纠纷。

而采用区块链技术，证券交易区块链上各交易主体都能够共享交易信息，做到一次交易、信息多方检验与验证，可以大大有效地缩短交易数据和凭证验证的时间和次数，降低交易的成本，提高交易的效率。具体而言，区块链应用于证券交易具有四大优势：

一是投资者可以绕过第三方机构（如中央登记结算机构），实现点对点交易，交易流程缩短，交易效率提升，证券交易成本也大大降低。

二是采用分布式存储，避免单点故障，提高运行及清算效率。

三是实时同步账本，实现即时清算，确保交易中心数据的安全性，杜绝单点故障风险，增强系统安全性。

四是借助智能合约，推出标准化、自动化清算，提高交易自动化和系统智能化水平，帮助监管层鉴别违规操作。

国外，日本证券交易所与IBM合作开展区块链技术测试，澳大利亚证券交易所采用区块链技术取代现有清算及结算系统，纳斯达克证券交易所已上线基于区块链技术的Linq私募证券交易平台，允许股票在该平台上进行发行与

---

① 国家金融与发展实验室.中国金融科技运行报告（2019）[M].北京：社会科学文献出版社，2019.

交易。2017年初,由工业和信息化部支持,黑龙江省人民政府主办、齐齐哈尔市承办的北方工业股权交易中心,是一家全国性股权交易所,也是目前中国北方最大的"区块链+"股权交易平台。

(三) 证券科技创新发展面临的新问题

1. 海量数据分析和共享与客户隐私安全保护之间存在矛盾

金融科技应用于证券业,尤其是智能投顾,其全方位、动态化的服务是以客户全方位、多元化的海量数据分析和共享为基础的,区块链则实现了金融机构之间信息的互联互通,证券科技让证券业以全新的面貌呈现在客户面前。但是,这又给客户隐私的安全带来挑战。想要在给客户提供智能化服务的同时,又能安全地存储数据、不引起客户的不良敏感反应,既需要不断提高证券科技水平,又需要加强相关立法和监管措施,有效保护客户的隐私。

2. 促进行业创新与监管水平有限之间存在矛盾

证券科技的应用丰富了证券市场的业务类型,产品种类日益呈现多样化、精细化和交错复杂的特点,优化了证券业的服务方式,改变了机构内组织和市场的分工,提升了服务效率。同时,也产生了新的风险,金融机构服务的数字化、虚拟化、智能化的特征容易掩盖某些机构内幕交易等违法行为,给市场的安全稳定运行带来了极大的隐患,给现有的监管机制和监管能力带来了新的困难。证券科技依托证券中介机构快速发展的同时,又能够推动证券监管科技的发展,提高证券科技监管的有效性,保证证券公司长远合规发展。

3. 新的技术风险的产生与相关技术人才短缺之间存在矛盾

"金融科技+券商"是在技术基础上构建智能化架构,但由于券商金融科技发展尚不成熟,一般通过业务外包方式实现相关信息化系统等基础设施建设。但双方发展方向不同,容易出现第三方外挂程序的合规风险,以及数据泄露、信息缺失、身份认证错误、交易指令篡改、外部攻击等方面的技术性风险。[1] 证券公司虽然也有自己的IT技术人员,但是数量严重不足,无法和目前日益增加的业务数量、业务种类相适应,证券公司急需证券科技领域的技术人才,有超过90%的证券公司表示出现了不同程度的IT人才短缺问题,这也对

---

[1] 周代数,张立超,谭璐.券商金融科技发展的动因、风险与对策[J].海南金融,2020(4):80-87.

证券科技的进一步发展和应用造成了一定的阻碍①。

4. 仍需进一步扩展区块链在证券行业应用的广度，挖掘应用的深度

目前国际上区块链技术在证券市场的应用包括场外证券发行、登记、清算、结算以及衍生品管理等，而国内的券商区块链应用大多还处于萌芽起步阶段。在移动互联与交易接入、大数据与用户画像、人工智能与客户服务等方面已经有很多机构进行了尝试和应用，但仍存在一些技术方面的问题，还需要进行广泛的场景试验，特别是区块链这种可能涉及多方交互的技术路线，需要各合作方本着开放的态度，共同探索合适的业务场景，进而大幅提升投行业务效率。

三、保险公司的变革与发展

2020 年，新型冠状病毒引发的肺炎疫情快速蔓延，并演变成全球性的公共卫生安全事件，超出常人预料。这又一次验证了风险存在的客观性，风险无时无刻不在。疫情给人民的生命财产和经济发展都造成了巨大损失，对整个保险行业也产生了巨大影响。受疫情影响，保险公司的业务数量下滑，保费收入减少，运营风险上升，正常经营面临相当大的挑战。正视问题所在，分析原因，积极利用新的保险科技开展业务，将有助于保险公司走出困境，开辟新的经营方式。

（一）受新冠肺炎疫情影响，保险公司经营暴露的问题

1. 保险产品缺乏创新，保障范围存在盲区

传统保险产品单一化、同质化问题严重，险种责任单一，有深度无广度，保障范围存在盲区。

新冠肺炎疫情暴发以来，很多保险公司在现有保险产品中主动拓展了对新冠肺炎的赔付责任，同时还为抗疫一线的医护人员捐赠了大量保险产品。② 同时，保险公司也发现，目前的保险产品种类覆盖面不够宽，比如健康保险中缺乏涉及新型冠状病毒这类流行病的巨灾保险。

新冠肺炎疫情造成大量企业营业中断，尤其是大量中小企业因为停工停产

---

① 国家金融与发展实验室. 中国金融科技运行报告（2019）[M]. 北京：社会科学文献出版社，2019.
② 黄明明. 专家热议疫情下保险业应对与发展[N]. 中国银行保险报，2020 – 04 – 27(2).

而陷入经营困境，而交通、物流等基础性行业正常经营的中断降低了国民经济的运行效率。尽管我国有少数保险公司推出了企业营业中断保险，但保险赔付大都是基于被保险人发生了保险责任范围内的事件导致了财产损毁而引起的营业中断，不包括新冠肺炎疫情导致企业停工停产所带来的经济损失[1]。

2. 过于依赖线下营销

新冠肺炎疫情之前，保险公司主要靠线下营销。疫情中，由于保险中介机构线下展业、获客与增员渠道、银保渠道被阻断，业务量锐减，特别是中小寿险公司保费收入呈断崖式下降，保险公司的经营面临着相当大的挑战。新冠疫情暴发以来，寿险、财险业务出现了负增长，但得益于线上渠道，此次疫情极大地激发了公众的保险意识，短期健康险业务反而增长了47%。

3. 经营模式固化

传统的保险经营是基于不同风险而设计保单，这种模式下各条产品线无差异化，导致不同业务条线利润率差别较大，保险公司往往通过捆绑式或交叉式销售增强客户黏性，增加业务量，很难针对不同的客户需求提供个性化产品和相关的增值服务，这种粗放式经营与客户消费需求往往不一致，无法满足客户消费需求，而且出现保险产品覆盖的盲区。

传统的保险核保、承保、理赔等环节中，通常由核保员收集整理投保信息，同时向投保人了解情况，以决定是否进行承保，投保人亲笔签名、现场双录、事故现场查勘、柜面保全、确定年付保费等，每个环节流程冗长、过程不透明，成本高、效率低，并且很有可能存在人为操作的风险。[2]

新冠肺炎疫情期间传统营销方式受到了很大限制，寿险业新增保单业务面临挑战。受疫情防控对居民流动、集会的限制影响，寿险营销人员面谈展业几乎停滞，又因场地所限，无法完成"双录"等合规要求，营销人员展业面临很大阻力。

依赖顾客接待量的传统线下保险行业遭受疫情冲击最为严重，而互联网保险公司较早开始数字化、科技化转型，线上获客、线上运营，通过线上开展产品营销、核保、承保、理赔，其业务量不降反增，如众安保险。

---

[1] 陈秉正. 建立全新保险生态系统[N]. 中国银行保险报, 2020-04-16(2).
[2] 星蕾. 科技赋能背景下保险业的机遇与挑战[J]. 中国保险, 2020(4): 26-28.

4. 风险识别技术的有限性和局限性

传统模式下，保险公司风险模型仅包括结构化历史数据，不包括客户的非结构化数据，风险评估不够全面，保险产品开发缺乏充实的数据，保险精算定价与快速变化的市场形势相比有较大的滞后性，更难以针对客户不同的风险水平进行差异化定价，定价存在"一刀切"问题，并不能反映客户群体的风险对价，这往往也是制约保险产品供给的关键原因。

2020年新冠肺炎疫情的暴发暴露了传染病等巨灾保险产品的缺位，同时也说明了保险公司对该类风险识别技术的局限性，保险定价机制滞后。在风险管理模型中，数据、算法和算力三大能力还有待提升，保险公司风险处置的快速反应能力有待提高。[①]

（二）"金融科技+保险"实践

在新冠肺炎疫情的考验下，保险公司愈加体会到传统保险理念下，经营模式固化、产品设计和品种的匮乏，体会到数字化经营的必要性，只有利用现代科学技术改革业务和经营模式才能实现保险公司的长远发展。

1. 树立基于客户消费需求的经营理念，创新场景化保险产品，变革销售渠道，实施大数据精准营销

利用大数据技术，根据客户的消费习惯、年龄、收入、爱好等特征，对客户细化分群，多角度展示客户的特征和内在需求，开展差别化、个性化的保险商品营销活动，实现精准营销。可以实时了解客户更多的信息，及时洞悉客户潜在需求的变化，发现隐藏在数据背后的客户深层次的需求，开展实时营销跟进，可以切实践行基于消费者需求的保险模式，即按需保险，针对特定情景可能面临的风险提供保险保障。

利用网络比价平台、直销网站、跨渠道动态营销等新式销售场景数据以及其他生态场景的多维数据，可以支撑全面而精准的消费者画像，有效挖掘客户需求，并带动个性化产品设计，使得保险产品创新更加凸显个性化、差异化、定制化、场景化特征。这样，能够更好地契合市场需求，提升客户体验，增强客户黏性，不断抓取更多"长尾"用户，并在保险公司与客户之间形成有效的数据产生、搜集、储存、传输、分析和应用的通道，有利于保险公司实现全

---

① 黄明明.专家热议疫情下保险业应对与发展[N].中国银行保险报,2020-04-27(2).

程数字化运营。[①] 例如，美国丘博保险利用各种非结构化数据信息（包括人口、地理、行为等）对客户进行详细的群体分组，合理预测客户的新需求，及时向已有客户和潜在客户推荐合适的产品，提升客户的黏度，不仅成功地避免了客户的流失，还实现了客户存量和增量的同时提升。

2014年7月成立的大特保，是国内首个拥有全国保险经纪牌照的创新型互联网健康保险服务平台，大特保与平安财险、中国太平、中国人寿、新华保险、慕尼黑再保险、通用再保险等多家保险公司和再保险公司建立了合作关系，为用户提供包括健康管理、医疗服务和保险保障在内的综合性服务，其服务可以渗透到产品、服务、理赔的全流程当中。同时，大特保是具备自主产品研发能力、线上运营能力、线下服务能力的保险服务平台。通过拆解传统保险捆绑的风险，推出医疗保险、重大疾病保险、意外险、儿童类保险、女性保险、面向患病人群的慢性病保险等多种类、精细化保险类别，针对不同人群进行精准定价和推送，拓宽了投保人的选择面，使保险更符合消费者的个性化需求，降低健康险的购买成本，使健康险产品满足老百姓最真实的需求。同时产品迭代速度快，曾多次突破10小时上线产品的纪录。

2. 智能保险

人工智能应用于保险领域，用机器取代人力，不仅大大降低了人力成本，还缩短了投保、营销、核保、理赔等业务流程的办理时间，大大提高了业务办理的效率。

（1）智能营销。

依托物联网、大数据技术、人工智能，保险公司通过跨行业、跨平台的数据共享，实时跟踪抓取海量、多维度客户信息，包括客户的饮酒、驾驶等行为习惯数据，对客户进行画像，预测客户的核心需求，推送个性化的营销方案，对客户进行差异化销售，实现精准营销，提高保险产品销售的成功率。如中国人保的保险产品智能推荐平台。

（2）智能承保。

承保的主要环节与程序包括核保、做出承保决策、缮制单证、复核签章、收取保费。承保是保险交易中最主要的环节，是保险公司根据投保人告知的重要事实，决定是否接受投保人投保，以及承保条件和保费高低的行为，即承保

[①] 国家金融与发展实验室.中国金融科技运行报告(2018)[M].北京:社会科学文献出版社,2018.

是保险公司决定是否承担风险的过程。其中，核保环节是为了避免保险公司在业务开展过程中由于信息不对称而产生的逆向选择和道德风险，核保不仅关系到保险经营的稳定性和效益，也体现了对每一个保险消费者的公平程度。

通过引入生物识别、电子签名、远程视频、决策树等技术，可以远程在线高效实现客户识别和风险筛查，完成线上承保，有效减少传统线下保险承保的繁冗环节以及纸质文件材料，简化承保流程，大幅提高承保处理效率和电子化水平。同时，通过承保智能化，借助基因检测、可穿戴智能设备等技术手段，收集被保险人全方位健康数据，保险公司核保平台自动提供高效的核保方案，自动生成可视化、图表化的核保报告，直接给出具体的核保结论，提高了核保时效。例如，众安保险的无界山平台可支撑每秒 3.2 万笔保单的峰值压力，并解决了线上出单的稳定、安全、效率和成本问题。[①] 平安人寿推出的智能核保系统利用远程视频、决策树、生物识别等技术，实现与客户的实时互动，而且远程在线核实客户信息，进行客户风险筛查，完全摒弃线下收集纸质投保材料的传统模式，核保时效大幅提升，由原来的 4 天缩短至 3 分钟，给投保人带来了极佳的客户体验。

（3）智能理赔。

理赔工作是保险职能的重要体现，通过理赔，可以使国民经济相关部门的运行不因遭受灾害损失而受到影响，可以使家庭经济生活得到保障。对于保险公司来说，理赔工作是业务开展的重要环节，是检验其业务承保质量的重要标准，对于促进和加强各项业务的开展有重要的实际意义。

智能化理赔，即利用金融科技手段，存储客户相关交易、信用、赔付信息，用机器人快速处理从报案、查勘、定损、理算到核赔、完成赔付各个环节，采用理赔线上化、自动化的管理模式，精确评估用户的欺诈风险，有效防范保险欺诈，节约了时间，降低了成本，优化了用户体验。众安保险的自动化理赔率超过 99%，可以快速响应客户的理赔需求。如中国平安旗下金融壹账通平台推出的"智能闪赔"，将人工智能与保险理赔深度融合，以线下线上的强交互为特色，高精度图片识别、键秒级定损、智能风险拦截，为保险机构提供智能化的理赔服务，推动保险公司在保险理赔的效率、成本、风控和体验方面实现全面提升。半年内"智能闪赔"为平安产险处理车险理赔案件超过 499

---

① 肖扬. 保险科技加速驱动行业创新[N]. 金融时报, 2018 – 09 – 19(9).

万件，智能识别精度高达 90% 以上，智能拦截风险渗漏达到 30 亿元，取得良好效果①。

（4）智能客服。

智能客服是在保险公司自助服务系统基础上搭载人工智能技术，使其具备一定的视觉、听觉与交互能力，实时准确地获取和响应用户服务需求。客户通过刷脸、语音等即可完成身份识别与数据授权，系统自动适配交互方式，及时响应和满足客户的有效需求。同时，系统将与客户的互动数据实时反馈至人工智能深度学习系统，持续累积系统知识库，不断进行自学习，形成"给出建议—收到反馈—修正建议"的良性循环，使用得越多，系统的准确度就越高。

在智能客服的基础上，将用户精准画像与保险创新产品进行智能匹配，为用户制订精准、个性化的保险方案并进行推荐，进而形成智能保顾，适时为客户推荐个性化的保险产品和服务方案，避免产生人工客服情感波动的弊端。

智能客服可以随时随地为客户提供服务，受疫情影响，智能客服保持客户与保险公司联系的作用凸显。

3. 基于区块链的风险防控

构建基于区块链技术的智能保险风控平台，平台上各部门（如保险公司、医院、公安部门等）进行数据同步与共享，从而达成对客户信息数据的共识，在保护数据隐私的前提下能够打破信息的壁垒，解决保险的诚信问题，为保险公司的风险防控，特别是防止骗保提供有力的技术支撑。

基于区块链的分布式账本技术应用于健康保险，能够实现区块链上参与方之间信息互联与医疗数据的共享，并且在被保险人知情并授权的前提下，保险公司可以快速获取其相关医疗数据。② 在保护被保险人医疗隐私的基础上，对其医疗信息进行有效核实，通过智能合约进行快速赔付。这样，既能快速足额对客户赔付，还可以防止出现人为骗保等道德风险，实现有效的风险防控。

基于区块链的分布式账本技术应用于财产保险，如运输货物保险，一旦发生保险事故，被保险人只需及时在线上传运输工具和运输货物受损部位等细节照片，保险公司利用智能眼镜、图像检测、深度学习等金融科技，通过海量数

---

① 徐爱荣,姚佳斌. 国内外保险科技发展对比及策略分析[J]. 上海立信会计金融学院学报,2017(5):94-103.

② 徐爱荣,姚佳斌. 国内外保险科技发展对比及策略分析[J]. 上海立信会计金融学院学报,2017(5):94-103.

据分析标的的受损程度,进行智能定损,对符合赔付条件的案件通过智能理赔平台快速赔付。2020年4月,平安产险业内首发"安责险风控云平台",该平台拥有12个细分行业的安全生产风险评估模型,能够为政府、企业、第三方机构提供智能风险管理平台化应用服务。平安产险为超过8万家企业提供保额超过6000亿元的安责险保障,该平台已累计服务生产企业近2000家[①]。

4. 基于区块链的保险定价

基于区块链的分布式账本技术还可以应用于保险定价。以第三者责任险为例,依托互联网大数据、车联网等技术,按需收集和获取包括被保险人驾驶行为习惯、健康状况、车辆安全系数等数据在内的多维风险因子,建立与被保险人驾驶行为相匹配的定价模型,使保险公司能够为客户提供差异化、个性化定价。并且通过不断优化定价模型,丰富被保险人多维数据信息,做到一人一价,实现个性化保险定价。

新冠肺炎疫情的暴发暴露了传染性保险这种巨灾保险品种和定价机制的缺失。随着金融科技的发展,保险行业运用区块链、大数据等技术,在保证数据安全的前提下进行数据的互联互通,这将有利于保险产品设计的创新和定价的个性化。

(三) 保险科技应用面临的挑战

保险公司应用新技术,实现智能销售、智能服务、智能理赔、个性化定价,极大地降低了运营成本,提高了运营效率,改善了客户体验。保险科技拓展了保险公司经营的范围,为保险公司带来了翻天覆地的变化。但是,在应用中又产生了新的问题:一是数据孤岛仍然存在,跨机构、跨行业的信息共享还没有完全实现。二是相关法律法规不健全,导致技术的应用带来了数据安全、个人隐私安全、监管等问题。三是新技术本身存在的缺陷可能带来新的风险。

为了使保险公司更好地将金融科技应用于业务中,国家应该采取相应的措施:一是加快配套的个人信息保护法,既要保证信息数据跨机构、跨行业的合理共享使用,又要能够保护被保险人的隐私安全;二是借鉴他国经验,建立保险科技行业的自律组织,使该行业健康发展;三是建立国家级完善的海量数据分享平台,构建完备的数据治理体系,加强保险数据治理和数据监管等。

---

① 平安保险官网。

第三节 金融新业态——"网链"银行

未来可以没有银行，但不能没有银行业务。换句话说，金融科技可以在形式上颠覆传统金融，但不能改变金融服务经济社会的本质，即传统金融不可能被金融科技手段所取代，未来将是金融科技与传统金融的深度融合，金融科技将会对传统金融在经营管理模式、业务模式等方面进行彻底变革。

金融科技，关于这个概念的界定目前仍然没有一个统一的说法。因为科技在发展，金融的需求也在变化，因此对于金融与科技的融合，无论是从模式上还是从内容上都无法和某一数学定义一样给出一个确切的限定，但至少我们可以说，凡是金融与科技能相互融合的均可以称为金融科技。由于科技不断发展，人类对科技的认识还有待进一步深入，其在金融业的应用及推广受影响，未来的新业态还处于进一步的演变过程中。但结合现在的大数据、云计算、物联网、区块链，至少有一些业态会成为未来一段时间的发展方向和主体，如"网链"银行。

"网"，指互联网、物联网，"链"，指区块链。以互联网、物联网技术、区块链技术为底层技术架构，将金融资源与服务上"网"、上"链"，结合5G、大数据、云计算、AI、AR等技术，实现信息、数据等的共享，形成一个金融共享体。互联网是利用信息通信技术实现的流量网络，而物联网则是利用射频识别（RFID）等底层技术将"物—网—物""人—网—物"连接起来，与终端平台进行相互通信和信息交换，以实现智能化交互。与传统银行结合的互联网银行能够带来传统经营模式的颠覆性变革，而与区块链技术相结合的物联网银行则可以从生产关系上改变商业银行，从而改变整个金融业。

一、"网"之别——互联网金融与物联网金融

物联网一词最初来自传媒领域，被用于强调被标识物品的特征。但随着信息技术的第三次革命的发展，其应用范围不断扩大，其定义也在不断发生改变。目前人们普遍认为物联网是互联网的帕累托改进，将通信网进行拓展与延伸，在利用感知识别技术收集物理世界信息的同时，通过互联网将收集的各个信息进行汇总、分析，再传回物理世界，以实现物与物、人与物等信息的无缝

连接，从而达到对物理世界实时控制、精确管理和科学决策的目的。而物联网金融是在物联网技术满足一定的物质需求后，与互联网金融高速发展融合以解决当前的经济困境的基础上逐步演化产生的。

虽说商业银行一直在进行互联网优化升级，并积极与互联网企业进行合作，但在即将到来的大数据时代——物联网时代，互联网金融与物联网金融存在着诸多差异。

1. 本质属性

从本质属性上看，物联网金融与互联网金融的主要区别在于它们的来源不同。互联网金融来源于虚拟经济，并服务于虚拟经济，主要作用是创建金融平台以推动金融创新，如现在应用较为广泛的第三方支付平台——支付宝。而物联网金融是从实体经济的需求出发并服务于实体经济的，在创建金融平台的过程中，有效地融合了信息与资金、货物，实现了钱和物的使用价值，如在物联网供应链金融中，物联网就很好地促进了企业与上下游企业的战略合作关系，提高了整体企业的竞争力。所以，从本质属性上看，在为实体经济创造价值的能力上，物联网金融更胜一筹。

2. 运行机制

从运行机制上看，两者的区别在于侧重点不同。互联网金融旨在创建一个"人—人"交流的平台，但是在二者的交流中，互联网只是进行平台的创建，缺乏相应的信用风险控制机制，这就容易引发信息不对称导致的逆向选择和道德风险。以P2P为例，在借款过程中，借款人可故意隐瞒、编造个人信息，导致贷款人无法准确获知借款人的信息，对借贷交易产生干扰，给贷款人带来损失，但平台无须对其负责。而物联网金融不仅仅是搭建了一个平台，更注重"人—物—人"的交流，在交易过程中，物联网可以实时监控整个物品的状态，对交易的整个过程做出最真实的反应，从而在最大限度上防范了信用风险的发生。因此，物联网金融能在运营过程中实现风险防范的嵌入，这是互联网金融本身做不到的。

3. 影响程度

从影响程度来看，互联网金融对金融创新只发挥一个量变的作用，无论是P2P还是余额宝等，都只是运用互联网技术对业务模式和经营方式进行了改革与创新，其本质并没有超脱金融体系本身，其发展只是金融体系的进一步完善。但物联网金融使金融创新达到了质变的效果：物联网与金融的融合，不仅对整个金融业产生了影响，更将传统的信用体系、价值体系乃至服务体系等多个层面的价值观进行了颠覆，所带来的不仅是金融业，更是整个社会的一种全新的改革。所以，从影响程度来看，互联网金融的革命性不如物联网金融的彻底。

表9-1 物联网金融与互联网金融的主要区别

区别	物联网金融	互联网金融
服务群体	三大产业客户	消费领域客户与微型企业
运营模式	定制化、特殊化	同质化
信息来源	实时动态	相对静态
成本影响	全面降低成本	降低流通成本
风险控制	全方位监管	缺乏有效监管
模式创新	商业模式改革	服务渠道变通

结合表9-1，从以上三点进行分析可知，从本质属性来看，互联网金融为实体经济创造价值的能力远不及物联网金融；从运行机制来看，相对于互联网金融，物联网金融更加可靠顺畅；从影响程度来看，物联网金融的革命性更强一点。综合分析而言，物联网金融远胜于互联网金融，因此在物联网技术到来之际，商业银行势必要进行物联网化的改革。

二、传统银行的形式颠覆：互联网银行

互联网银行又称网上银行、在线银行或电子银行，是银行在互联网中设立的虚拟柜台。银行通过互联网向客户提供开户、销户、查询、对账、行内转账、跨行转账、信贷、网上证券、投资理财等服务项目，使客户能够安全、便捷地通过网络、移动客户端等远程管理活期和定期存款、支票、信用卡及个人投资等。[1] 银行客户只要拥有账号和密码即可办理业务，个人客户可以通过网络进行个人银行业务的查询、转账、网上支付和汇款等相关业务，通过银行推出或者和第三方合作搭建的电商平台直接进行商品和黄金的买卖，完成个人和家庭的日常消费支付与转账。企事业组织可以通过企业网上银行业务完成组织内部调配资金、网上支付和工资发放业务、信用证相关业务。

---

[1] 姚慧丽,车久菊.我国网上银行发展的现状及存在的问题[J].商业文化(学术版),2008(2):14+18.

互联网银行的本质还是银行,但是物联网、云计算、大数据等技术在金融中的广泛应用,从根本上改革了银行业的交易模式。银行利用网络进行金融销售和资金获得渠道上的创新,将金融活动从线下转到线上,使得银行业的功能和效率得以大大提高,交易可能性边界得以拓展。越来越多的互联网银行不断涌现,改变了人类的金融模式,丰富了银行业的外延,在推动金融理论发展的同时,丰富了金融的实践。

与传统银行的经营模式相比,互联网银行的优势体现在以下三个方面:

一是能够利用互联网替代传统金融中介和市场中的物理网点和人工服务,减少人员费用,降低银行经营成本,有效提高银行盈利能力和银行后台系统的服务效率。

二是互联网银行业务的开展不受时空的限制,可以在任何时候、任何地点,以任何方式为客户提供金融服务,能够大幅降低客户的参与成本、搜寻和匹配成本,拓展交易边界。

三是能够为客户提供更加合适的个性化金融服务,吸引和保留优质客户,实现客户存量和增量的同时提升,增加新的利润来源。

按照有无实体网点,互联网银行主要包括直销银行和虚拟银行。

(一) 直销银行

直销银行不以网点柜台为基础,不发放银行卡,其经营主要通过移动终端、互联网等远程电子媒介渠道,实现银行业务中心和终端客户随时、随地远程直接连接,办理各种业务而不受传统实体网点的限制,对客户具有很大的吸引力。

为了适应金融科技的迅猛发展、客户金融消费偏好的转变和金融市场化程度的不断加深,国内商业银行纷纷推出直销银行业务或者建立直销银行部。早期的直销银行是传统银行服务在互联网上的延伸,即我们一般所说的网上银行。直销银行在现有的传统银行的基础上,利用互联网开展传统的银行业务交易,即传统银行利用互联网作为新的服务手段为客户提供在线服务,是初期阶段绝大多数商业银行采取的网上银行发展模式。[①] 2014 年,民生银行成立了国内首家直销银行,推出"如意宝""民生金""基金同"等纯线上金融产品。2015 年 11 月,中信银行与百度共同发起成立了百信银行,这是我国首家独立法人模式的直销银行。到目前为止,国内大多数商业银行均推出直销银行,其

---

① 于海锋. 个人网上银行的安全分析与防范策略[J]. 广东公安科技,2008(1):57-60.

中，股份制银行、城商行比较踊跃。

通过直销银行经营，利用扁平化的组织结构，银行可以进一步明确目标客户的群体范围，让客户更便捷、高效地获取直销银行的产品和服务，有利于提升客户的满意度。

现阶段国内直销银行业务模式同质化较严重，一是获客渠道普遍以线上为主，很少形成差异化客户定位；二是直销银行主要是作为母行的一个部门存在，大多没有实现独立运营，如民生银行直销银行、北京银行直销银行；三是上架产品以货币基金、储蓄和各种理财产品为主，产品雷同度比较高，还需要开辟新的客户渠道，推出差异化产品，实现市场化独立运营。

> **案例：江苏银行直销银行**[①]
>
> 江苏银行直销银行是江苏银行着力打造的以纯互联网模式运营的银行业务，不设线下实体网点，是江苏银行线上金融创新服务，通过丰富的产品、畅快的使用流程、社交化的理念，为互联网客户带来便捷、实惠的互联网理财体验。江苏银行直销银行定位于长期被传统银行边缘化的"长尾客户"。在直销银行框架内，基于应用场景，同时推出"容易付"和"社区帮"两大应用，为客户提供独特的系列化综合应用服务。在打造"存、贷、汇"等基础产品的同时，运用业内先进的互联网技术，提供更多的基于投资意愿的投融资平台，满足了"长尾"客户的投资、理财、消费、贷款等金融需求；通过口碑营销与社会化营销，运用最新的金融科技技术，力求让客户在使用过程中获得最为畅快的互联网应用体验；通过场景融入，形成了贴近客户生活的特色增值服务。江苏银行直销银行的发展获得广泛认可，荣获"江苏省互联网金融2015年度十大创新"奖、"2015领航中国年度评选杰出直销银行奖"。

（二）虚拟银行

1995年10月8日，美国安全第一网络银行在亚特兰大成立，这是全球第一家虚拟银行，这家银行没有总部大楼，没有营业部，只有网址，所有交易都

[①] 江苏银行官网。

是通过网络进行，员工也只有 10 人。之后，虚拟银行在韩国、新加坡、英国等国家相继出现，对当地金融行业产生了巨大的影响。

2019 年 3 月 27 日，中国香港引入了虚拟银行交易机制，首批向三家机构授予虚拟银行牌照，这是香港互联网银行发展史具有里程碑意义的重要举措，将会给中国内地银行业的发展带来深刻的影响。

到目前为止，虚拟银行并没有固定的说法，但是一般情况下，虚拟银行具有以下特点：

一是虚拟银行以法人形式经营，不设立实体分行，只有一个办公地址。与直销银行一样，利用虚拟信息处理技术等高科技服务手段与客户建立密切的联系，只能进行在线操作，并提供全方位的金融服务，也没有实际的物理柜台，没有分支机构，不设实体网点，只依靠网络或手机提供银行服务。

二是客户主要是个人及中小企业客户，主要从事零售业务。

三是业务全面，具有全银行牌照。根据香港《虚拟银行的认可》指引，虚拟银行本质上还是银行，可以办理与传统银行一样的业务，业务类型不受限制，不仅可以办理存款、贷款和汇款三大银行核心业务，还可以开展票据、结算、信用证业务以及代销理财产品等。而内地的五家互联网银行和直销银行等属于民营银行，还不能开立 I 类账户，尚不具备正式的大额存单吸储资格，资金主要来源于同业银行。而香港的虚拟银行具有全银行牌照，可实现远程开户功能，与传统银行接受同一监管，这样就可以吸收各类存款，资金来源多样、稳定，同质化低。

虚拟银行的推出，是建立智慧银行的重要一步。虚拟银行业务的全面开展，虚拟银行的发展壮大，必将进一步推动金融科技更好地服务于经济发展。

三、传统商业银行再造："物联网 + 商业银行"

商业银行是一个极度依赖信息技术的行业。在商业银行存在诸多短板的今天，物联网技术的引入，可以彻底改变商业银行的资金、货物与信息状态，势必会引发新一轮的"爆炸"，"物联网 + 商业银行"将是金融与科技深度融合的典型模式。

（一）物联网金融的经济学解释

物联网的产生与发展，为银行业的改革创新创造良好的条件。无论是从技术角度来考虑，还是从客户、银行的需求以及银行的制度等方面进行考量，物联网技术的运用都将把商业银行推向高效、快速发展的道路。

1. 解决信息不对称问题

信息不对称问题一直是限制银行业高速发展的主要因素之一。从频发的"飞单"、骗贷等案件考虑，银行信息不对称的漏洞太大，涉案者了解银行，但银行对其却不了解，虽然可以通过多方面进行考证，但对其信息占有终究不够全面。如在兴业银行被建设银行"诈骗"的案例中，案件的主体都是金融机构，但相互之间依然存在信息不对称，兴业银行杭州分行竟然通过东吴证券购买了建设银行不存在的"乾元"保本理财产品，10亿元资金不翼而飞，该案件在业内外引起了轰动。

而在物联网金融模式下，此类案件发生的概率将近乎为零。利用物联网技术，可以将整个物理世界整合为一个全方位透明的信息系统，可随时随地掌握特定的人、物、事的动态，有效解决类似的信息孤岛与信息不对称问题。总之，运用物联网技术，商业银行将会进入一个信息较为完备的状态，为其高效地做好风控奠定信息基础。

2. 优化社会资源配置

根据科斯第一定理，在交易费用为零的条件下，不管期初的产权分配制度如何，在正常的交易活动中，财富最终都会流向机会成本最低的领域。一直以来，只有在理想状态下，交易成本才会为零。但在物联网模式下，整个物理世界就是一个信息交互系统，哪里有需求、哪里有生产以及其价格信息都一目了然，根本不需要中间商的介入。而作为金融服务产业的商业银行，其交易完全可以在线上完成，且交易成本几乎为零。商业银行在物联网的帮助下，实现决策的智能化，从而将资金导向最为合理的地方，实现对社会资源的最优配置。

3. 促进风险有效管理

商业银行的收入源于"低息"吸收存款、"高息"发放贷款，即利差。在此过程中，吸收存款是前提，但是懂得如何放款是关键。如何进行贷款风险控制一直是悬在商业银行高效发展头上的一把利剑。物联网可以让商业银行在信息层面完全感知实体世界，无论是在时间维度还是在空间维度，利用传感器技术连接物联网均可准确追踪物理世界实体经济运行的每一个阶段，全面有效地降低资金交易的风险。以2014年发生的青岛港骗贷事件为例，若运用传感器将涉案的氧化铝和电解铜进行绑定，对其进行实时监控就可以赋予动产以不动产的属性，堵住企业开具虚假仓单进行重复质押的漏洞，有效地将企业的信用风险控制在一定的范围内。

4. 拓展金融可能性边界

经济学原理告诉我们，在资源一定的条件下，由于生产条件的约束，生产可能性曲线是逐渐向下倾斜的，即其曲线是外凸的。但是，如果引用先进的技术，随着生产要素质量的提高与生产和要素组合方式的改进，产出会增加，生产可能性曲线平移。这一理论同样也适用于商业银行。

在物联网打造的"零边际成本"的模式下，传统生产条件的约束将不复存在，单纯从理论上来说，生产组合将会无限扩张，即金融交易将不再有边界，这将使金融机构的业务扩展到更多、更大的业务领域。例如，逐渐兴起的物联网公共服务，只需要一张与物联网进行对接的标识自己身份的智能卡，即可当作通行证在各个公共服务领域运用，如果再与银行卡进行对接，一卡在手即可自动划扣燃气、水电费等。

（二）物联网金融对商业银行的影响

作为互联网金融的高级形态，物联网金融对商业银行的影响体现在各个方面，最直观的影响体现在四个方面：信贷业务、内部管理、风险控制以及资产管理（见图9-1）。

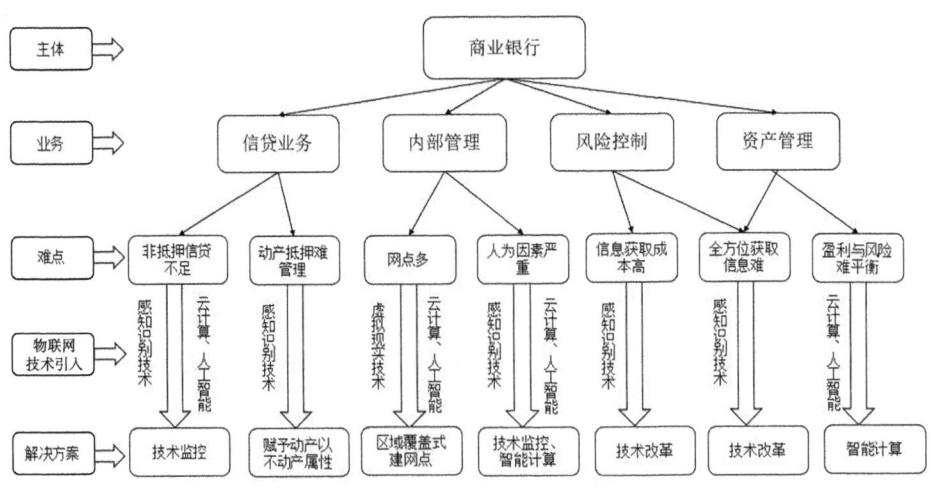

图9-1 物联网金融对商业银行的影响

1. 信贷业务

信贷业务一直是商业银行发展的重点，但长期以来一直以抵押类的信贷业务为主，对于庞大的非抵押类的信贷需求"视而不见"，这并非银行不想开展此类业务，而是开展此类业务的信用风险、道德风险太高，而现阶段银行的防控能力不足，导致银行不得不放弃此类业务。若商业银行引入物联网技术，就可以对企业的生产过程进行实时的感知与监控。那么，在小微企业没有固定抵押物的情况下，银行也可以对其进行放贷，并用物联网对其实施全方位的监控，在小微企业出现问题苗头之时提前将风险扼杀在摇篮中——及时收回贷款或加大投入，防止企业走向失败。这样一来，对于银行来说，收获的不仅是非抵押类贷款所带来的庞大的客户群体，同时也会颠覆整个信贷系统，为每个客户设计出多元化、特色化的金融产品，为商业银行创造巨额财富，提升其竞争力。

将物联网技术引入商业银行，对银行抵押类贷款也将带来巨大变革。过去银行主要经营地、房、车以及资产等基本属性不会变的信贷业务，这类产品虽然有较强抵御风险的能力，但其投资周期长，整体对市场行情的依赖性强，流动性差，银行若将过多的资源投入其中，在其因突发问题面临困境时将无法提供帮助。相反，若运用物联网技术，就可以对客户的不动产进行抵押，用感知识别技术对不动产的属性一一进行标识并进行实时监控，这样既不用担心客户对不动产进行重复质押，也不用担心不动产随市场波动贬值给银行带来损失，更可以将其"出售"以防止随时发生的危机。

2. 内部管理

在商业银行的内部管理方面，物联网对其的影响主要表现在两个方面：一是对其网点的建设进行改造。商业银行在空间上的局限性较大，银行网点的分布太少影响其业务的发展，网点过多则造成资源的浪费。若运用物联网技术对银行的网点进行改造，可以技术升级应用满足客户的需求，还可以点概面，通过建设区域物联网商业银行映射整个地区，达到减少营业网点的目的。同时通过虚拟现实技术，实时走近客户，达到网点减少而服务不减的目的。二是对人员管理模式进行改革。现阶段的银行管理工作仍是以人作为主要的枢纽来进行的，但操作人员众多，程序复杂，在实际的操作过程中，难免会发生人为因素产生资料遗失的道德风险和操作风险。这些虽为小概率事件，但越是小概率事件，其发生造成的损失越是难以挽回。在运用物联网技术时，借助感知设备对银行的重要部件进行实时监控，实现以物管物的操作策略，杜绝人员操作失当的问题，可在最大程度上避免此类事件的发生。

3. 风险控制

风险控制能力一直是衡量商业银行能否实现高效发展的重要标准之一，因此，对于风险的把控一直是银行研究的重点及难点。传统的商业银行一般都是通过人员现场走访、调研等方式来了解客户的"真实水平"，由此就存在两个弊端：一是在走访过程中，因为人是非客观因素的主体，易造成资料遗失、缺漏，还会受某些随机因素的影响而有主观意愿的改变；二是采用实地走访的方式将会增加人力、运营成本，还会因为技术因素而使实地调研的时间过长，无法实时全面了解客户的真正状态。而运用物联网技术可以有效地解决这些问题。将物联网设备直接与客户进行连接，对生成过程的每一个环节进行监控。从信息的角度进行考虑，运用物联网技术，将整个客户的状况实时转化为信息，不仅公开而且真实完整，近乎屏蔽了人为因素的干扰；就技术层面而言，这样不仅减少了人力成本，降低了时间成本的输出，而且更有效地防范了风险发生的可能，减少了风险管理损失，最大程度上提高了风险管理效率。同时，对于银行的业务而言，与其"守株待兔"，不如主动出击，物联网为银行提供了实体世界的数据，使其通过数据对比分析，找出适合的客户，为客户构造量身打造的风控模式，将有助于提高银行风险控制决策的科学性。

4. 资产管理

一般来说，银行的资产配置状况关系着承受风险的能力以及盈利的水平。要保证银行的抗风险能力，其风险较高的投资就必须减少；反之，投资风险较低的行业，其盈利水平就很难得到保证，银行必须根据自身经营状况，权衡利弊，找到安全运营与追求盈利的最佳结合点和平衡点。

物联网金融就可以帮其找到这么一个平衡点。对于物联网来说，整个世界就是一个可以计算分析的信息体，运用大数据技术与人工智能技术，可以对当前市场的核心进行判断，抓住机遇，把握节奏，提前了解客户需求。依据客户的需求为其量身定制各种业务，根据业务的需求不断调整银行的资产结构，从而达到盈利能力与抗风险能力两相平衡的状态。

(三)"物联网+商业银行"的战略构建

商业银行进行物联网化的升级是其突破当前瓶颈，进入快速发展阶段的一个新的尝试。要发展成为物联网商业银行，应从横向以及纵向两个标准来进行探究。

1. 横向标准

从行业层次来看，横向标准即在某一时间段内对行业进行全面的标定，对于物联网商业银行制定其硬件与软件设施标准，其中硬件设施主要是指物联网商业银行所依赖的技术，软件设施主要是指物联网金融的四大能力。

（1）深化技术应用。

要做到"物—物"互联乃至万物互联离不开技术的发展，而物联网商业银行的构建就更离不开技术的发展。要真正构建物联网商业银行，就必须熟练使用感知识别技术、虚拟现实技术、云计算和人工智能技术。

感知识别技术就是利用特殊的标记方法，对安置有感知设备的物体进行标定，将物理世界上升到信息世界，这是物联网特有的标定方式，也是物联网商业银行核心技术。通过感知识别技术，构建一种独特的坐标代码，就可以实时监控银行抵押物的状况，向动产赋予不动产的属性，降低对抵押物的管理难度，同时还可以节省不少人力资源以及时间成本。而且若将此技术运用于借贷企业，就可以对借贷企业进行实时监控，一旦借贷企业出现问题，银行可以更早地清楚借贷企业出现的问题，及时对贷款进行处理，及时收回贷款减少损失或进一步加大贷款投入以获取更大的回报。

虚拟现实是将感知识别技术传回的数据进行重现，让信息世界返回物理世界，以实现物理世界空间上的"移动"。一方面，可将虚拟现实技术运用于观察企业运行状况，另一方面，也是最为重要的，就是将其运用于银行网点的运作。商业银行的网点受时间、空间的限制，而采用虚拟识别技术将打破这一限制。客户可通过虚拟现实技术及时"进入"银行网点办理各种业务，同时也将避免客户在办理业务时出现遗漏问题。若将虚拟现实技术与感知识别技术相结合，可以打破商业银行的枷锁——实体货币。通过虚拟现实技术，商业银行完全可以制作出电子版的人民币，将其与人脸识别等感知识别技术相结合，将"电子人民币"与人挂钩，通过机器识别，完全可以解除实体货币的限制。

云计算是一种基于互联网的计算新方式，是在互联网计算的基础上向各种应用提供硬件、软件等各种服务的系统，通过云计算可以更为精确地衡量个人或企业的财产状况、信用状况、运营能力、还款能力等，从多方面对借贷企业或个人进行考量。一方面避免了在放贷过程中的人为影响因素，另一方面可以通过云计算及时监控企业的运营状况，一旦数据显示偏离正常轨道，就可以及时更正。同时，运用云计算可以了解各地区、各企业及个人对于资金的需要，及时"送货上门"，不仅可以拓展自己的业务与金融创新服务，更可以积累广大的资源。如图9-2所示，如果将云计算运用于货币物流管理上，则可以减少货运成本、提高服务质量。

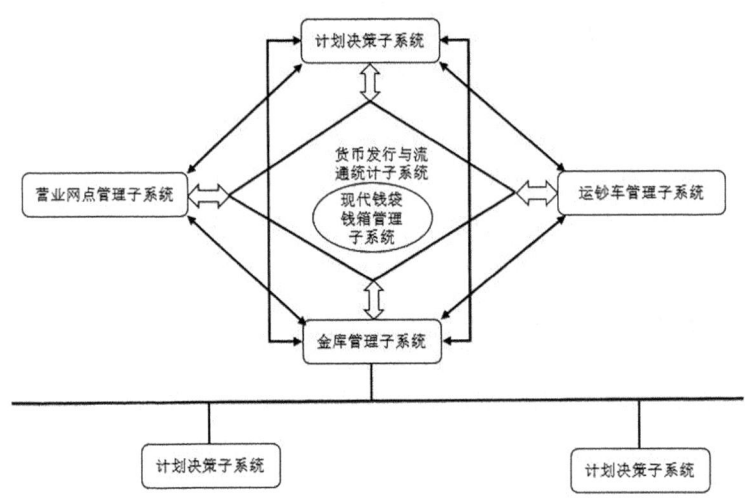

图9-2　现代货币物流管理系统

人工智能是研究、开发模拟、延伸和扩展人的智能的理论、方法、技术及应用系统的一门新的技术科学。在物联网商业银行中，主要是通过人工智能降低人这一主体在银行业中发挥的重要作用。无论是在齐鲁银行金融诈骗案，还是兴业银行被骗案中，人都应该负主要责任。运用人工智能一方面可以降低人工成本，另一方面则是通过与上述三种技术的结合降低甚至是杜绝人为因素在银行业的发展过程中的影响。

（2）提升四大能力。

要构建物联网商业银行，商业银行就必须拥有物联网金融的四大能力——数字化风险管理能力、个性化定价及产品开发能力、数据分析能力、持续的创新能力（见表9-2）。

表9-2　物联网商业银行需要构建的四大能力

物联网金融四大能力	在银行业中的具体表现
数字化风险管理能力	建立各种信用模型全面管理自身的风险
	通过对不良贷款分类,识别违约倾向较高的客户群体,进而评估潜在的风险敞口并制定补救措施
	建立实时的抵押品应估值能力,充分覆盖债务风险
个性化定价及产品开发能力	综合利用变量、评估、趋势分析和客户细分等手段,开发一系列的定价模式和具有不同特性的产品
	提升产品开发能力,确保定价符合客户的整体财务状况
数据分析能力	分析和处理各种新数据,理清其中的深层含义
	向客户提供高度个性化、有价值且具有实际意义的产品和服务
	推动银行向"全时银行"转型
持续的创新能力	预测未来客户持续变化的需求,并采取相应的创新行动
	建立快速创新的能力

在未来一切可信息化的物联网时代里,信息的获取将不再是难题,但如何在庞大的数据库中寻找到合适的数据将是成功的关键,因此物联网商业银行必须具有完备的数据分析能力,然而仅有数据分析能力显然不足,如何应用才是关键。在这些信息程序化、数字化的同时,商业银行要拥有持续的创新能力,根据收集到的不同客户需求开发出特定的金融产品来迎合客户。

2. 纵向标准

所谓纵向标准,即针对某一方面从时间维度来考虑、标定其行业标准。对于物联网商业银行来说,其纵向标准有两个:服务和评价。要想有良好的服务态度,首先要做的就是把控其思维,因此,在构建商业银行的过程中就必须打破商业银行长期以来的固化思维。思维的改变只是第一步,接着就必须对整个行业进行评价,评价的好坏就在于行业标准订立的好坏。

(1) 打破固化思维。

要将传统的商业银行打造成适合当前发展潮流的物联网商业银行,首先应对其进行思想改造,若思想不能转变,无论其外表改造得多好,在长期的思维定式的禁锢下,物联网商业银行的发展也将会止步不前。因此,要进行物联网商业银行的构建,首要的任务就是植入物联网思维,将其植入商业银行的各个方面,最主要体现在以下三个方面:一是发散抵押思维。物联网技术可实现银行对企业的实时监控,整个企业对银行来说就是一堆可视化的数据,对于现阶段不好抵押的动产,也可以利用感知识别技术赋予其不动产属性,实现动产的抵押,同时在风险控制得当的情况下,银行可以省略抵押实物管理这一步。二是打破二八思维。传统的商业银行依靠20%的优质客户来产生80%的利润,这样一方面将丢失广大的客户群体资源,另一方面对20%的优质客户"薅羊毛"过多,不利于其长远发展。物联网技术完全可以帮助银行囊括"长尾"客户,无论是利用动产抵押,还是利用供应链金融将小微企业上下游联系在一起,绑定的"两端"可以为中间企业提供担保,有效解决小微企业融资难、融资贵的问题。三是摒除主观思维。主观思维具有较大的偶然性和偏差性,物联网技术可以将物理世界信息化,运用大数据、人工智能等技术,可以实现整个经营过程的客观重现,阻断人为因素的干扰。要将物联网思维植入商业银行,做到以上三点还远远不够,其只是为物联网商业银行的思维改革做了铺垫,物联网思维的转变,需要在实际应用中不断发掘改变。

(2) 重订行业标准。

目前为止,物联网商业银行的行业标准尚未订立。一是由于物联网商业银行的发展目前只是在由理论层次向实践层次进行尝试,未来物联网商业银行的发展方向尚未订立,其行业标准无法订立。就拿实体货币来说,其就有两个发展方向,一个方向是完全脱离现在的模式,利用感知识别、虚拟现实等技术将货币虚拟化,类似于比特币、Q币等方式存在。另一个方向就是利用大数据、云计算数据等精确计算,减少资源在货币物流管理方面的消耗。二是法律体系不完善,并不敢轻易对金融行业的龙头企业,即银行业进行行业标准的确立。在物联网商业银行的行业标准还没有确立之前,任何对商业银行进行构建的行为都存在风险,不仅会影响未来业务在生产、生活中的开展,更会直接影响物联网商业银行的推广和实践。

3. 行业整体构建

如图9-3所示,要构建好物联网商业银行,就必须从时间、空间等多个维度对其进行考量。以技术水平提升能力,能力的提高反过来促进技术的发展,这样不断地相互作用拔高了物联网商业银行的横向标准。在以人为本的社会里,能力的提升只为了得到更好的服务,因此能力的提高在不断提升服务行业思维的层次、行业的标准。而行业标准的订立又要求技术不断革新。横向标准带动纵向标准,纵向标准反过来要求横向标准。做到横向标准与纵向标准的均衡发展,物联网商业银行才能越走越远。

第九章 金融科技结合的应用变革创新

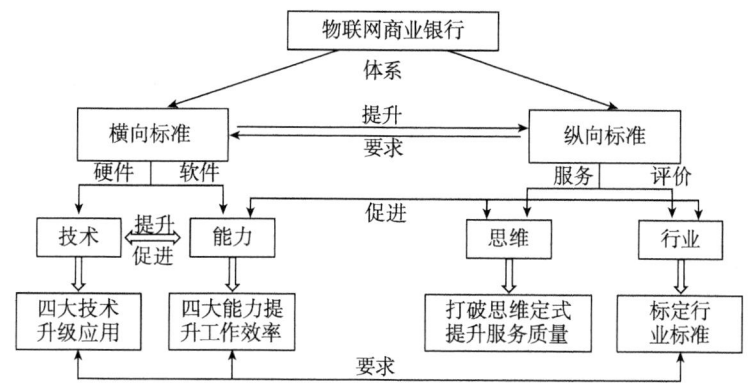

图9-3 物联网商业银行的整体战略构建

4. 需解决的问题及"区块链+物联网+商业银行"构建设想

本节仅是对物联网商业银行的初步探索,就目前的态势来说,仍存在许多问题:

(1)"搭便车"问题。

所谓的"搭便车"问题,是对于物联网商业银行抵押物的感知识别装置的归属问题而言的。利用感知识别技术虽然可以较为详细地了解抵押物的状态,但鉴于装备其装置的成本比较高昂,在企业与上一家银行的合同履行完毕后,这些装置是否应该拆掉是一个问题:若拆掉,又是一笔高昂的花费;若不拆,在这家企业合同到期再将同一抵押物抵押给另一家银行时,又产生了相关装置归属权问题。若所有的银行对抵押物都进行装备装置,则会造成资源的极大浪费,若企业或银行都只是对其中一部分物品进行了装配,则在物品归属权转移时,后来接手的人等于搭上了便车,这就不利于其他银行的发展。所以,在未来商业银行进行物联网构建时,"搭便车"是一个急需解决的行业标准问题。

(2)去中心化问题。

物联网技术打造的"去中心化"金融服务平台将更多的人、物、网互联互通,谁有融资需求、谁有投资需求一目了然,不再需要交易中介,有效地促进了资源的整合、交易的达成。在降低交易费用的同时,更促进了标准化、透明化服务体系的建立。但从实际效用来看,商业银行更像是一个中介中心,引导资金流向企业,从而收取一定的手续费,即存贷利息差。在物联网时代,个人、企业完全有可能以其自身的信用、资产状况作为保证，在金融市场上直接发行债券，这既降低了借款人的利息，又提高了贷款人的收入。但如此一来，大部分的商业银行将被排挤出市场，因此在构建物联网商业银行时，如何解决商业银行去中心化问题将是重中之重。

（3）伦理问题。

在银行连上物联网后，整个系统将会与外界相联。银行本是一个私密性极强的行业，在信息公开之后，银行本身以及储户的个人信息安全将难以保证，这将有可能带来其他隐患，而且银行系统更容易受到外界的干扰、侵害，使危险性上升，等等，在布置物联网装置时会产生核磁辐射，这也将对人体产生危害，未来如何保证储户的信息安全、身体健康以及保证银行系统安全完整等，都有待于物联网的进一步发展。

（4）监管问题。

根据《巴塞尔协议Ⅲ》，第一支柱对商业银行的资本提出了要求，但以风险覆盖来说，上面仍留有空白点，即剩余风险和小概率"黑天鹅"事件，如在信用风险中贷款集中度风险并未涵盖。第二支柱是监管部门的监督检查，在物联网金融为商业银行广大的客户创造出量身打造的金融服务时，虽满足了不同人群的金融需求，但对于监管来说，却制造了极大的麻烦。第三支柱是市场约束。在物联网时代，各种市场网络平台将成为经济、社会的中枢，但网络上的造假行为屡见不鲜，在物联网时代，如何保证其信息的真实可靠将是个巨大的难题。

要解决以上问题，可以引入区块链技术。以去中心化问题为例，区块链技术的关键特征是以分布式账本为基础的去中心化和去信任化，其数据的验证、记账、存储、维护和传输等过程均基于分布式系统结构，采用数学方法而非中心机构来建立分布式节点间的信任关系，从而形成了"去中心化"的可信任分布式系统。以数字信任替代机构信任的信任机器，为不熟悉或者互不信任的人进行真实交易提供了全新的数字解决方案。所以，可以同时进行区块链技术架构，所有参与主体上链，解决去中心化问题，这将是后续研究的重点。

第十章 金融科技发展的机制保障

金融科技的深度融合已不再是简单的"金融+科技",而是和人类的每一个个体或机构生产、生活的方方面面息息相关。美国、加拿大等国家已相继出台政策鼓励引导金融科技的发展,英格兰银行将金融科技作为2018年七大战略之一,德国从国家层面对金融科技进行整体规划。随着全球金融市场开放程度的提高,网络基础设施联通不断增强,金融科技日益呈现出跨国界的特征。但是,不同国家的监管理念和制度环境不同,金融风险判断和管控能力存在差异,容易引发金融科技跨境监管套利,并由此引起全球性金融风险传染和风险叠加的双重效应。虽然金融与科技有着天生自然结合的因素,但是金融科技是逐利本性的金融业与易产生市场失灵的科技业的融合体,需要政府根据国家战略对其进行引导与支持,同时还需要坚实的监控措施来保障其健康发展。

第一节　金融科技发展的政府引导与支持机制

政府通过发挥自身职能效用构建机制，支持和引导金融科技发展，在健全金融支持体系、保障金融长期稳定以及促进创新方面，取得了一定的成效。但是在金融科技发展中，政府机制仍然存在不完善的部分。

一、现有政府引导与支持政策的特点

（一）阶段性特征表现

根据前述章节的梳理，我们发现在推动金融科技发展的过程中，国务院、各部局委、地方政府、相关职能部门分别从金融科技战略规划、金融科技投入、金融科技担保、金融科技市场等不同层面出台了一系列相关政策，指引着我国金融科技深入发展。这些政策在不断推进科技创新、金融体制改革的同时，也在金融科技结合发展方面具有一定的保障作用，并呈现出了明显的阶段性特征[1][2]。

1. 支持政策类型倾向的阶段性

各级政府所出台实行的支持政策在不同的时段，呈现出不同的阶段性特征。

2006—2010 年，以金融科技战略类型为主，大多倾向于提出某时段的金融科技发展总规划。在 2006 年，国家出台了《国家中长期科学和技术发展规划纲要（2006—2020 年）》，其中就提及构建金融科技多元化平台；尤其是

---

[1] 周昌发. 金融科技发展的保障机制[J]. 中国软科学, 2011(3):72-81.
[2] 冯毅,唐航,陈雪君. 地方政府促进金融科技发展政策问题研究[J]. 金融教学与研究, 2014(5):21-26.

2010年出台的《关于印发促进科技和金融结合试点实施方案的通知》，提出要不断落实有关"促进科技和金融结合试点"的计划。

2011—2015年是地方性政策出台的高潮期，不同省份根据对中央总体政策解读而推行的地方性政策数量占据多数。深圳政府在2012年出台了《关于深化科技体制改革提升科技创新能力若干措施的通知》，其中明确指出深圳市支持各类金融机构的创新，并将着力于建设完善的科技融资渠道，推动金融科技试点建设；江苏省政府在2015年印发的《江苏省政府关于加快互联网平台经济发展的指导意见》中也同样强调了促进基于高科技平台的经济金融的发展，并加大了其相关政策的支持力度。

2016—2019年，以金融科技发展带动中小企业的快速发展，以金融科技的有效结合带动"三步走"战略落实为政策指明了新方向。如2016年由国务院出台的《关于进一步支持企业技术创新的通知》中指出，各级政府应在加强企业技术创新的同时不断创新财政投入；2019年国务院出台的《关于促进中小企业健康发展的指导意见》中也指出，应不断革新财政政策，并积极运用互联网等一系列高科技手段来保障中小企业的科技成果。

2019年8月，中国人民银行出台金融科技阶段性整体规划，提出到2021年建立健全我国金融科技发展的"四梁八柱"，进一步增强金融业科技应用能力，实现金融与科技深度融合、协调发展，明显增强人民群众对数字化、网络化、智能化金融产品和服务的满意度，使我国金融科技发展居于国际领先水平。

2. 支持政策颁布机构及内容的阶段性

首先，从支持政策的颁布以及参与机构的变化中我们可以发现，在近15年的金融科技支持政策演变进程中，参与的机构从单一的中央机构（如国务院、银保监会等）逐渐演变为多元化、多层次机构共同参与（如地方各级政府机构）。

其次，从支持政策的内容涉及度的变化中我们可以看出，2006年至今，我国的金融科技政策广度不断拓展，即从简单地提出阶段性金融科技规划，到实施针对性更强的不同地域的政策，再到出台以金融科技融合来推动中小企业、农业等的发展进程的综合性政策。

（二）中央与地方政策互补性特征表现

通过前面章节对支持金融科技发展的政策和相应的指导意见进行梳理和分析可以看出，中央和地方政府在政策法规的总体方向上是一致的，但所发布政策的施行范围不同，政策内容侧重不同的方向，形成各自的特点。中国人民银行和国务院等中央政府部门颁布的政策和指导意见，是在全国范围内实施的，既要作为地方政策的风向标，同时也要照顾到全国金融科技发展的整体质量，对整体产业进行指导。比如对于制造业和中小企业的发展，2017年3月由中国人民银行、证监会等多个部门共同发布的《关于金融支持制造强国建设的指导意见》中就指出要充分将科技与金融相融合，促进产业链金融的发展，完善制造业的融资服务，为制造业的建设注入动力。此外，中央政府的指导意见和政策会兼顾金融科技的普及范围和技术创新，推广基础设施建设和完善相应的保障措施，鼓励推动金融科技的成果转化和创新。

地方政府机构发布的相应政策则是因地制宜，根据地方的特点来合理推动金融科技的发展。比如以中央政策为基础，建设地方的金融科技基础设施，但在基础设施建设上，会根据地方特点来确定不同的发展方向。比如北京市鼓励金融科技类企业与传统金融企业相互合作，建立金融科技的产业中心。而杭州市则是以数字经济体系为发展方向，计划打造国际金融科技中心。地方政府都会为人才引进制定优惠政策，在复合型人才资源的加持下，发展金融科技，从而为实体经济服务。

中央和各地政府的政策各有侧重和特点。中央颁布的政策和指导意见结合全国发展情况，根据制造业、金融业等多种产业的发展情况来构建引导机制，侧重对中小微型企业进行金融科技相应措施的指导，也侧重于金融科技相应基础设施和保障措施的完善。而地方政府印发的地区性政策、指导意见和发展规划，都是以建设金融科技领先城市为出发点，鼓励和支持金融科技产业的发展，制定相应的优惠政策，加大引进人才的力度，为金融科技类企业划分聚集区，并加快聚集区相关基础设施的建设，以促进聚集区企业的发展；侧重于用金融科技相互合作的企业、机构和项目来打造金融科技的高度发展区域，用该区域带动整个城市金融科技的发展，从而为城市的实体经济发展服务。

二、现有政府引导与支持政策的实施效果

1. 政策的积极效果显著

在相关政策的鼓励和支持下，我国的金融科技发展在多个领域都已获得不菲的成绩，如腾讯、冰鉴科技、国泰君安证券、蚂蚁金服、中国平安、基金公

金融科技结合的路径创新

司和各类银行等都有着自身丰富的金融科技创新经验，也都有着脍炙人口的金融科技结合的成功案例。尤其是银行业，在金融科技发展的进程中独树一帜。

以平安银行为例。平安银行一直秉持着"科技赋能金融"的理念，在将近十年的时间里，科技与金融的结合为其带来了不小的收益，这对强有力的翅膀也推动了其成功转型。平安银行于2012年提出了"用三年时间再造一个平安银行"的宏伟目标，又于2015年提出了"新三年发展战略"来不断推动金融科技的结合。在金融科技不断发展的背景下，"金融科技目标"带来的强大动力使得近年来平安集团营业收入规模不断扩大（见图10-1）。同时，平安银行为金融科技科研投入了将近500亿元，创立了10余家新型科技公司，仅2018年单单在科技IT方面的支出便高达25.75亿元。

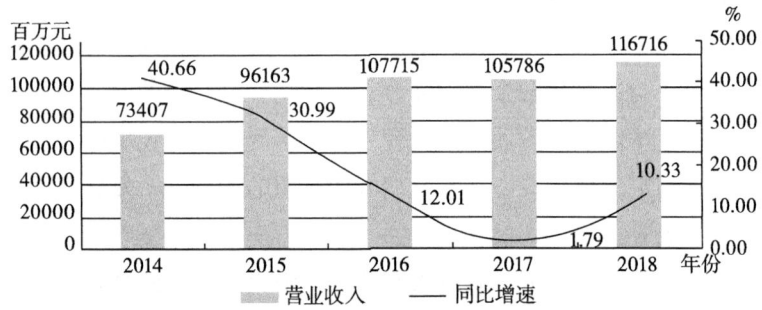

图10-1　2014—2018年平安集团营业收入规模及同比增速

资料来源：《平安银行2014—2018年年度统计报告》。

通过对平安银行资料的分析，可以看出近十年来平安银行的营业规模在不断扩大。值得一提的是，在两个"三年计划"结束之后的2018年，平安银行当年年报汇总显示，当年四个季度的营业收入分别为280亿元、292亿元、294亿元和301亿元，呈现稳步上升的态势，年末资产总额达到34186亿元，比上年末增长了5.23%（见表10-1）。如今的平安银行，"3+2"金融科技平台格局已逐渐成熟，"科技引领金融创新"的战略转型也已经取得了一定的成效，同时也已经确立了三年内实现平安集团科技实力在行业领先的新目标，力争在现有金融科技的杰出成果上推动新一轮的金融科技的结合与创新。

表 10-1 平安银行 2016—2018 年度财务指标比较 （亿元,%）

规模指标	2016 年	2017 年	2018 年	同比增速
资产总额	29534	32486	34186	5.24
营业收入	1077	1058	1167	10.33
利息净收入	764	740	747	0.99
ROA	0.77	0.71	0.73	2.82

资料来源：平安银行财务分析报告。

这些数据清晰地彰显出平安银行重视金融科技结合发展带来的回报，这一盛况与平安银行积极响应相关的金融科技政策密不可分。当中国人民银行、科技部等机构出台有关"银行应全力进行金融科技服务模式创新"内容的《关于大力推进体制机制创新　扎实做好金融科技服务的意见》等政策时，平安银行便对这一政策内容进行了积极响应，率先推出了智能化支行。这一举措使到支行的大部分顾客可以在自助办理区进行业务处理，极大地提高了办事效率。平安银行也在政策号召下首次提出了"科技转型规划"并不断运用人工智能、大数据等科学技术手段来丰富自身的金融产品、完善自身服务体系、优化资源利用效率，以此来推动金融科技更好更快地结合。

从这一成功的金融科技实践中，一方面可以看出平安银行目光长远，善于抓住发展契机，积极响应新趋势、新政策；另一方面也可以体现出支持金融科技结合化的政策对企业发展有着巨大的积极推动力。

2. 政策支持力度仍有不足

如今我国的金融科技发展态势迅猛，因此很多人会认为我国的金融科技水平与国外相比已经拔得头筹[1]。但从一定角度来看却并非如此，美国和欧洲互联网金融落后只是一个表象，从实质层面来讲，其正在进行真正的金融科技创新。首先，美国、日本等发达国家的金融科技创新模式在政策扶持方面，不仅有良好的法律环境，还有完善的财政补贴与优惠政策；在市场结构方面，都有发达的担保、投资等多层次市场体系。其次，韩国、新加坡等新兴发展中国家的金融科技创新，整体发展以政府政策支持为主导，以健全的政策体系来推动金融科技企业成果的转化。而我国金融科技结合进程相比国外是比较落后的，

---

[1] 张兴旺，陈希敏. 国内外金融科技创新发展模式比较研究[J]. 科学管理研究，2017(5):112-115.

有关的支持政策体系等尚不健全，仍存在诸多问题，如过度依赖政府财政投入，相关制度规范不完善，缺乏综合健全的中介服务评价体系与担保平台等，这也是众多金融科技公司失败的原因（见表10-2）。

表10-2 我国金融科技结合失败案例

失败案例	主要事例
众贷网	众贷网是经营时间最短的 P2P 网贷公司，是一个提供贷款的中介服务体系，在其运营期间，根据第三方网站的统计，其经手的融资交易额曾高达 400 万元。但这一曾经辉煌的网贷公司最终满月就宣告落败
数银在线	其是为数不多的采用"商对客"（B2C）模式的网贷公司，曾因不向客户收取手续费而获得良好的口碑，风光无限。如今却因大股东撤资退股而面临倒闭
亿唐	亿唐可以说是国内互联网金融历史上最失败的案例，它对外宣称自己除了是一个互联网公司外，更是一个可以通过网络创造产品的企业。虽然亿唐一夜之间轰动全国，但是最终还是以失败被拍卖而告终
尚阳科技	在国内首轮互联网融资中，尚阳科技是一个典型的失败案例。在刚刚进入大众视野时，其曾被美国的 *Red Herring* 杂志列入亚洲 100 强私企，并致力于成为通信领域领跑的佼佼者，但终究还是于 2006 年被市场所淘汰
e租宝	e 租宝同样也是典型的互联网金融失败案例之一。其起始于一个基于融资租赁交易的线上平台，在建设覆盖全国的专业标准融资平台的道路上偏离了轨道，最终因为非法吸收大量的公共资金而被查封
大大财富	其是一个提供全方位的财富管理的金融服务提供商。其在短时间内迅速发展，成为领先于行业并快速增长的独立互联网金融财富管理机构，最终却也宣告失败

三、现有政府引导与支持政策的缺憾

像众贷网、数银在线这样因支持政策不到位而致使实践失败的案例不在少数，这种状况也表明了我国有关金融科技结合的支持政策存在缺憾。

（一）引导金融科技结合的各部门之间的政策不同步

1. 政策之间协同性不足

我国现行的政策分别从金融科技贷款、金融科技投入、金融科技市场、金融科技监管等不同的角度来制定，且政策之间协同性不足，致使各政策因缺乏系统性、全面性而相对零散孤立。这使得各独立部门出台的政策一致性较低，

进而出现了金融科技政策之间协同性不足的问题①。这样一来，尽管所推行政策在各自的小领域有着显著的效用，但就金融科技结合化发展大局来讲却难以促进其最高效地推进。金融科技的发展需要总体目标加以引领，我国现行的政策缺乏对这些目标主旨等内容加以限定描述的总纲，例如"金融科技体系要协助企业将科技成果转换为真实生产力""金融科技支持政策应鼓励金融资金投入者不断革新服务工具"等，各个政策之间需要一个统领性质的核心文件。

2. 政策之间协调性不足

目前我国出台的有关金融科技结合的支持政策中，不同类型的政策由不同的机构、部门、单位颁布。例如，涉及金融科技监管的《关于进一步做好互联网金融风险专项整治清理整顿工作的通知》是由中国银行颁布的；涉及金融科技市场方面的《国务院关于鼓励和引导民间投资健康发展的若干意见》是由国务院允以实行的；涉及金融科技贷款的《关于进一步加大对科技型中小企业信贷支持的指导意见》是由银监会、科技部联合出台实行的；涉及金融科技担保的《中小企业信用担保资金管理暂行办法》则是由财政部、工业和信息化部联合制定提出的。这些政策之间互通性低，难以相互调整运行，进而使金融科技政策之间出现了协调性不足，在一定程度上降低了金融科技结合发展的效率②。

（二）政府支持金融科技结合的政策内容涉及面窄

1. 政策缺乏支持金融科技创新的内容

开拓创新关系到企业能否快速、健康地发展，也是决定企业在竞争中能否取胜的最有效手段。一个不懂创新的企业就是没有希望的企业，金融科技企业也毫不例外。想想看，如果金融科技缺乏根本性的创新，金融机构就无法逐渐降低其金融体制中历史性原因或者自身制度原因所造成的体系内部的脆弱性和风险性；同时，科技企业也就无法获得能够供给自身发展的足够的财政支持；当缺乏金融支持这一重要的"生存养分"时，科技企业也就难以再茁壮成长。

健全的金融科技政策体系应充分涵盖金融科技创新的基础性内容，如"推进金融科技结合，更高效地用金融多元化产品为科技企业投资"的创新目

---

① 李希义，郭戎，张俊芳. 我国金融科技合作发展存在的问题及相关政策建议[J]. 科技创新与生产力，2011(3):18-20.

② 黄劼. 金融科技模式发展及政策探析[J]. 大众科技，2018(7):147-149.

标的政策性概述、"不断革新传统金融科技结合方式,使两者更精准地相互支持"的创新总方向概述等。但是,从前述的部分金融科技结合支持政策的举例中可以看出,我国现行的金融科技结合的支持政策中有关金融科技创新的内容微乎其微,涉猎严重不足。

正是由于我国缺乏相关创新政策的支持,自身资本市场中现存的大量金融工具、金融产品以及一些金融衍生品难以得到进一步的开拓革新,从而难以更为有效地为科技企业服务。这不仅加剧了科技企业融资难的困境,同时还严重拖累了金融科技结合发展整体的前进速度。因此,我国金融科技结合支持政策涉及金融科技创新的内容不足的棘手问题,也成为我国能否尽快度过金融科技结合发展瓶颈期的一大阻碍。

2. 政策缺乏改善金融科技发展环境的内容

良好的金融科技发展环境可以提高科技企业与金融机构之间的资源配置能力,进而提高科技产业创新能力与金融行业竞争能力,有力推动科技与金融结合进程的深入发展[1]。我国的相关支持政策中很少涉及金融科技发展环境的内容,尤其对于金融科技市场化发展的内容涉猎不足。金融科技市场化程度过低,会使我国难以调整国家整体的经济布局,不利于激发经济增长的内生动力,同样也难以稳固经济的可持续平稳快速发展,使得市场机制难以发挥正常的调节作用,致使市场机制可操作性失灵。换个角度来讲,有时政府过分地干预或管制金融市场供求、价格调节等,同样也会降低金融科技市场化的程度。

以科技保险为例,在当今的国际保险市场中,科技保险费率市场化已经逐渐成为一个共同追求的趋势。在美国,除了一些法定的保险类别以外,商业保险基本实现了市场化;日本耗时四年来完成基本保险费率的市场化。众多发达国家早已认识到保险费率市场化有利于促进市场的公平竞争,并可以为其带来颇丰的收益。而对于我国而言,将近95%的市场份额都控制在少数保险公司手中,而大约90%的保险公司在市场上却难有一席之地。我国这种保险市场格局不仅加大了保险公司的经营风险,而且严重扰乱了市场秩序。因此,政策涉猎市场化内容不足致使我国金融科技市场化程度较低,这同样也是令我国金融科技结合发展步入艰难瓶颈期的一个棘手问题。

---

① 饶彩霞,唐五湘,周飞跃. 我国金融科技政策的分析与体系构建[J]. 科技管理研究,2013(20):31-35.

3. 政策涉及金融科技平台建设的内容不足

我国在金融科技投入、金融科技战略规划、金融科技监管等方面出台了不少政策，但有关信息共享、信用担保等相关服务平台建设的政策还有所欠缺。这一政策问题使得我国的金融科技结合发展因信息共享不及时、信用担保不真实、文化体系建设缺失等因素而增加了金融科技发展的环境风险，进而使我国的金融科技发展进入难以攻坚的困难时期[①]。

金融科技结合发展的过程既是金融机构与科技企业双方有机组合的过程，又是两者为追求各自利益最大化而进行的一场激烈的博弈。如果在金融科技结合发展的进程中存在着信息不对称的阻碍，不仅会造成一定的道德风险问题以及逆向选择，还会使双方所制定的金融科技发展对策失真、欠缺高效性。正因为信息共享平台的建设在金融科技结合的整体化进程中如此重要，我国才更需要将相关支持政策向着如何建立一个公正透明、高效披露的信息交流平台不断拓展，以此来有效地解决信息共享平台建设政策缺失的问题。

同样地，我国现行的有关金融科技结合的政策在担保机制平台、信用评级平台、文化体系平台建设方面的涉及度也远远不足。这种政策的不足之处不仅使科技企业与金融机构之间因缺乏担保平台而造成资金往来不顺畅，使两者之间因缺乏专业的信用评级平台而难以对对方做出充分、科学的评价，阻碍金融科技结合化发展的进程，还会使科技企业与金融机构之间因缺乏相关文化平台的建设而使一方契约意识淡薄，令金融科技融合度下降。因此，我国的金融科技结合的支持政策体系急需得到完善、急需拓宽涉及面的广度。

（三）金融科技结合支持政策划分不细致

1. 政策难以针对发展程度不同的地区

我国现行的金融科技支持政策大部分是针对整个国家、针对某一区域，并没有将不同发展程度的地区和城市加以区分，更欠缺相关政策的细化与分类。

---

① 黄劼. 金融科技模式发展及政策探析[J]. 大众科技, 2018(7): 147-149.

表 10-3 2018 年部分城市科技金融中心指数 (GFHI)

城市	GFHI 综合指数		金融科技产业		金融科技体验		金融科技生态	
	排名	数值	排名	数值	排名	数值	排名	数值
北京	1	82.6	2	86.7	4	82.7	1	77.3
上海	3	76.8	5	80.0	5	81.2	4	71.4
杭州	6	74.1	6	75.7	1	90.6	6	67.0
深圳	7	73.1	7	74.7	2	85.2	5	67.4
香港	13	52.1	14	46.4	18	35.0	9	64.5
广州	14	49.4	20	29.9	3	84.6	11	63.0
武汉	21	33.5	21	0.0	6	80.6	14	61.1
南京	22	32.4	21	0.0	6	71.7	15	61.1
成都	23	31.2	21	0.0	7	73.3	18	57.5

资料来源:《2018 全球金融科技中心城市报告》。

如表 10-3 所示, 某一笼统的大范围政策可能对个别地区或城市作用显著, 对其余地区却难以发挥作用, 这就造成不同地区金融科技结合发展程度差异过大, 从而使我国金融科技结合发展的整体效率有所降低。因此, 我国现行金融科技结合政策划分细致性不足的问题应引起广泛关注。

2. 政策难以针对金融科技企业生命周期的各个阶段

发展程度不同的地区需要不同的金融科技结合政策来加以扶持, 同样地, 金融科技企业在生命周期的不同发展阶段也需要不同的政策予以扶持。众所周知, 企业的整个生命周期一般有创业期、成长期、成熟期、衰退期四个不同的演进阶段[1], 每个阶段都有着各自的特征和规律, 每个阶段对其不同成长模块的需求程度、不同成长模块的组合顺序等都是有差异的。

因此, 对于金融科技企业来讲, 不可以笼统地用一个宏观政策来辅助其成长, 需要更为细致化的政策分类, 这一点也正是我国现行的支持金融科技结合的政策所欠缺的地方。

(四) 政府推动作用不足

1. 顶层设计还不够完善

政府对于金融科技的顶层设计, 是为了引领金融科技稳定、高质量地发

---

[1] 成海燕, 徐治立. 科技企业生命周期的创新特征及政策需求[J]. 河南师范大学学报(哲学社会科学版), 2017(3):94-100.

展。相关部门制定了很多支持金融科技融合发展的政策,但是散落于各个政府部门,且不少政策也是处于不断变化的摸索阶段,缺乏顶层设计和规划,缺少针对性和系统性。区镇在促进金融科技产业融合发展方面还没有出台具体的落实政策。此外,各地方政府对金融科技的理解也不是完全一致的,存在一定的偏差,从而产生各种问题。如过多地强调金融体系中存在的不足,强调通过金融体制改革和创新来解决;或者过多强调金融科技企业内部的问题,要求企业加强诚信建设和规范财政体系。① 这都是顶层设计不够完善,各地方政府不能准确把握金融科技的特征所造成的。2019 年中国人民银行发布的《规划》是中央政府主导的自上而下的金融科技发展的顶层设计文件,正在助力金融科技的发展,推动金融科技不断地向更深和更广的层面发展。我们需要迎合新时代、数字化背景下的金融科技发展顶层设计,以促使各级政府、金融机构以及科技企业逐渐清晰对金融科技的认知。

2. 政策多元化程度不够

从整体上看,政策支持体系基本延续固有的框架,② 但是随着金融科技不断地朝纵深方向发展,在各种领域都不断创新,比如企业信贷服务贷前、贷后方向的突破,跨境支付的需求上升以及个人财富智能化管理的增长趋势等金融科技多元化发展领域的涌现,现有政策的多元化程度越来越不能满足金融科技的多元化发展需求,缺乏针对性,不能精准施策。

3. 政策设计不完备

金融科技是未来经济发展的创新驱动力,从中央到各地方政府都发布政策指导意见,大体构建了自上而下、自下而上相互呼应的引导和支持机制,但是制定的政策却并没有涵盖相关核心领域。比如,缺乏对于复合型人才培养计划的政策推动。金融科技的发展势头依旧保持迅猛,复合型人才的储备成为发展的关键条件之一。目前我国的复合型人才资源有待加强,领军人才和优秀团队不足,创新人才的支持和培养力度较弱,人才结构和整体素质各地区参差不齐。③ 虽然国家大力提倡要加强复合型人才的培养,但是对于复合型人才培养方面的支持和引导政策并不完备,只是注重人才的引进,忽略了金融科技复合

---

① 杨公齐. 科技金融发展需要更好地发挥政府作用[N]. 科技日报,2013-09-08(002).
② 朱佳. 佛山市金融科技产业融合发展政府作用研究[D]. 华南理工大学,2017.
③ 朱佳. 佛山市金融科技产业融合发展政府作用研究[D]. 华南理工大学,2017.

型人才培养,并不适应长远发展。

四、现有政府引导与支持政策缺憾产生的原因

通过上文的分析,不难发现我国现行的金融科技支持政策实行效果存在大打折扣的现象,我们需要在认清政策相关问题的同时,对存在缺陷的原因加以研究分析。

(一)政策制定主体繁杂且安排缺乏主旨

1. 金融科技政策安排缺失主旨规划

从前述政策问题的分析中可以看出:第一,在我国现行的金融科技支持政策中缺乏对于其整体发展方向加以描述的核心性战略规划,缺乏明确指出金融科技的核心目标、中心任务、政策形式限定等基础性条款,这是令现行政策之间协同性不足的主要原因之一;第二,部分涉及金融科技结合发展主旨内容的政策,没有相关的法律规章来确保其推行后作用效力,政策本身因缺少保障而后劲不足,难以为其余政策带来凝合力;第三,即使存在为数不多的支持政策,涉及总体目标的内容也仅仅是科技或者金融的某一方面,以两者的结合性发展为主题的政策少之又少。譬如,在前述的政策梳理中,可以看出有关金融科技战略规划类型的政策数量稀缺,在科技部提出的《国家"十二五"科学和技术发展规划》中也仅仅涉及了有关科技发展的目标规划,而不是金融科技相结合的发展主旨。正是如此,才致使现行政策之间的协同性不足。

2. 金融科技引导与支持政策的出台机构过多

如今我国机构分散、权力分散,许多政策命令由不同的部门独立发出。例如,国务院、财政部、科技部、中国人民银行等都可以作为政策的独立颁布机构。同时,各权力机构之间为了实现各自发展目标出台相关政策,相互之间沟通性低、政策内容牵连度不高、政策效用重叠度低。

因此,各个机构各自为政、政出多门也是我国目前现行的金融科技结合支持政策合作性低、协调性低的重要原因[1],这在一定程度上削弱了政策的高效性,降低了政策实施的综合效果,严重阻碍了金融科技的深度融合发展。

---

[1] 饶彩霞,唐五湘,周飞跃. 我国金融科技政策的分析与体系构建[J]. 科技管理研究,2013(20):31–35.

(二) 政策实行环境复杂且风险来源多

1. 金融科技发展环境风险来源多

金融科技深度融合发展是现在全球共同追求的潮流趋势，而金融科技融合发展的外部环境却存在着很多难以用政策有效估量的风险。例如，金融科技融合发展会因相关信息披露不及时而产生信息共享不对称的风险、金融科技的融合也会因为发展环境中一些公共服务力度不足而产生停滞的风险、金融科技融合的进程也会因一些大环境文化体系建设的落后而产生违约等精神风险。

正是因为金融科技融合发展的外部环境牵扯的因素过于繁杂，环境风险难以及时被侦测，进而给有关金融科技融合整体环境衡量的政策颁布带来不小的难度，也为与环境风险来源相关的平台的建设带来了阻碍，加大了全面立策防范的困难程度[1]。

2. 金融科技创新的非有效模式加大了环境复杂度

我国金融科技融合跨越式的发展速度，一定程度上来讲应该归功于金融科技企业不断创新。可目前我国金融科技创新存在着多种非有效模式，这在一定程度上增加了我国金融科技发展和政策推行环境的复杂性。

例如，金融科技创新中存在着"虚假创新"。"虚假创新"是指一类无创新实质的创新，难以创造出新的价值，是一种脱离了金融科技结合发展路径的创新。在金融科技领域，最为明显的"虚假创新"就是科技企业所谓的降低信用门槛的创新。直接明了来说，降低信用门槛在一定程度上就等同于扩大了自身的风险。例如，当今的一些贷款公司创新思路改变主攻的借贷目标群体，倾向于没有经济实力的学生群体。这种主体转换的创新忽略了一个事实：当信用的基石不牢固时，后期再好的风险防控技术也难以降低相关的风险，带来无谓的损失。这种创新经常忽视其本身带来的内源性风险等。

正是因为金融科技结合创新的进程中充斥着许多没有真实效用的创新形式，使得整体的创新环境复杂度不断提升，相关非有效模式也蒙蔽了很多权力机构的眼睛，造成了现行金融科技结合支持政策在创新方面涉猎不足的棘手问题，放缓了金融科技深度融合的整体发展进度。

---

[1] 冯毅, 唐航, 陈雪君. 地方政府促进金融科技发展政策问题研究[J]. 金融教学与研究, 2014 (5): 21–26.

(三) 政策执行性和针对性差

1. 政策参与度与执行度的不足致使政策执行性差

在金融科技支持政策推行的过程中,一方面,某些高新技术企业受限于自身的制度体系、成本预算、效益评估等多方面约束,使自身对于中央、政府等出台的政策参与度不高、主动性不足;另一方面,某些地方政府在落实中央政策的过程中相关的执行方式、配套措施存在不合理性[①]。而金融科技是一个由政府、科技企业、金融机构和中介服务平台等共同参与的多元化体系,当作为政策接受者的科技企业参与度不足、地方政府执行度不足时,相关支持政策的目标就难以完全实现,从而降低了金融科技政策的可行性。

2. 不同地区和企业阶段存在差异致使政策针对性差

首先,我国不同地区发展水平不同,东部地区和西部地区等地域之间发展差异较大,单一的政策无法统一衡量不同的地区。我国各个地区经济发展水平不同,一些发达地区和落后地区之间有着多方面的差异,如经济发达的地区经常会依靠自身的区位优势等因素,吸引科技企业和金融机构的关注与注资,推动本地区的金融科技发展并在全球金融科技中心指数(Global Fintech Hub Index,GFHI)等排名中取得靠前名次。而落后地区,如部分西部地区对金融科技创新的认识不足,再加上缺乏先天优势,其金融科技发展体系相对落后。因此,某一笼统性的政策难以对各个地区进行衡量,更难以在各个地区发挥效用。应将政策进行区域性细化,以此来保障我国金融科技的高速发展。其次,金融科技企业的成长周期将经历创业期、成长期、成熟期和衰退期,企业在不同的发展阶段蕴含着不同的特征和规律(见表10-4),需要不同类型的政策加以支持。

表10-4 科技金融企业各阶段特征及政策需求

企业阶段	阶段性特征	阶段性政策需求
创业期	①企业综合实力较差;②企业面临的风险系数高——主要来自技术风险;③阶段内竞争者少,投资需求大	①科技金融创新政策:扶持技术创新,以促进技术成果转化;②科技金融投入政策:通过加大科技金融扶持力度,为企业打开市场,提高企业成活率

---

① 杨志刚,郭丽. 金融科技创新在中国的发展及政策建议[J]. 经济视角,2013(8):87-89.

续表

企业阶段	阶段性特征	阶段性政策需求
成长期	①企业实力得到迅速提升；②企业面临的风险系数较高——主要来自市场风险；③参与者增加，投资需求适中	①科技金融创新政策：加强知识产权能力建设，掌握核心关键技术以取得竞争优势；②科技金融贷款政策：为企业提供贷款贴息、信贷风险补偿，以解决企业融资难问题
成熟期	①企业综合发展达到最佳水平：技术成熟、市场稳定，日常经营收入能形成稳定资金流；②面临风险系数较低——主要有技术落后风险；③阶段参与者最多，投资需求减少	①科技金融市场政策：通过培育多层次市场来支持资本市场融资；②科技金融环境政策：营造创新、平等、开放的市场和文化环境，促进企业升级
衰退期	①企业风控、获益等各方面能力下降；②面临风险系数低——主要是发展停滞风险；③阶段内有竞争者退出，投资需求最少	①科技金融环境政策：营造宽容的失败环境；②科技金融市场政策：鼓励企业重组或兼并

众所周知，当某一政策针对性不足时，其执行效率会降低，难以取得良好的实行效果。正因如此，有关金融科技结合的支持政策才需要不断进行阶段性细化，这样才能使政策与金融科技企业每个阶段相适应，并以此来保持金融科技企业良好的发展态势。

五、政府引导与支持机制构建的框架设计

（一）政府引导与支持政策改进的总方向

金融科技支持政策在未来的改进中应首先树立金融科技的主旨目标，重点着手于逐步构建清晰的政策脉络。

政府相关部门应与"一行一委两会"监管机构等共同出台一个有关金融科技结合宗旨的基础性政策文件，如"金融科技战略规划"，并在总规划中为相关的金融科技政策设立一个清晰合适的目标，如"金融科技要致力于打造高新技术创新与经济发展之间的通道"的政策性大目标[1]，以此来解决协同性低的政策性问题。

---

[1] 邹之光. 我国金融科技监管及政策建议[J]. 合作经济与科技, 2018(2): 88-89.

同时，今后的金融科技政策改进还应以总规划为基础逐渐建立一个协调完善的政策体系。完善的金融科技政策体系（见图 10-2）应该以金融科技核心目标等综合性文件为起点，不断地进行拓展和演变，其具体内容应该包括金融科技担保政策、金融科技监管政策、金融科技资金投入政策、信息披露政策等。清晰的金融科技政策脉络可以不断引导我国的金融科技向着透明、高效的方向发展，同样，可以让相关的支持政策更好地服务于金融科技结合的整体进程。

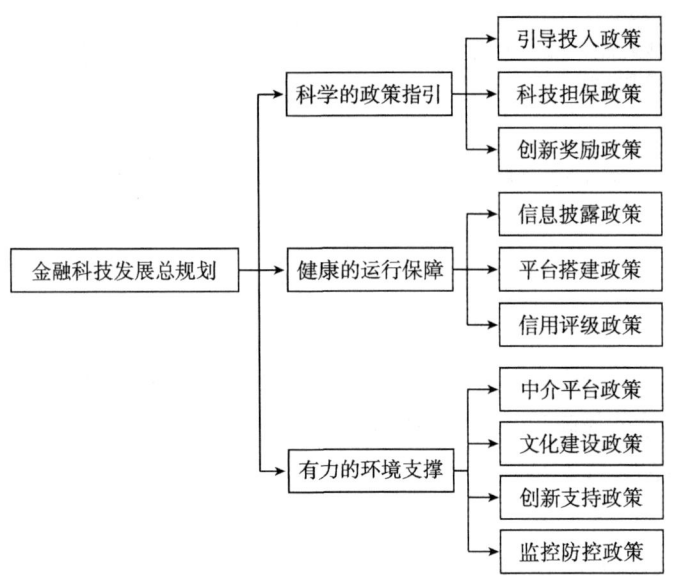

图 10-2　金融科技引导与支持政策体系

（二）政府引导与支持机制的构建

要综合协调各体制机制，消除科技和金融之间融合的障碍。要从国家层面强调发展金融科技的重要性，以此调动政府相应部门的创造性和积极性，促进政府各部门通力合作，能够更高效地施行政府对金融科技发展的引导和支持机制。首先，要强化机制的前瞻性、主动性、针对性，逐步完善金融科技政策的服务体系，健全财政支持体系，完善财政专项投资的资金管理体系，创新财政资金使用体系和财政投资评审体系，充分发挥财政资金杠杆和引导作用，推动金融科技企业的发展；其次，要健全金融支持体系，加强引导金融科技企业的集聚，参考国际上对综合金融改革的成功经验，根据各地区的产业基础选取适合的科技与金融互动模式,以此促进科技的创新和金融产业的集聚。具体来说,需构建以下子机制。

1. 完善金融科技创新机制

无论是金融科技企业还是传统金融机构的金融科技模式,都离不开创新这个"生存养分",其给企业的金融科技发展带来了源源不断的活力。与金融科技制度创新相关的政策应从两方面入手:首先,应不断推进金融机构的制度创新。例如,在科技担保方面,金融机构应不断对两者之间的合作模式进行创新,以信用担保、资金担保等担保形式建立高效的金融科技担保体系,同时还应不断创新金融工具、开发多类型金融衍生品,以确保自身和科技企业之间相关担保业务能够更好地开展。其次,应不断坚持科技企业的成果创新,例如,推进科研成果转化、科技产品的产业化。在增强科技企业自身实力的同时吸引金融投资者注资,加强其与金融机构间的联系,推动金融科技结合发展。

2. 完善金融科技发展的环境优化机制

金融科技发展的生态环境影响着其运行效率和发展水平,是金融科技正常、高速发展的基本保障。金融科技的发展离不开政府的支持和引导,中国在这方面也不断出台政策和指导意见,有大方向的战略部署,也有根据金融科技发展需求制定的指导政策,比如财政科技投入类,科技信贷、风险投资类,以及科技资本市场类等,用于优化金融科技发展的政策环境。但总体而言,我国对于优化金融科技发展环境的相关政策法规还有待进一步加强,政策效果也需要进一步提升,机制的系统性、高效性、完备性还有待完善。

3. 完善金融科技中心和金融科技园区平台建设机制

我国出台的有关金融科技结合的政策缺乏对于金融科技平台建设内容的涵盖,使得我国的金融科技中介服务平台缺失,中介平台多元化建设与中介服务体系还不完善,令我国的科技企业和金融机构之间难以有效迅速地实现对接。

举两个例子来加以说明。第一,当信息共享平台缺失时,会使我国的科技企业和金融机构的合作由于信息的不对称而无法深入精准沟通,进而使两者的合作发展进程进入窘境[1];第二,信用评估平台的建设也具有深刻的意义,良好的信用体系可以有效地降低在金融科技结合过程中双方参与者的风险承受

---

[1] 董涛. 加快我国金融科技发展的建议与思考[J]. 科技信息, 2013(5):426.

度，依靠信用平台专业的信用评级和贷款担保"门槛"的设置来建立一个公平、公正、诚信的金融科技发展环境，更好地为金融科技结合发展保驾护航。因此，我国未来的金融科技支持政策的新方向应是不断地推进平台建设，促进多层次的金融科技服务体系的完善。

4. 完善法律制度管理机制

金融科技的健康、稳定发展，需要行业、社会和政府共同努力去维护。而政府制定相关法律法规的管理制度，可以有效地约束金融科技在可控范围内进行技术创新和突破。所以要完善法律制定管理机制，强化相应的法律法规，规范金融科技建设，构建高效、完整的保障体系。另外，完善法律体系要随着金融科技的多元化产业发展逐步落实，制定金融科技各种产业的行业标准，要细化、精确到产业的各个领域。从主体的基本原则到各方向上的产业要求和制度都要一一落实，层层落地。

5. 建立投资引导机制

对于企业的投融资，依靠金融科技的信息技术虽然拓宽了融资渠道，提高了融资效率，但还是无法满足众多中小微型企业的融资需求。因此要通过政府的引导和支持，以财政预算为基础对各种商业金融资本提供相应的优惠政策，比如对风险投资机构、商业银行、保险公司等金融机构进行业务亏损的政策补偿、风险补偿、财政补贴等。通过一系列举措向资本市场和金融机构发出信号，提升它们对中小微型企业投资的信心，降低风险，吸引更多的资本参与。通过与金融科技的前沿技术相结合，最大限度满足企业的融资需求。

6. 建立组织管理和协调机制

金融科技的多元化发展的基本特征和优势是跨区域、跨行业，与各个行业相融合，使行业的发展更加智能化和数字化，但这也是金融科技产业难以管理的原因。因此需要政府主导构建金融科技的统一管理和协调机制，节约社会资源，提升管理效率。这就要明确各级政府对于金融科技相关产业的管理职能，各部门分工明确，全面覆盖，同时也要加大对金融科技企业集中整合的力度，集中资源来提升管理效率，发挥政府和市场的共同作用，鼓励金融科技发展的不断创新。

7. 完善复合型人才培养长效机制

在金融科技产业融合发展的机制设计中，关键是要培养金融科技复合型人才。金融领域的不断对外开放，各种跨国业务的开展，越来越需要国际型高科技专业人才。其中，兼备金融专业知识、掌握金融科技和风险管理等知识和技能的复合型人才更是急需。金融科技复合型人才的培养是一个系统工程。首先，需要在新文科大背景下，通过高等院校和科研院所掌握基本理论知识、提升基本理论素养；其次，需要地方金融机构或监管当局结合金融科技发展实际建立人才培训及选拔机制，以期培养理论与实践结合的人才。例如，在深圳市金融监管局、香港及澳门金管局的共同推动下，"深港澳金融科技师"专才计划于2019年正式启动并举办考试，为深港澳湾区国际科技创新发展注入了强大的人才支持与动力。金融科技重构下的金融基础设施建设需要以专业的高科技人才为依托，人才已经成为影响中国金融科技和金融基础设施发展的重要因素。在各项金融业务中，应建立人才分析数据库，利用大数据、人工智能等分析人才队伍并对其进行客观的评价和任务分配。完善评价机制以对人才进行管理，利用互联网的优势挖掘并培育专业化人才，增强科技人员的创新和专业化水平。在开放的环境中，更应以各种方式激励人才，提升其获得感，充分体现其个人价值，增进归属感。个人也应该适应时代大方向，充实自身的知识，并提高技能，以应对多元化人才市场的竞争。无论如何，加强人才队伍建设都是中国金融基础设施发展的重要支撑。

第二节　金融科技的监管机制

1993年，IBM实验室大变动，从中分出的一部分科学家到华尔街成立的对冲基金文艺复兴技术公司工作，在1987—2007年的20年间的平均投资回报率为每年37%。在2008年金融危机全球股市暴跌时，它的回报率高达80%。由此可见，金融与科技相结合可以抵御金融风暴的袭击，降低金融风险，甚至可以利用风险对冲来获得高额盈利。但与此同时，金融科技因其显著的运行特征及发展自身也嵌入了风险，在发展金融科技的过程中要采取严格的防范与化解措施。李克强总理在2020年《政府工作报告》中指出继续做好"六稳"工作，"稳金融"是保证经济健康发展的重要一环。金融科技具有跨界、脱媒、智能化等特点，对现有的金融监管体系提出了极大的挑战，迫切需要建立金融科技监管的长效机制。

一、金融科技风险的新特征

金融科技是金融和科技的深度融合，它能够显著提升金融效率，更好地实现普惠金融和促进经济增长。[①] 同时，作为一种破坏式创新，除了操作风险、市场风险等传统金融业面临的常规风险以外，金融科技还面临着一些新型风险，有着更鲜明的风险特征。

1. 扩散性与连锁性更强

传统金融体系下，信用在以商业银行为主体的中介机构中传递，风险也在可控的范围内形成，扩散性和连锁性不强。但在以大数据、人工智能等科技手段为底层基础的金融业，各参与主体之间的界限逐渐模糊。如金融创新模式"区块链＋供应链金融"，当链上的某个环节产生了风险，就有可能引发整个系统的连锁风险。大数据将经济社会的各个领域相连，金融领域的风险会扩散到其他领域。数据将是金融科技发展的制高点，而数据的传输在新兴科技手段的助推下会摆脱时间、空间的限制，快速在包括金融领域的整个经济社会传播，易形成系统性风险。金融科技的深度融合带来金融业态、金融模式的颠覆性变革的同时，也会使风险在不同市场上迅速扩散，金融风险会在范围、幅度、深度上加剧传播，影响整个金融系统的稳定。金融市场参与者有相同的行为，强化了市场共振和"羊群效应"，放大了市场波动性，增加了系统风险。操作风险大大增加，小的技术问题可能导致极其严重的损失。

2. 隐蔽得更深

金融科技具有创新度高、技术性强、传播速度快等特点，但在追求技术突破的同时，缺乏对金融科技产品的审查和实验，过于追求技术，而忽略了金融的本质，这类金融产品在应用时蕴含了巨大的风险，而且还不能简单快速地被我们所辨识。这种风险的潜伏期长且不固定，还有可能因为各种因素越来越严重，但是并不能被我们所发现，在完全爆发时想要快速化解是不现实的。比如农药对农作物有利，但对自然环境会造成威胁，但威胁多大，具体怎么样，我们不能够确定到具体的数值。从这就能够看出科技风险的隐蔽性有多强，是人类技术还不能够完全解释的。金融科技领域亦是如此，并且隐蔽性更强。

---

① 卜亚. 金融科技新生态构建研究[J]. 西南金融, 2019(11):51–59.

3. 监管难度更大

传统金融的监管主要是以实体金融机构为落脚点，其监管过程比较单一。而金融科技领域则主要依托大数据、人工智能等新兴技术，传播速度快、传播广泛、隐秘性强等特点显而易见。传统金融监管体系对金融科技领域的监管效果受到影响，由此形成金融科技监管的真空地带，其监管难度远远大于传统金融的监管难度。监管难度主要从两方面来考虑：一是对金融科技监管的能力有所考验。由于近几年金融科技发展迅速，对于金融科技专业人才的需求增加，而需求则远大于供给，监管人员势必会有一段时间的紧缺，这就需要发掘和培养金融科技监管人才。二是在传统金融的监管体系下，监管流程和内容已经趋于完善和成熟，但原有的监管技术和监管体系无法满足金融科技的监管需求，就要顺应金融科技的特点进行改变。

二、金融科技风险产生的原因

金融科技的发展目前还处于起步阶段，但是其传播的快速性、广泛性以及隐蔽性等特点产生了许多金融科技新型风险，如利用金融科技恶意骗取贷款、洗钱、信用卡套取现金等，会影响金融的稳定与安全。技术进步导致了金融产品和金融市场的复杂性，也增加了金融风险。金融创新加剧了风险的扩散，也加快了传导速度。风险产生的原因在于不对称性以及金融科技自身的脆弱性。

（一）不对称性

1. 金融数据规模与质量的不对称

在大数据时代，不同主体对金融数据掌握的程度不同。根据腾讯的微信以及 QQ 活跃账户的统计来看，截至 2019 年，其活跃数量分别为 10.88 亿个和 9.85 亿个，每天产生的数据规模超过 200BT，而阿里巴巴旗下的云平台的数据规模则是腾讯的几倍。类似阿里和腾讯这类超大型公司的数据规模远比国家部委以及大型金融公司的数据规模要大，所以阿里巴巴和腾讯旗下的大数据可以支撑旗下的金融科技板块业务，而传统金融企业掌握的数据则远远少于这两家企业。阿里和腾讯无疑能提供更加精准和多元化的金融科技产品给更多层次的用户。

金融数据规模与质量的不对称则会在各个环节产生风险。例如，数据搜集能力较差的传统金融企业以及小规模金融科技企业对客户数据搜集的不对称，会导致其产品受众群体较小、产品种类缺乏等一系列风险问题。

2. 金融科技行业与参与者的信息不对称

市场参与者在进行交易时需要获得多方位更详细的信息，然而在金融科技时代，传统的信息披露要求很难消除信息不对称。一是因为市场主体常常会选择披露对自己有利的信息，隐藏对自己不利的信息，而将风险转移给交易对手，从而产生道德风险；二是那些高收益背后隐藏的高风险往往会被资质比较低的市场参与者忽视，进行超过其风险承担范围的金融交易，容易产生逆向选择风险，一旦经济形势下滑时，则会发生"跑路""关门"等现象；三是金融科技的网络化及数字化特征可能会强化金融风险的负外部性，一旦风险状况出现时，市场参与的各方不能准确评估交易对手的风险状况，就容易在最坏的假设情况下进行风险处理，从而导致一系列不利的连锁反应。

（二）脆弱性

金融科技在发展起初具有一定的脆弱性，即过度关注科技本身的发展，而忽略了非科技因素。

1. 金融科技发展与法律法规不匹配

目前我国的法律法规难以跟上金融科技快速发展的节奏，当有新的金融科技型创新产品出现时，原有的传统金融模式下的法律法规就难以约束金融科技的一些不良行为。以 P2P 的监管过程以及相关法律文件的颁布为例，近年来，由于中美贸易摩擦以及股市的低迷状态，大家的投资渠道有所减少，而 P2P 因为投资收益高、门槛低、投资期限灵活等优点而快速发展，但是其监管措施却不尽如人意：从 2014 年开始，银监会提出"P2P 五条监管导向""P2P 四条红线""P2P 六大发展原则"等监管原则，这些规定的法律效力远低于《中华人民共和国商业银行法》等基本法律，其还款能力的审核以及抵押状态的监控都形同虚设，从而发生许多 P2P 平台"跑路""关门"等现象。

2. 金融科技平台自身管理的问题

虽然通过金融科技平台能够在虚拟网络中进行交易、支付和投资等金融活动，提高了资源配置效率，但是由于平台自我约束机制不完善，平台监管机制不健全，金融科技平台内部可能就会出现信用信息的恶意泄露等问题，放大了金融风险。例如，Capital one（美国第一资本金融公司）在 2018 年由于在设置云安全的过程中管理不当，导致近 50GB 的金融信息泄露，美国 Sun Trust 银行一位员工通过与第三方的网络公司合作，泄露超过150万客户的数据。如果对金融科技平台的内部管理进行完善，就能够有效杜绝类似信息泄露的情况。

3. 金融科技风险专业人才紧缺

传统金融模式下的传统金融人才已经趋于饱和，金融科技复合型人才紧缺，尤其缺少金融科技的日常维护、内部控制以及合规分析方面的人才，此外，软件研发工程师、云平台构架师、Java架构师、高级产品经理等岗位人才仍是传统金融机构在进行金融科技布局时所急需的，这些人才的缺乏会降低金融科技持续发展的韧劲。

三、监管机制的构建设计

金融科技监管机制的构建需要有一定的时间和过程，要遵循分步走、部门之间相互协调、多种技术相互融合的原则。从部门来看，需要使国家层面、金融机构层面和行业层面互相协调。从技术层面来看，需要将大数据、人工智能、移动互联网、云计算、区块链等相互融合，而非相互独立。

（一）构建的原则与重点

1. 国家层面

从国家层面来看，需要做到宏观层面的监管机制构建。例如，制定与金融科技安全相关的政策，创造一个安全的金融科技环境，加强对金融科技基础设施的建设，从而减少或是杜绝金融科技风险的发生。党的十九大提出，要重点抓好决胜全面建成小康社会的防范化解重大风险、精准脱贫、污染防治三大攻坚战，这其中就将防范化解重大风险放在首位。对此，在2017年中央经济工作会议中就已经明确指出要做到"服务金融，防范风险"，并且邀请了蚂蚁金服、上海大智慧等金融科技企业进行探讨和研究。2020年《政府工作报告》中指出要继续"稳金融"。从国家金融体系数据安全和金融主权安全着眼，我们必须掌握主动，从技术上提出规范标准和架构设计，更好地维护国家金融安全。事实上，近年来已有一批金融科技领域的基础设施落户，例如专门从事法定数字货币技术应用研究的央行数字货币研究所。在国际开放的环境背景下，监管当局需要进一步大力推动诸如支付清算、业务运行指导窗口、金融科技运行平台项目融资平台、征信与信用基础设施等基地平台的建设，以适应金融科技多样化的需求，助力金融基础设施的国际化布局。①

2. 金融机构及行业层面

从金融机构层面要着重于建立合规的内部控制政策来防范金融科技风险，并且与政府金融监管者互相协调，共同建立金融科技监管的有效机制。金融科技行业发展与金融制度不相适应也是产生金融风险的重要缘由之一，因此必须解决阻碍金融科技健康发展的体制机制问题，为实现金融的高质量发展扫清制度障碍。从监管体制方面来说，在现有以宏观审慎管理为主导，"一委一行两会"监管的基础上，进一步明确和细化各金融科技监管部门的职责和定位，积极推进组织方式、管理模式、治理结构的调整优化，突破监管部门间的壁垒和利益固化的藩篱，重新梳理权责义务，提高跨部门、跨区域的协同监管能力。行业内部也需要建立监管委员会，对最基层的金融机构进行自主风险化解和防范。

（二）机制构建的框架设计

1. 完善金融科技信用体系及举报机制

为防范金融科技信用风险，首要的任务是完善中国金融科技信用体系，加强金融科技类企业信用保障，确保信用信息公开透明，提高投资者融资信心，这是基本的制度保障。由于金融科技风险具有传播速度快、隐蔽性强等特点，应加速区块链和物联网的融合，利用区块链的可信特征与物联网的可追溯性建立信用机制，提升可信水平，防范金融科技信用风险的发生。还要从国家、行业以及客户三方面及时发现和解决企业应用金融科技的风险。例如，加快建设数字技术监管举报平台，提升监管举报的专业性、及时性和统一性。运用金融科技的特点，从技术层面建立金融科技信用体系和举报体系，从而加快信用风险的发现速度和处理速度。

2. 建立防范安全风险的技术创新及基础设施建设机制

为了防止网络金融数据安全风险，可以运用技术手段降低数据丢失或被盗取、篡改的概率，降低金融科技机构发布虚假信息的概率。

大数据的作用主要是搜集数据，它是防范金融科技风险的基石，可以提升

---

① 叶蜀君,李展.金融科技背景下商业银行面临的风险及应对策略[J].山东社会科学,2021(3)：104-111.

金融风险管理的覆盖度。大数据与金融领域联系紧密,在众多的金融机构中得到了广泛的应用,形成"5V"特征,数据量级巨大。大数据能以常见的形式把个人、企业的各种金融活动储存起来并进行分类,大范围地监控交易行为的发生。传统的金融风险管理所能够依据的数据有限,不能有限地防控风险。而大数据可以提供全方位、多领域的信息和相关交易数据,运用支持向量机(SVM)、回归分析等方法进行分析,覆盖面广、时效性强。

人工智能则主要对搜集的数据进行分类、计算和处理,它可以提升金融风险管理的准确性。人工智能与机器学习和深度学习结合,可以准确有效地防范风险。人工智能以智能化的方式监控金融交易的同时,亦能预测风险的发生及其后果,给客户提供不同的可以选择的策略。由此,在金融产品交易的过程中,价格能够合理地反映价值,有效降低风险和减少过度投机现象的发生,促进金融稳定。人工智能替代人类不断重复的简单劳动,能为交易主体提供个性化的金融服务。

将区块链、大数据、人工智能、云计算广泛并深入地应用于金融基础设施,可推动支付清算业态的升级,优化证券交易所的业务结构和贸易金融基础设施,完善对金融基础设施的监管和服务体系,改革金融基础设施的供给结构,共同推动金融领域的进步与发展。

3. 建立金融知识普及机制

加强对普通投资者的金融基础知识教育,尤其要加强低收入投资者等普惠金融服务对象的金融基础知识教育。金融交易的门槛在下降,这对于客户是利好的,但非专业金融人士在总投资者中的比例很高,并非所有人都能承担投资交易所带来的风险,此时对于金融知识的普及就显得尤为重要。近期的中行原油宝事件引起了社会的强烈反响,其中就有许多客户不知何谓期货,这充分反映出客户群体的金融知识匮乏。为了防范金融科技操作风险,政府及有关金融科技机构应当建立普及金融知识的有效机制,政府和各类机构可以向公众推广融资知识或通过金融科技网络平台对群众进行教育,以提高投资者的保护意识和水平。

4. 建立金融科技人才培养长效机制

当前,虽然传统金融下的人才队伍建设已经取得长足进步,但是随着金融科技的发展,传统金融人才已经趋向于饱和,在新兴金融科技企业以及传统金

> 金融科技结合的路径创新

融企业拓展金融科技市场的大环境下,对于人才的培养就显得尤为重要。所以,要建设培养金融科技人才的有效机制。可以以高校和科研院所为依托,在开办传统金融课程的同时,对金融以及信息技术专业的课程进行交叉,提高金融科技的研究水平,着重培养金融科技复合型人才。金融企业也要做好对传统金融人才的金融科技培训,把传统金融人才培养提升为行业所需要的金融科技类人才。

参考文献

一、参考的相关著作

[1]陈辉．金融科技框架与实践[M]．北京:中国经济出版社,2018.

[2]黄益平,王海明,等．互联网金融12讲[M]．北京:中国人民大学出版社,2016.

[3]连平,周昆平．科技金融——驱动国家创新的力量[M]．北京:中信出版集团,2017.

[4]吴军．全球科技通史[M]．北京:中信出版集团,2019.

[5]徐忠,孙国峰,等．金融科技:发展趋势与监管[M]．北京:中国金融出版社,2017.

[6]杨涛,贲圣林．中国金融科技运行报告(2018)[M]．北京:社会科学文献出版社,2018.

[7]姚遂．中国金融史[M]．北京:高等教育出版社,2007.

[8]零壹财经·零壹智库．金融基石:全球征信行业前沿[M]．北京:电子工业出版社,2018.

[9]余丰慧．金融科技[M]．杭州:浙江大学出版社,2018.

[10]于斌,陈晓华．金融科技概论[M]．北京:人民邮电出版社,2017.

[11]周伟,等．金融科技[M]．北京:中信出版集团,2017.

[12]朱活．古币新探[M]．济南:齐鲁出版社,1984.

[13][美]保罗·维格纳,迈克尔·凯西．区块链:赋能万物的事实机器[M]．凯尔,译．北京:中信出版集团,2018.

[14][意]伯纳多·尼克莱蒂．金融科技的未来:金融服务与技术的融合[M]．程华,译．北京:人民邮电出版社,2018.

[15][英]克里斯·斯金纳．金融科技时代的来临[M]．杨巍,张之材,黄亚丽,译．北京:中信出版集团,2016.

[16][美]菲尔·尚帕涅．区块链启示录[M]．陈斌,胡繁,译．北京:机械

工业出版社,2018.

[17][美]小杰伊·D.威尔逊. 金融科技[M]. 王勇,段炼,等,译. 北京:人民邮电出版社,2018.

[18][美]扬尼斯·阿齐兹迪斯,等. 金融科技和信用的未来[M]. 孟波,等,译. 北京:机械工业出版社,2017.

二、参考的相关中文期刊

[1]安强身,胡金焱,姜占英. 民间金融互联网化:现实观照与理论思考[J]. 经济学家,2017(10):86-95.

[2]保建云. 大数据金融生态系统、社会超群博弈与中国大数据金融战略[J]. 江苏行政学院学报,2016(4):42-49.

[3]蔡达. 我国金融基础设施建设的现状、问题和对策研究[J]. 现代管理科学,2019(1):45-47.

[4]柴瑞娟. 监管沙箱的域外经验及其启示[J]. 法学,2017(8):27-40.

[5]程炼. 金融科技时代金融基础设施的发展与统筹监管[J]. 银行家,2019(12):32-34.

[6]程军. 监管科技的应用与发展[J]. 金融电子化,2017(7):14-17.

[7]陈金明. 科技革命对金融业发展的影响——兼论我国利用科技创新推动金融创新问题[J]. 自然辩证法通讯,2005(6):99-100+107.

[8]陈游. 英国监管沙盒制度对我国金融科技监管的启示[J]. 中国内部审计,2019(5):89-93.

[9]陈涤非. 金融与科技:在互动中共同发展[J]. 现代经济探讨,2002(6):45-47.

[10]陈涛. 金融基础设施的分类与内涵[J]. 金融博览,2019(21):8-11.

[11]陈凯利,陈凯志. 区块链的技术特点及在证券交易所中的应用[J]. 时代金融,2019(27):51+69.

[12]陈华,杨聪. 金融科技风险及其防范化解对策[J]. 中国财政,2019(6):76-78.

[13]陈彦达,王玉凤,张强. 我国金融科技监管挑战及应对[J]. 金融理论与实践,2020(1):1003-4625.

[14]狄刚.密码技术在区块链领域的应用观察与思考[J].银行家,2018(8):130-134.

[15]邓建鹏,李雪宁.英国监管沙盒[J].私法,2018,29(1):338-357.

[16]丁志勇.大数据与金融监管[J].中国金融,2016(20):60-61.

[17]丁雪艳.区块链技术在跨境支付清算中的应用[J].财会通讯,2020(6):113-117.

[18]丁华明.金融科技助推支付清算行业升级[J].中国金融,2018(16):59-61.

[19]道格拉斯·阿纳,亚诺什·巴伯斯,罗斯·伯克利,陈冲,郎玥.金融科技、监管科技及对金融监管的重新定义[J].国际金融,2018(8):61-67.

[20]杜青雨.我国金融科技监管体系构建策略研究[J].技术经济与管理研究,2020(1):84-88.

[21]杜宁.人工智能在金融领域的应用、趋势与挑战[J].人工智能,2018(5):84-92.

[22]段新,戴胜利,廖凯诚.区域科技创新、经济发展与生态环境的协调发展研究——基于省级面板数据的实证分析[J].科技管理研究,2020(1):89-100.

[23]范明珠.我国金融科技立法目的模式探析[J].海南金融,2019(2):1003-9031.

[24]冯毅,唐航,陈雪君.地方政府促进科技金融发展政策问题研究[J].金融教学与研究,2014(5):22-27.

[25]冯泽华,黄政宗.金融科技的哲学追问——现象学棱镜下金融科技的主体性问题及其批判[J].南方金融,2019(5):3-12.

[26]方意,王羚睿,王炜,王晏如.金融科技领域的系统性风险:内生风险视角[J].中央财经大学学报,2020(2):1000-1549.

[27]方申国,谢楠.国内外大数据产业发展现状与趋势研究[J].信息化建设,2017(6):30-33.

[28]费方域.金融科技发展中的政府作用——来自英国的经验[J].新金融,2018(12):8-11.

[29]高建昆,程恩富.建设现代化经济体系,实现高质量发展[J].学术研究,2018(12):79-88.

[30]高培勇,杜创,刘霞辉,等. 高质量发展背景下的现代化经济体系建设:一个逻辑框架[J]. 经济研究,2019(4):6-19.

[31]谷政,石岿然. 金融科技助力防控金融风险研究[J]. 审计与经济研究,2020,35(1):16-17+11.

[32]郭大勇. 关于金融供给侧结构性改革的几点思考[J]. 金融纵横,2019(12):9-13.

[33]郭威,毛群. 金融科技与小微企业风险管理[J]. 中国金融,2019(23):578-1485.

[34]韩俊华,周全,王宏昌. 大数据时代科技与金融融合风险及区块链技术监管[J]. 科学管理研究,2019,37(1):90-93.

[35]贺小曼. 金融科技风险及其防范化解对策研究[J]. 商场现代化,2019(11):99-100.

[36]何敏峰,谈樱佳. 物联网技术在银行业的运用调查及发展建议——以无锡市为例[J]. 金融纵横,2017(7):30-34.

[37]胡滨,杨楷. 监管沙盒的应用与启示[J]. 中国金融,2017(1):68-69.

[38]胡滨. 抗击新冠肺炎疫情中的金融供给侧结构性改革[N]. 金融时报,2020-02-24(9).

[39]胡蝶. 人工智能在金融领域的应用研究[J]. 金融纵横,2018(9):45-49.

[40]黄益平. 理解金融供给侧结构性改革[J]. 政治经济学评论,2020,11(1):149-162.

[41]金碚. 关于"高质量发展"的经济学研究[J]. 中国工业经济,2018(4):5-18.

[42]姜宝泉,刘威岩. 金融基础设施建设的着力点[J]. 中国金融,2011(8):89-90.

[43]李稻葵,刘淳,庞家任. 金融基础设施对经济发展的推动作用研究——以我国征信系统为例[J]. 金融研究,2016(2):180-188.

[44]李明. 浅谈金融科技在信托业务中的应用场景及风险防范[J]. 时代金融,2018(36):49.

[45]李杨,程斌琪. 金融科技发展驱动中国经济增长:度量与作用机制[J]. 广东社会科学,2018(3):44-52.

[46]李煜.网络经济视角下的传统金融机构互联网转型探索[J].企业经济,2017(11):161-165.

[47]李伟.金融科技发展与监管[J].中国金融,2017(10):14-16.

[48]李娜.金融科技促进实体经济发展的内在机理与路径研究[J].中州学刊,2018(10):51-55.

[49]李忠东.美国的社会信用立法体系[J].检察风云,2017(5):16-17.

[50]李文军.计算机云计算及其实现技术分析[J].军民两用技术与产品,2018(22):57-58.

[51]刘芳.对我国金融信息化的一些思考[J].中央财经大学学报,2003(3):30-33.

[52]刘晓星.金融发展与金融科技的初心和本源[J].探索与争鸣,2017(12):39-42.

[53]刘嘉伟.金融科技重构信贷风控体系[J].中国金融,2018(11):76-77.

[54]刘爽.我国债券市场基础设施效率问题探讨[J].金融发展研究,2020(1):69-73.

[55]罗晓慧.浅谈云计算的发展[J].电子世界,2019(8):104.

[56]栾毓栋.区块链技术在金融领域应用的研究[J].电子测试,2019(Z1):138-140.

[57]吕随启.资本市场双向开放与跨境监管[J].中国金融,2019(11):52-54.

[58]陆岷峰.商业银行公司治理如何钳进金融科技[J].金融经济,2019(1):32-33.

[59]陆岷峰.金融科技在供应链金融风险管理中的运用研究[J].湖北经济学院学报,2020,18(1):67-73.

[60]马卫民,张冉冉.金融科技创新助力科技型中小企业融资——基于企业生命周期视角的分析[J].科技管理研究,2019(22):114-121.

[61]倪庆东.加快金融基础设施建设的四个着力点[J].人民论坛,2019(15):64-65.

[62]皮天雷,刘垚森,吴鸿燕.金融科技:内涵、逻辑与风险监管[J].财经科学,2018(9):16-25.

[63]钱立宾.金融大数据监管存在的问题与建议[J].黑龙江金融,2019,480(2):41-43.

[64]钱声勇.以区块链重构贸易金融基础设施[J].中国外汇,2018(Z1):80-81.

[65]任德.美国科技创新的基本特征[J].全球科技经济瞭望,2006(11):15-21.

[66]商瑾.区块链在金融基础设施的最新应用[J].金融市场研究,2018,75(8):90-93.

[67]山成英.金融科技发展的国际经验与借鉴[J].青海金融,2018(10):23-27.

[68]石光.金融科技"双刃剑"[J].中国金融,2019(11):74-76.

[69]沈代彪.金融科技赋能商业银行风险管理转型[J].时代金融,2018(33):72.

[70]粟勤,魏星.金融科技的金融包容效应与创新驱动路径[J].理论探索,2017(5):91-97+103.

[71]孙国锋.发展监管科技构筑金融新生态[J].清华金融评论,2018(3):16-19.

[72]孙静,许涛,俞乔.基于金融功能的金融结构促进技术创新之作用机制研究[J].山东社会科学,2019(3):111-115.

[73]孙树强,张新宜.浅谈统筹金融基础设施监管[J].银行家,2019(12):35-37.

[74]孙玥璠,辛雪雯,张成成.基于区块链技术的数字票据应用[J].财务与会计,2018(1):54-56.

[75]孙立行.区块链技术的主要特征及其应用场景——兼论如何进一步提升上海国际金融中心功能[J].中国发展,2018,18(4):38-42.

[76]宋湘燕,姚艳.美国金融科技监管框架[J].中国金融,2017(18):24-25.

[77]田敏求,夏鲁宁,张众,吕春梅.我国密码行业标准综述(上)[J].信息技术与标准化,2019(3):43-48.

[78]陶正宇,李才峰,曹正阳.英国央行金融科技加速器项目对我国的启示[J].黑河学刊,2018(1):122-123.

[79]唐潇潇,李蕊. 互联网投融资平台的规制逻辑[J]. 湖湘论坛,2019(1):87-95.

[80]王馨. 互联网金融助解"长尾"小微企业融资难问题研究[J]. 金融研究,2015(9):128-139.

[81]王文汇,何德旭. 现代金融基础设施体系建设的着力点[J]. 中国经济报告,2019(6):118-125.

[82]王均山. 金融科技生态系统的研究——基于内部运行机理及外部监管机制视角[J]. 上海金融,2019(5):83-87.

[83]王波. 依法强化金融基础设施建设[J]. 人民法治,2019(13):22-25.

[84]王去非. 金融科技发展中的若干关系问题探析[J]. 金融与经济,2019(5):4-8.

[85]王学龙,刘玚,李万辛. 中国金融供给侧改革的新动能支持——基于金融科技视角[J]. 华北金融,2019(1):9-14.

[86]王立国,赵婉妤. 产能过剩对信贷资源配置效率的影响——基于金融供给侧结构性改革的背景[J]. 改革,2019(12):133-145.

[87]王辰伟. 浅谈金融科技[J]. 科技与创新,2019(2):2095-6835.

[88]王同涛,蒋德明,向远博. 美国大数据发展及应用现状研究[J]. 全球科技经济瞭望,2018,33(6):71-76.

[89]王颖. 监管科技背景下的地方金融监管[J]. 北方经贸,2019(6):111-113.

[90]汪丁丁. 回顾"金融革命"[J]. 经济研究,1997(12):69-77.

[91]伍旭川,刘学. 金融科技的监管方向[J]. 中国金融,2017(5):55-56.

[92]肖雯雯,王莉莉. 区块链技术对科技金融创新的作用机理与对策研究[J]. 科学管理研究,2017,35(6):102-105.

[93]谢翀达. 新型金融基础设施建设之路[J]. 中国金融,2019(19):153-154.

[94]谢平,邹传伟. 互联网金融模式研究[J]. 金融研究,2012(12):11-22.

[95]谢世清. 论云计算及其在金融领域中的应用[J]. 金融与经济,2010(11):9-11+57.

[96]徐义国. 科技金融的逻辑关联与实践演进[J]. 银行家,2017(5):

84－86.

[97]许子明,田杨锋.云计算的发展历史及其应用[J].信息记录材料,2018,19(8):66－67.

[98]于孝建,彭永喻.人工智能在金融风险管理领域的应用及挑战[J].南方金融,2017(9):70－74.

[99]闫晗,陈天雨,边鹏.美国财政部金融科技专题报告[J].中国金融,2019(4):76－77.

[100]杨涛.对人工智能在金融领域应用的思考[J].国际金融,2016(12):24－27.

[101]杨天松.论金融科技在支付清算产业融合发展中的应用[J].中外企业家,2019(24):39－40.

[102]杨宇焰.金融监管科技的实践探索、未来展望与政策建议[J].西南金融,2017(11):22－29.

[103]杨东.英国金融科技发展对中国保险科技的借鉴[J].上海保险,2017(10):8－13.

[104]杨望,杨玲宁.中英金融科技创新对比[J].金融市场研究,2018(11):76－81.

[105]杨璐明,李漱玉.中国与新加坡金融科技对比分析[J].现代经济信息,2019(9):305－306+311.

[106]杨胜刚,刘姝雯,阳旸.中国互联网金融发展水平测度——基于金融功能观的研究[J].金融经济学研究,2016(4):72－80.

[107]姚前.基于区块链的新型金融市场基础设施[J].中国金融,2019(23):24－26.

[108]易虹汝.论金融供给侧结构性改革与我国宏观经济[J].财经界(学术版),2020(1):12－13.

[109]易宪容.金融科技的内涵、实质及未来发展——基于金融理论的一般性分析[J].江海学刊,2017(2):13－20.

[110]张健.美国金融科技监管及其对中国的启示[J].金融发展研究,2019(9):49－53.

[111]张宏燕."监管沙盒"对我国金融科技监管的启示[N].金融时报,2018－08－20(12).

[112]张美星,朱平芳. 全球金融科技企业发展机遇与挑战探究——基于投融资视角[J]. 新金融,2019(10):47-52.

[113]张洋子. 构建金融科技生态圈:内涵、国际经验与中国展望[J]. 科学管理研究,2019,37(2):152-156.

[114]张承惠. 金融改革须重视金融基础设施建设[J]. 重庆理工大学学报(社会科学版),2013,27(10):1-4.

[115]赵玲,战昱宁. 我国科技金融政府促进体系构建研究[J]. 科技和产业,2019,19(10):134-140.

[116]赵成国,沈黎怡,马树建,等. 金融科技视角下供应链金融共生系统演化趋势研究[J]. 财会月刊,2019(21):147-151.

[117]庄雷,王烨. 金融科技创新对实体经济发展的影响机制研究[J]. 软科学,2019(2):43-46.

[118]中曾宏,宋莹,毛瑞丰. 金融科技的影响[J]. 中国金融,2017(4):11-13.

[119]中国人民银行滦县支行课题组. 基于协同发展视角的企业征信市场建设[J]. 河北金融,2019(7):28-31.

[120]中国农业银行运营管理部课题组. 从银行清算到清算银行——基于金融科技创新的思考[J]. 农村金融研究,2018(3):6-10.

[121]中国科技网. 中国人工智能发展报告2018正式发布[EB/OL]. http://www.stdaily.com/index/kejixinwen/2018-07/13/content_689842.shtml.

[122]钟鸣长. 新加坡FinTech生态系统建设及其启示[J]. 电子科技大学学报(社会科学版),2016,18(6):30-38.

[123]钟慧安. 金融科技发展与风险防范研究[J]. 金融发展研究,2018(3):81-84.

[124]周昌发. 论互联网金融的激励性监管[J]. 法商研究,2018(4):15-25.

[125]周俊文,党建伟,高明. 第三方支付监管的目标与制度安排——国际比较与政策建议[J]. 金融监管研究,2019(3):79-97.

[126]邹传伟. 金融科技的基础设施[J]. 中国金融,2019(20):67-69.

[127]曾刚. 金融供给侧结构性改革下的金融开放[N]. 金融时报,2019-12-16(T02).

三、参考的相关外文文献

[1] B. K. RODIN, R. G. GANIEV, S. T. ORAZOV. Fintech in digitalization of banking services[P]. Proceedings of the International Scientific and Practical Conference on Digital Economy (ISCDE 2019), 2019.

[2] Call for Input: Using technology to achieve smarter regulatory reporting [EB/OL]. (August 27, 2018). https://www.fca.org.uk/publication/call-for-input/regtech-call-for-input, last visit on August 27, 2018.

[3] DINH HOANG BACH PHAN, et al. Do financial technology firms influence bank performance? [J]. Pacific-Basin Finance Journal, 2020(62):101-210.

[4] DJANKOV S., MCLIESH C., SHLEIFER A. Private credit in 129 countries[J]. Journal of Financial Economics, 2007(2): 299-329.

[5] Financial Conduct Authority. Regulatory Sanbox, PUB REF: 005147[R]. London: Financial Conduct Authority, 2015.

[6] IRINA S. AMIANTOVA, et al. The financial technologies boom in China: Prospects and barriers[P]. Proceedings of the External Challenges and Risks for Russia in the Context of the World Community's Transition to Polycentrism: Economics, Finance and Business (ICEFB 2019), 2019.

[7] LARRY D. WALL. Some financial regulatory implications of artificial intelligence[J]. Journal of Economics and Business, 2018(100):55-63.

[8] MUTAMIMAH, HENDAR. Integrated financial technology model on financing decision for small medium enterprises development[P]. Proceedings of the 17th International Symposium on Management (INSYMA 2020), 2020.

[9] HELMUT NEUMANN, RAF BISSCHOPS. Artificial intelligence and the future of endoscopy[J]. Digestive Endoscopy: Official Journal of the Japan Gastroenterological Endoscopy Society, 2019, 31(4):389-390.

[10] NING-NING FU, HONG-XIA RONG. Research on tax system arrangement under supply-side structural reform[P]. Proceedings of the 4th Annual International Conference on Social Science and Contemporary Humanity Development (SSCHD 2018), 2019.

[11] ROBERT K. ACKERMAN. Utility criteria determine blockchain applicability[J]. Signal,2019,73(12):26-27.

[12] RUTH ANDE, BAMIDELE ADEBISI, MOHAMMAD HAMMOUDEH, et al. Internet of Things: Evolution and technologies from a security perspective[J]. Sustainable Cities and Society,2020(54):101728.

[13] RAINER JONAS. The importance of the development banks for the financial infrastructure[J]. Intereconomics,1986,10(9):277-281.

[14] RUDRA P. PRADHAN, MAK B. ARVIN, NEVILLE R. NORMAN. The dynamics of information and communications technologies infrastructure, economic growth, and financial development: Evidence from Asian countries[J]. Technology in Society,2015(42):135-149.

[15] S. SINHA. FinTech: The new frontier[J]. IEEE Potentials,2017,36(6):6-7.

[16] SUHARTONO, M. SUWANDI, A. Y. M. BAYAN, A. L. K. TAUFIQ. Financial technology optimization in the development of MSMEs with spotlight phenomenology[P]. Proceedings of the 17th International Symposium on Management (INSYMA 2020), 2020.

[17] TILMAN E., PICKENS M. and TARAZI M. Financially inclusive ecosystems: The roles of government Today[R]. CGAP Working Paper,2012.

[18] The Federal Trade Commission. Big Data: A tool for inclusion or exclusion? Understanding the issues [R]. Washington DC, 2016.

[19] THORSTEN BECK, ASLI DEMIRGUC-KUNT, MARIA SOLEDAD MARTINEZ PERIA. Reaching out: Access to and use of banking services across countries [J]. Journal of Financial Economics, 2006, 85(1):234-266.

[20] WING THYE WOO. China's soft budget constraint on the demand-side undermines its supply-side structural reforms[R]. China Economic Review,2017.

[21] World Bank. Global financial development report 2014: Financial inclusion [R]. World Bank,2013.

[22] YAN CHEN, CRISTIANO BELLAVITIS. Blockchain disruption and decentralized finance: The rise of decentralized business models[J]. Journal of Business Venturing Insights,2020(13):e00151.

[23] YUNAN SONG, FENGRUI ZHANG, CONGCHONG LIU. The risk of block chain financial market based on particle swarm optimization[J]. Journal of Computational and Applied Mathematics, 2020(370):112667.

后 记

本书是我们在对金融科技这一概念关注多年并做相关研究基础上的心血之作,我们试图将金融科技的演进放在历史发展的长河中,以中国金融科技发展的实践为背景,厘清金融科技结合的经济学逻辑,以实为基,研究金融科技的创新路径及其机制保障。

本书得以成文的契机是我们近两年对物联网、区块链技术的痴迷,这些技术的应用场景落地使得包含金融业在内的各行各业发生了翻天覆地的变化。应当说本书的研究仅仅是我们对金融科技发展的粗浅之见。从大脑里留存已久的思路想法快速形成的大纲框架,到团队成员的深入思考与精诚合作,其中有百思不得其解的困惑迷茫,也有思路通畅时的豁然开朗。历时一年半,本书在磕磕绊绊中总算完稿了。因为金融科技深度融合的"摩尔定律"的存在,我们的知识储备总是跟不上变化,难免有很多遗漏。我们还会继续关注与追踪金融科技,拓宽视域,开阔眼界,进一步加深对金融科技的理解与把握。也希望本书能激发如何促进金融业的数字化、普惠化、智能化建设的深入思考,为我国的金融科技发展尽绵薄之力。

感谢我们的家人。本书的撰写来自繁忙的工作之余挤出的时间和精力,作息规律、生活节奏被打乱,陪伴孩子的时间被挤占……爱人的支持与鼓励、孩子们的热情与期盼给了我们前行的动力与支撑。

本书得以出版,首先要感谢中国经济出版社的贺静老师和杨元丽编辑,她们认真阅读了初稿并提出了许多中肯的意见,还要感谢汪来喜教授与出版社的沟通搭桥及在写作过程中的督促。

本书在撰写过程中,参考了众多的中外相关著作、中外文献、报告和案例等;英国南安普顿大学商学院的潘禹锡,辽宁大学的郝伟悦,河南工业大学经济贸易学院的龚颖、李晓、杜建霖、邵丛文、黄恩泽进行了相关资料的收集与整理,对本书相关章节的撰写做出了一定的贡献,在此一并表示感谢。